YANTAI SHI

HAIYANG FAZHAN BAOGAO (2025)

烟台市
海洋发展报告
（2025）

中国海洋大学
烟台市海洋经济研究院 | 编著

中国农业出版社
北　京

图书在版编目（CIP）数据

烟台市海洋发展报告. 2025 / 中国海洋大学，烟台市海洋经济研究院编著. -- 北京：中国农业出版社，2025. 8. --（烟台海洋经济高质量发展丛书）. -- ISBN 978-7-109-33639-1

Ⅰ. P74

中国国家版本馆 CIP 数据核字第 2025RC3652 号

中国农业出版社出版

地址：北京市朝阳区麦子店街 18 号楼
邮编：100125
责任编辑：李雪琪　王金环　　文字编辑：杜　婧
版式设计：王　晨　　　　　　责任校对：吴丽婷
印刷：中农印务有限公司
版次：2025 年 8 月第 1 版
印次：2025 年 8 月北京第 1 次印刷
发行：新华书店北京发行所
开本：787mm×1092mm　1/16
印张：10
字数：218 千字
定价：68.00 元

《烟台市海洋发展报告》（2025）
YANTAI SHI HAIYANG FAZHAN BAOGAO（2025）

本书编委会

编辑委员会

主　　任：孙华君

副主任：韩立民　宋贤成

成　　员：李　宁　孙浩亮　梁　峰　唐建春
　　　　　曹守萌　鲁德军

编写组

主　　编：于会娟　张建柏　柯　可

副主编：李大海　孙利东　张　山　姜作真

参　　编：吴红伟　陈　坤　张金浩　梁　铄
　　　　　王　鹤　曹亚男　呼晓群　汲生磊
　　　　　庄焱文　赵　强　马世伟　吕廷晋
　　　　　鲁建琪　张　凡　王　晨　刘静姝
　　　　　姚殿志　许瀚之　张丽文　孙佰鸣
　　　　　刘　鑫　丁钰洁　隋亚楠　王　娜

前言

烟台市地处山东半岛东部，濒临黄海、渤海，与辽东半岛以及日本、韩国、朝鲜隔海相望。烟台市陆域面积 1.39 万平方千米，管辖海域面积 1.16 万平方千米，海岸线长 1 071 千米，海洋生物、矿产、海洋能源等资源丰富。2023 年，烟台市首次实现生产总值破万亿的历史性跨越，正式跻身万亿级城市行列。2024 年，作为奋进万亿新征程的开篇之年，烟台市聚焦 16 条关键产业全产业链条建设，国民经济继续保持良好发展势头，全市生产总值达到 10 782.83 亿元，比上年增长 6.1%。

海洋是高质量发展的战略要地。在我国海洋经济蓬勃发展浪潮中，烟台市始终将海洋发展置于全市经济社会发展的重要战略地位，先后被评为全国首批海洋经济创新发展示范城市、全国海洋生态文明示范区、国家海洋高新技术产业基地。近年来，烟台市深入贯彻落实习近平总书记关于建设海洋强国的重要论述和视察山东重要讲话精神，落实省委、省政府海洋强省战略部署，扛牢"走在前、挑大梁、作贡献"的使命担当，以新一轮海洋强市建设为抓手，以高质量发展为主线，立足烟台海洋优势与特色，大力培育壮大海洋支柱产业，全力推进港产城融合发展，奋力打造现代海洋经济发展高地。2024 年，全市海洋生产总值达到 2 800 亿元，占全市地区生产总值的 26%，海洋经济发展动能充沛，发展质量稳步提升，居全国沿海地级市前列，为加快打造全国绿色低碳高质量发展示范城市贡献了重要的蓝色力量。

为全面总结 2024 年烟台市海洋发展的实践经验，探索海洋高质量发展路径与对策，中国海洋大学与烟台市海洋经济研究院联合组建课题组，编写《烟台市海洋发展报告》（2025）（以下简称《报告》）。《报告》共分八章，第一章概括性介绍烟台市海洋发展的总体情况；第二章至第六章聚焦海洋经济发展的核心支撑要素，分别从海洋经济发展、海洋科技创新、海洋生态文明建设、海洋开放合作、海洋综合管理五个维度展开深入剖析；第七章详细介绍烟台 14 个区（市）海洋发展实践；第八章提出全市海洋高质量发展战略设计。附录部分梳理国内外海洋发展案例与经验借鉴。

《报告》在多方协同参与下编写完成，编写期间得到烟台市市直有关部门、各区（市）海洋主管部门的大力支持，在此表示衷心感谢。《报告》立足烟台海洋强市建设需求，聚焦政策制定、产业投资、科学研究等关键领域，旨在为政府、企业、科研机构提供系统性参考，助力烟台市海洋经济高质量发展，谱写海洋强市建设新篇章。

《烟台市海洋发展报告》（2025）编写组

2025 年 6 月

目录

第一章

烟台市海洋发展概况

烟台市位于山东半岛东部，地处东经 119°34′—121°57′，北纬 36°16′—38°23′，东连威海，西接潍坊和青岛，南邻黄海，北濒渤海，与辽东半岛对峙，并与大连隔海相望。烟台市陆域面积 1.39 万平方千米，下辖芝罘区、福山区、牟平区、莱山区、蓬莱区、龙口市、莱阳市、莱州市、招远市、栖霞市、海阳市等 5 区 6 市，以及国家级经济技术开发区、高新技术产业开发区、招远经济技术开发区、综合保税区、昆嵛山自然保护区、长岛海洋生态文明综合试验区。地形以低山丘陵为主，最高峰为昆嵛山泰礴顶，海拔 922.8 米。境内河流众多，包括大沽夹河、五龙河等 7 条河流，流域面积在 1 000 平方千米以上。烟台海岸线长达 1 071 千米，管辖海域面积 1.16 万平方千米，海洋生物、矿产、海洋能源等资源丰富，为海洋产业开发与海洋经济发展奠定了良好基础。

第一节　发展环境分析

（一）国际环境复杂多变

近年来，国际政治、经济和贸易环境更趋复杂多变。全球经济增速放缓，地缘格局加速震荡，地区冲突多点爆发，粮食、能源、灾害、生态等传统与非传统安全风险交错叠加[①]，深刻影响着我国经济社会发展与海洋强国建设。

从政治环境来看，大国间地缘政治与意识形态竞争激烈程度居高不下，推动国际体系加速分化重组，风高浪急的百年变局之中仍在累积涌起惊涛骇浪的动能。

从经济环境来看，2024 年，全球经济在多重挑战下继续缓慢复苏，虽然地缘政治局势持续紧张、贸易碎片化加剧、主要经济体货币政策紧缩等因素加大了不确定性，但全球经济增长趋于稳定。

从贸易投资环境来看，尽管新冠疫情对全球贸易和投资活动的冲击与干扰已经消退，但国际贸易与投资增长仍面临较大下行压力[②]。地缘政治、大国竞争、地区冲突等对全球贸易的影响和冲击越发明显，去全球化思潮、贸易保护主义等因素对贸易和投资增长形成多重牵制，贸易碎片化、供应链分散化等趋势突出。

---

① 任风云莽荡　领潮涌汤汤——回眸世界的 2023 年．新华网（news.cn）
② 智库报告｜2024 年全球形势呈现出七大新特征．腾讯新闻（qq.com）

此外，全球气候变化负面影响显著。全球气候变化的持续发展使得 2023 年成为有记录以来最热的一年。全球陆地和海洋的持续变暖引发了越来越多的极端气候事件，进而引发了一系列次生非传统安全问题。干旱、洪涝、飓风、山火等导致多个国家粮食大幅减产，使得全球 5 680 万人陷入了严重的粮食不安全状态。极端气候事件对道路、港口和机场的频繁破坏，也进一步扰乱了全球供应链的稳定。由于水力、风力和太阳能等新能源更依赖良好的天气条件，气候极端化和极端天气事件频发使得能源结构转型变得更加困难①。

（二）海洋领域的国际竞争更趋激烈

为应对日益激烈的资源争夺和地缘政治竞争，主要海洋国家提升自身海洋战略层级，全球海洋领域的国际竞争显著加剧。如美国的海洋政策和行动计划体现了其对海洋安全、经济、科研和环境保护的全面关注，并随着全球形势和科技的发展而不断演进。2013 年，美国颁布《国家海洋政策实施计划》，强调了海洋经济在美国经济发展中的作用，并提出在海洋安全与安保、适应外界变化的能力以及地区选择等方面的主要行动。2015 年，美国国家海洋委员会制定《海洋变化：2015—2025 海洋科学十年计划》，美国国家海洋和大气管理局（NOAA）出台《未来十年发展规划》，专注于保护海洋及海岸生态系统。2023 年 3 月，美国政府推出首个《海洋气候行动计划》（OCAP），包括负责任的海上风电、增强生物多样性的海洋保护地以及加强渔业和沿海应对气候变化能力等措施②。2024 年 4 月 17 日，美国国家科学技术委员会（NSTC）发布了美国首个《海洋气候行动计划一周年进展报告》，概述了自 OCAP 发布以来的进展情况，包括海上风能和海洋能源、绿色海运、海底二氧化碳封存、海洋二氧化碳去除、蓝碳、海洋保护地、适应气候变化的渔业等多个行动领域③。

英国的海洋政策和行动计划表现出对海洋安全、环境保护和经济发展的重视。2014 年，英国首次发布《国家海洋安全战略》，着重于整合国家资源和提升综合能力，以有效应对海洋安全挑战，保护海上贸易和本土及海外领地安全④。2018 年，英国呼吁加强海洋保护，提出到 2030 年将世界 30% 的海洋划定为海洋保护区（MPA），以应对过度捕捞、塑料污染和气候变化带来的破坏。2019 年，英国成立"联合海上安全中心"，进一步协调政府与利益相关方在海上安全风险评估方面的合作。同年，英国发布《海事 2050 战略》，为未来 30 年海洋治理设定了长期愿景，概述了涉及贸易、环境、技术、人才、基础设施以及安全六大方面的 189 项提案⑤。2022 年，英国更新《国家海洋安全战略》，将海上安全定义为维护法律、规范与原则，实现海上领域的自由、公平和

---

① 智库报告丨2024 年全球形势呈现出七大新特征. 腾讯新闻（qq. com）
② 白宫发布首个《海洋气候行动计划》. 中国海洋大学中国海洋发展研究中心（ouc. edu. cn）
③ NSTC 美国首个《海洋气候行动计划一周年进展报告》（英文）. 伟文知库（wells. org. cn）
④ 观察丨英国发布新《国家海洋安全战略》，可否重拾昔日荣光？. 澎湃新闻（thepaper. cn）
⑤ 英国发布新版《国家海洋安全战略》. 腾讯新闻（qq. com）

开放，并聚焦保卫国土安全、应对威胁、确保繁荣、捍卫普世价值和支持安全、弹性的海洋环境等五大战略目标。同年，英国发布《海洋监测计划》的更新版，阐述了将如何在未来 6 年内实现海洋中的良好环境状况（GES）[①]。

欧盟通过一系列海洋政策与行动计划，积极塑造其在海洋环境保护、经济可持续发展和国际海洋治理中的重要作用。2007 年和 2009 年，欧盟发布《综合海洋政策》蓝皮书，奠定海洋治理基础。2014 年，面对海洋安全挑战，欧盟首次发布《海洋安全战略》，并在 2016 年通过《国际海洋治理：我们海洋的未来议程》，明确其在国际海洋治理中的角色。2017 年，该战略行动方案得到修订，以应对新的海洋安全挑战。2018 年，进一步更新行动计划，以强化海洋安全合作。2020 年，发布执行情况报告，重申海洋安全优先事项[②]。2021 年，推出海洋经济可持续发展方案，推动海上可再生能源开发和海洋环境保护。2023 年 3 月，再次更新《海洋安全战略》，应对不断变化的海上威胁，并于同年 10 月获得欧盟理事会批准[③]。

（三）我国海洋强国建设取得显著成就

"十四五"期间，我国继续深化海洋强国建设，大力发展海洋经济，加强海洋科技创新，提升海洋资源开发能力，完善海洋生态环境保护，强化海洋法治建设，维护国家海洋权益。

海洋经济发展势头良好。2024 年全国海洋生产总值达 105 438 亿元，首次突破 10 万亿元，比上年增长 5.9%，增速比国内生产总值高 0.9 个百分点，占国内生产总值比重为 7.8%，拉动国民经济增长 0.4 个百分点。从三次产业结构来看，海洋第一产业增加值 4 885 亿元，第二产业增加值 37 704 亿元，第三产业增加值 62 849 亿元，分别占海洋生产总值的 4.6%、35.8% 和 59.6%。2024 年 15 个海洋产业增加值 43 733 亿元，比上年增长 7.5%，海洋传统产业平稳发展。海洋渔业现代化建设加快推进，海洋水产品稳产保供能力持续提高；海洋油气资源保供能力持续增强，海洋原油、天然气产量比上年分别增长 4.7% 和 8.7%；海洋工程建筑业稳步发展，跨海通道、海洋油气、沿海港口及航道等多项重大工程持续推进；海洋船舶工业持续快速增长，新承接海船订单量、海船完工量和手持海船订单量连续多年居全球首位，海洋船舶高端化、智能化、绿色化成效显著；海洋化工生产平稳较快增长，化工产品产量持续增加；海洋交通运输业保持较快增长，海洋货物周转量比上年增长 9.5%，港口服务能力进一步增强；海洋旅游业实现较快增长，海洋旅游市场持续升温，上海、天津、广州、深圳等沿海城市旅游热度全年保持高位，多个沿海地区旅游收入增速超过 10%，邮轮旅游跃上新台阶；海洋工程装备制造业持续回暖，新要素、新动能驱动产业转型升级，装备关键核心技术不断突

[①] 英国 2022 年更新版《海洋监测计划》（英文）. 伟文知库（wells.org.cn）
[②] 欧盟海洋战略的演进与转型. 中国海洋大学中国海洋发展研究中心（ouc.edu.cn）
[③] 新版"海洋安全战略"彰显欧盟海权竞逐目标. 国际合作中心（icc.org.cn）

破，增加值比上年增长 9.1%；海洋药物和生物制品业保持平稳发展，海洋药物研发和生物制品开发持续推进；海洋电力业保持快速增长态势，海上风电发电量比上年增长 28.2%，深远海风电有序拓展，潮流能、波浪能等海洋能研发稳步推进；海水淡化与综合利用业稳步增长，已建成海水淡化项目规模超 280 万吨/日，海水直接利用量持续稳定增长①。

海洋科技自主创新能力提升。在国家创新驱动战略和科技兴海战略指引下，海洋探测、海洋新能源开发、海洋高技术服务等多个领域取得重要进展，海洋科技自主创新能力进一步提升。一是积极推动海洋科学研究，建设平台促进海洋科学研究成果转化。截至 2023 年，我国海洋领域共有 8 个学科全国重点实验室、8 个企业全国重点实验室、86 个省部级重点实验室和央地共建实验室；全国涉海类高等院校 15 所，构建起包括海洋生物、海洋化学、海洋物理、船舶与海洋工程、海洋渔业科学与技术等在内的完整学科体系②；国家海洋科学数据中心稳定运行，海底数据中心加快布局，海洋计量检测技术创新中心成立；国家海洋药物和生物制品产业联盟正式成立，探索以企业为主体、市场为导向、"政产学研金"协同创新的新机制和新模式；天津临港海水淡化与综合利用示范基地一期试验区完成建设，将解决海水淡化关键装备规模化应用的验证问题。二是积极开展海洋调查考察活动，增强海洋科技支撑力。2023 年圆满完成第 39 次南极考察和第 13 次北冰洋科学考察。南极考察以南大洋重点海域对全球气候变化响应与反馈等重大科学问题为重点，并将无人机技术应用到极地海域工作中，布放了自主研发的高精度海底观测系统③；在第 13 次北冰洋科学考察中，我国首次开展海冰厚度无人化智能观测、多波段合成孔径雷达海冰观测；我国科考船还首次抵达北极点，进一步提升了在北冰洋环境保护、污染物评估以及北极快速变化响应等方面的能力④；我国在南极罗斯海沿岸区域建设了第五个南极科考站，这是我国在南极考察站建设方面的新台阶，将为南极科学研究提供更加坚实的基础。三是积极发展海洋高新技术，提升海洋装备自主创新能力。我国首台自主研发的兆瓦级波浪能发电装置"南鲲"号成功海试；全球最大功率 20 兆瓦半直驱永磁风力发电机成功下线，自主研发设计的 2 500 吨自航自升式风电安装平台"海峰 1001"正式交付；"海上风电＋"融合发展取得新进展，首次实现深远海浮式风电平台直供海上油气田群，广东青洲、福建兴化湾、山东昌邑等"海上风电＋海洋牧场/海水制氢"融合示范项目稳步开展⑤；我国首个海洋油气装备制造"智能工厂"二期工程正式开工，船企新接批量甲醇双燃料动力集装箱船订单，新型数字智能化深海养殖平台"珠海琴"开工建设⑥。

① 2024 年全国海洋经济生产总值首次突破 10 万亿元．中华人民共和国自然资源部（www.mnr.gov.cn）
② 强化国家海洋战略科技力量．人民网（people.com.cn）
③ 南极科考引入无人机有何意义？．新华网（xinhuanet.com）
④ 中国第 13 次北冰洋科学考察队出征．中国政府网（www.gov.cn）
⑤ 海上制氢新进展！中国首个"海上风电＋海洋牧场＋海水制氢"项目大步推进．搜狐网（sohu.com）
⑥ 12 艘 137 亿元！两家中国船厂平分甲醇双燃料船大单．国际船舶网（eworldship.com）

海洋生态环境持续向好发展。在习近平生态文明思想指导下，不断加大海洋生态环境治理力度，加强陆海统筹、区域联动的海洋环境监管，不断强化海洋生态保护和修复，推动海洋环境保护取得积极成效。一是我国管辖海域水质稳中向好发展。近岸海域生态环境质量得到改善，海水富营养化面积逐年减少，典型生态系统生物多样性状况改善，海洋保护区和滨海湿地生态系统状况稳定①。二是海洋环境保护法律体系进一步完善。《中华人民共和国海洋环境保护法》修订案获得通过，要求强化陆海统筹、区域联动的海洋环境监管，完善海域排污许可管理制度，建立海洋生物多样性调查、监测、评估和保护体系。三是海洋生态保护红线划设全面完成。海洋生态保护红线划设涉及重要河口、红树林、珊瑚礁、重要滨海盐沼、海岸侵蚀及沙源流失极脆弱区和无居民海岛等，共 15 万平方千米。四是海洋环境监督执法和海洋倾废管理有序推进。相关部门运用船舶自动识别系统、卫星遥感数据等非现场手段强化监管。此外，海洋保护地体系的完善，海洋生物多样性的有效养护，海洋生态灾害防治能力的增强，以及海洋生态环境监督管理的强化，为海洋生态环境保护提供了坚实支撑；海洋绿色低碳发展水平的提升，全民行动的参与，以及国际合作的积极推进，共同促进我国海洋生态环境可持续发展。

海洋法治建设取得新进展。我国海洋法律制度进一步完善，海洋法治政府建设不断加强，海上执法效能不断提高，海事司法公信力和影响力进一步增强，海洋法律监督体系高效运转，海洋法治水平稳步提升。《中华人民共和国海洋环境保护法》修订案审议通过，《中华人民共和国矿产资源法》修改工作有序推进。新修订的《中华人民共和国海洋环境保护法》于 2024 年 1 月 1 日起施行，进一步强化了陆海统筹、区域联动、综合治理，完善了海洋生态保护补偿、损害赔偿等制度，为海洋经济发展与生态保护平衡提供了更严格的法律保障。2023 年 6 月，《中华人民共和国对外关系法》通过，为我国参与海洋治理和开展海洋合作提供了法治保障。沿海省市运用"小切口"式立法，为解决海洋生物资源养护、海域海岛管理中的具体问题提供制度保障。

海洋国际合作硕果累累。我国举办"一带一路"国际合作高峰论坛海洋合作专题论坛、2023 全球滨海论坛、第六次中欧海洋综合管理高级别对话等。我国在第三届"一带一路"国际合作高峰论坛海洋合作专题论坛上发布《"一带一路"蓝色合作倡议》及蓝色合作成果清单，倡议共同保护和可持续利用海洋，推动海洋资源可持续利用，编制和实施海洋空间规划，加强海洋科学技术合作，提供海洋公共服务，提升公民海洋素养，构建蓝色伙伴关系②。

（四）沿海省（区、市）加快海洋开发进程

辽宁省依托沿海经济带，全面推进更高水平对外开放，积极参与东北亚经济循环以

---

① 中国的海洋生态环境保护．新华网（news.cn）
② 《"一带一路"蓝色合作倡议》及蓝色合作成果清单发布．中国政府网（www.gov.cn）

及推动东北振兴。2023 年 3 月通过《辽宁全面振兴新突破三年行动方案（2023—2025年)》，再次提出高质量建设沿海经济带相关举措①。辽宁省有效对接《区域全面经济伙伴关系协定》（RCEP），积极构建东北海陆大通道。2023 年，辽宁省海洋生产总值达到4 200 亿元，比上年增长 9%以上。其中海洋新兴产业生产总值占海洋产业生产总值的比重达到 10.4%，显示出海洋产业结构的不断优化和升级。大连在海洋科技项目上积极投入，取得显著成效，2023 年共立项 32 项，新增海洋领域科技型企业 122 家②。

河北省坚持向海图强、向海发展，积极发挥海洋资源要素的支撑作用，海洋经济呈较快恢复态势。2023 年，河北实现海洋生产总值 3 013.5 亿元，比上年增长 4.3%，海洋生产总值占地区生产总值的比重为 6.9%。河北致力于建设临港产业强省，打造港产城融合发展新格局。2023 年 4 月，《河北省加快建设临港产业强省行动方案（2023—2027 年)》正式发布，明确了今后 5 年河北临港产业发展的总体思路和重点任务。环渤海港口群建设提质增速，临港产业基础设施建设逐步完善。2023 年，河北省沿海港口完成货物吞吐量 13.6 亿吨，创历史新高，居全国第 3 位，比上年增长 6.7%。临港产业转型升级扎实推进，精品钢铁、绿色石化、高端装备等项目向沿海临港聚集。海水综合利用产业加速发展，截至 2023 年底，河北省累计建成的海水淡化工程达到 12 个，海水淡化工程规模达到 39.07 万吨/日，位居全国第三位。

山东省继续推动海洋强省建设，按照《海洋强省建设行动计划》，积极实施“十大创新”“十强产业”“十大扩需求”海洋领域重点任务，高质量落实海洋强省建设十大行动。2024 年，山东省海洋生产总值预计达到 18 011.8 亿元，比上年增长 6.1%，突破1.8 万亿关口，居全国第二位，占全省地区生产总值的 18.3%。海洋传统产业加快转型升级。全省海洋渔业、沿海滩涂种植业、海洋水产品加工业、海洋油气业、海洋矿业、海洋盐业、海洋船舶工业、海洋化工业、海洋工程建筑业、海洋交通运输业、海洋旅游业等 11 个传统产业共实现增加值 7 510 亿元，占全省海洋产业增加值的 93.1%。其中，海洋渔业、海洋化工业、海洋交通运输业、海洋旅游业 4 个千亿级支柱产业共实现增加值 6 249.3 亿元，占全省海洋产业增加值的 77.5%，对全省海洋经济增长的贡献率达38%。海洋新兴产业不断培育壮大。全省海洋工程装备制造业、海洋药物和生物制品业、海洋电力业、海水淡化与综合利用业等 4 个新兴产业共实现增加值 558.6 亿元，占全省海洋产业增加值的 6.9%。2018 年以来，全省海洋新兴产业增加值累计增长64.8%，平均增速达 8.7%，高于海洋产业平均增速 2.8 个百分点③。

江苏省处于“一带一路”和长江经济带建设的交汇点，区位优势独特。2023 年，江苏省海洋生产总值达到 9 606.9 亿元，比上年增长 6.7%。海洋第二产业占比尤为突出，比全国平均水平高出 6.1 个百分点④。2024 年一季度，江苏省海洋生产总值约

① 《辽宁全面振兴新突破三年行动方案（2023—2025 年)》概览．盘锦市人民政府（panjin.gov.cn）
② 人民日报头版关注：大连着力发展海洋经济．辽宁省人民政府（ln.gov.cn）
③ 山东 2024 年海洋生产总值突破 1.8 万亿元．央视网-海洋频道（ocean.cctv.cn）
④ 去年全省海洋生产总值增 6.7%．江苏省人民政府（jiangsu.gov.cn）

2 450 亿元，比上年增长 6.5％，占全省地区生产总值的 7.9％。江苏省船舶与海洋工程装备产业体系较为完善，产业链条长，产业规模、质量、发展速度稳居全国前列。2023 年，全省海洋工程装备制造业实现增加值 261.7 亿元，比上年增长 3.3％。2024 年一季度，全省造船完工量达 618.8 万载重吨，同比增长 29.3％；新接订单量 1 047.4 万载重吨，同比增长 74.6％；手持订单量 6 968.8 万载重吨，同比增长 38.9％。海洋风力发电量达到 421.4 亿千瓦时，同比增长 3.2％；海洋风力发电累计装机容量达到 1 765.6 万千瓦，比上年增长 0.3％。2024 年一季度，全省海洋风力发电量 142.3 亿千瓦时，同比增长 22.8％；海洋风力发电累计装机容量达 1 765.6 万千瓦，同比增长 0.1％。为做大做强优势产业，补齐海洋经济发展短板，2023 年 8 月江苏省政府印发《江苏省海洋产业发展行动方案》，明确到 2025 年初步培育形成具有一定影响力的十大海洋产业、10 家海洋产业特色园区、20 家涉海创新平台以及 30 家海洋产业重点企业，海洋产业增加值提升至 4 200 亿元以上，2030 年突破 6 800 亿元。

2024 年上海市海洋生产总值预计达到 11 387 亿元，创下历史新高，比上年增长 11.2％，对上海全市生产总值贡献率超 20％[1]。2024 年，海洋交通运输业实现增加值 1 362.2 亿元。上海拥有全世界最大的集装箱港口，营商政策友好，是重要的国际航运中心。《新华·波罗的海国际航运中心发展指数报告（2023）》显示，上海连续四年位列全球航运中心城市综合实力第三名，港口集装箱吞吐量实现十三连冠。沪港两地在航运方面开展多层次全方位合作，利用香港在东亚地区以及国际物流领域的资源优势与行业生态，进一步增强上海国际航运中心要素和资源的集聚发展和能级提升，打造上海自贸区临港新片区与香港"两港合作，共赢发展"的新格局。2022 年 7 月，上海电气 petel "海燕"平台首台 EW11.0-208 机完成吊装，是目前已吊装的亚洲最大容量海上风机。上海临港海洋高新园区积极培育"海洋＋工业互联网、人工智能、大数据"等产业，实现蓝色经济智能化发展。上海长兴岛持续推进世界一流海洋装备制造基地建设。

2024 年，浙江省海洋生产总值预计突破 1.2 万亿元，比上年增长 6.5％，海洋经济发展成效明显。全年有 301 个海洋强省重大项目完成投资超 2 400 亿元，完成年度投资计划的 120％；高质量举办浙江海洋经济高质量发展推介会，现场签约项目 35 个，总投资超 1 000 亿元。世界一流强港建设改革成果丰硕。宁波舟山港货物吞吐量超 13.7 亿吨，连续 16 年居全球第一，集装箱吞吐量超 3 930 万标箱，同比增长 11.3％，创 7 年来最高增速。《宁波舟山港总体规划（2035 年）》获交通运输部和浙江省人民政府联合批复，将释放 1 700 亿元强港项目投资。宁波舟山国际航运中心发展指数提前 1 年跃居全球第 8。现代海洋渔业建设加快推进。2024 年海洋水产品总量达 501 万吨，海洋渔业一产产值超 980 亿元；实施远洋渔业"双千工程"，远洋渔业全产业链产值突破 500 亿元，居全国第一；新增国家级渔港经济区项目 2 个、累计 7 个，数量居全国第一[2]。

---

① 上海海洋经济量质齐升 海洋生产总值创历史新高. 澎湃新闻 (thepaper.cn)
② 浙江预计去年海洋生产总值突破 1.2 万亿元 同比增长 6.5％. 中新网 (chinanews.com.cn)

2022年，福建省编制实施《福建省海洋经济促进条例》，加快培育海洋生物医药、海洋工程装备、智慧海洋等新兴产业，推动海洋经济持续高质量发展。2024年福建省海洋生产总值预计超1.25万亿元，比上年增长6.1％；水产品总产量924.6万吨，比上年增长3.9％；水产加工品年量398万吨，年产值1 110亿元，均居全国第二[①]。全球单机容量最大的16兆瓦海上风电机组建成下线，在全国率先开展100万千瓦海上风电市场化竞争配置试点。全国首创租赁新模式的渔旅融合深海养殖装备"闽投1号"建成投产。全国最大的半潜式深海养殖平台"宁德1号"在宁德福安下水。全国首艘入级中国船级社（CCS）的电动游艇"时代创新号"顺利交付。全省首艘由宁德时代电机整船自主研制电动船舶"白海豚1号"首航成功。全省首个海洋领域国家基础科学中心——海洋碳汇与生物地球化学过程基础科学中心成功启动。

为推动海洋强省建设，广东省制定《海洋强省建设三年行动方案（2023—2025年）》。2023年，广东省海洋生产总值达到18 778.1亿元，比上年增长4.0％，占地区生产总值的13.8％，占全国海洋生产总值的18.9％。海洋经济对地区经济名义增长的贡献率达到11.0％，拉动地区经济名义增长0.6个百分点。海洋产业结构持续优化，2023年全省海洋三次产业结构比为3.3∶31.4∶65.3。实体经济发展取得新成效，海洋制造业增加值为4 675.1亿元，比上年增长4.9％，在海洋经济发展中的贡献作用持续增强。海洋产业增加值为6 809.4亿元[②]。2023年广东省对"一带一路"共建国家进出口总额约3.04万亿元，比上年增长1.0％，位居全国前列。广东省对《区域全面经济伙伴关系协定》（RCEP）成员进出口总额12.6万亿元，比上年增长5.3％。已缔结的国际友好港口数为89对，其中与"一带一路"共建国家港口结对50对。广东省有国内首个珊瑚主题的国家级海洋牧场，国内最大、种类最齐全的珊瑚种质资源库（建设中），以及粤港澳大湾区首个国家级沿海渔港经济区试点——广州市番禺区渔港经济区。

2023年，广西海洋生产总值达2 568.4亿元，比上年增长9.3％。海洋经济对全区经济增长贡献率为24.2％，成为拉动全区经济持续健康发展的蓝色引擎。海洋旅游业强劲复苏，增加值达475.7亿元，已赶超疫情前水平[③]。海洋交通运输业实现显著增长，海洋旅客周转量比上年增长310.8％，海洋货物周转量比上年增长5.3％。北部湾港新增超过3 700万吨的年通过能力，货物吞吐量和集装箱吞吐量稳居全国主要港口前十位[④]。海洋公共管理服务增加值达214.7亿元。海洋渔业保持平稳增长，海水产品产量220.79万吨，比上年增长3.5％。海洋工程建筑业重大项目持续发力，增加值达150.2亿元。海洋船舶工业增加值比上年增长23.5％，首艘"钦州造"万吨级船舶出口欧洲。海洋药物和生物制品业增加值比上年增长8.6％。广西首个海上风电示范项目"防城港海上风电示范项目"于2023年3月25日开工建设，2024年1月首批机组并网

---

① "蓝色引擎"动力澎湃，福建海洋经济晒出成绩单. 福建省人民政府门户网站（fujian. gov. cn）
② 广东海洋经济发展报告（2024）. 广东省自然资源厅（nr. gd. gov. cn）
③ 经济增长贡献率达24.2％！海洋经济成为广西发展的蓝色引擎. 澎湃新闻（thepaper. cn）
④ 2023年广西海洋经济运行情况新闻发布会. 广西壮族自治区海洋局网站（hyj. gxzf. gov. cn）

发电①。

2023 年，海南省海洋生产总值达 2 559 亿元，占全省生产总值 33.9%②。海洋渔业是其支柱产业之一，2023 年，海南省渔业产值达到 550 亿元；水产养殖产量超过 73.9 万吨，比上年增长 9.77%，增速位居全国第一；休闲渔业总产值超过 40 亿元，接待人数近 1 400 万人次，比上年分别增长 90% 和 73%③。在海洋新兴产业发展方面，海南省开工建设 3 个海上风电示范项目，全球最大风轮叶片成功下线，投入运行我国首座深远海浮式风电平台"海油观澜号"。加快建设儋州洋浦、东方海上风电装备制造基地，建成油服 1 号深水设备装配公共服务平台。我国首艘岛礁综合地质调查船"海洋地质二十六号"在海南正式列装。引进中国海洋大学、上海交通大学和中国科学院深海科学与工程研究所等高校和科研院所入驻三亚崖州湾科技城，目前已聚集涉海科技企业 1 000 多家。成立省深海技术创新中心，加快推动崂山实验室海南基地、汉江实验室海南基地、国家海洋深海综合试验场等建设，实施深海技术产业促进专项。"深海勇士"号、"奋斗者"号等多项国家海洋科技重大装备入列。出台《关于支持海洋渔业高质量发展有关用海政策的若干意见》等重点行业用海要素保障政策，推行"净海"出让制度。目前，12 个沿海市县已上架 151 宗、总面积 18 444 公顷"净海"，累计完成 8 宗、1 223 公顷"净海"出让。

第二节　烟台市海洋事业总体运行

（一）海洋经济增长势头强劲

2023 年，烟台市首次实现生产总值破万亿的历史性跨越，正式跻身万亿级城市行列。2024 年，作为烟台市迈入奋进万亿级城市新征程的开篇之年，全市继续保持良好发展势头，生产总值达到 10 782.83 亿元，比上年增长 6.1%。依托得天独厚的海洋资源禀赋与前瞻性的战略规划，海洋经济领域展现出蓬勃活力与强劲增长潜力，为全市生产总值贡献了重要的海洋力量。烟台市海洋生产总值由 2020 年的 2 000 亿元上升为 2024 年的 2 800 亿元，平均增速 8.1%；2024 年海洋生产总值约占全市地区生产总值的 26%，涉海规模以上企业达到 1 600 余家，充分展示了海洋经济在烟台市整体经济中的重要地位。其中海洋产业增加值由 2020 年的 1 100 亿元上升为 2024 年的 1 600 亿元，年均增长 7.7%；海洋科研教育、海洋公共管理服务业增加值由 2020 年的 326 亿元上升为 2024 年的 438 亿元，年均增长 6.8%；海洋上游、下游相关产业增加值由 2020 年的 532 亿元上升为 2024 年的 778 亿元，年均增长 9.9%。

---

① 广西激活向海图强"蓝色引擎". 广西壮族自治区海洋局网站（hyj. gxzf. gov. cn）
② 培育壮大新质生产力，海南这样"耕海". 海南省人民政府网（hainan. gov. cn）
③ 2023 年海南全省水产养殖产量超过 73.9 万吨 增速居全国第一. 网易订阅（163.com）

（二）海洋科技创新能力不断提升

通过搭建海洋科技创新与成果转化平台、培养引进各层次海洋科技创新人才、培育高成长企业、推动科技创新成果转化利用等，烟台市海洋科技创新能力不断提升。一是搭建一批涉海重大平台。哈尔滨工程大学烟台研究院获批山东省国际科技合作基地；全国最大风电叶片检测中心（蓬莱）建成投运；北京大学-万华化学联合研究中心顺利投用。二是引育一批高层次人才。建立超百位专家组成的全市"现代海洋产业专家智库"，成立由55位专家组成的"烟台市海洋工程装备产业重点人才库"，万华化学集团入选国家卓越工程师团队。三是培育一批高成长企业。全市培育高新技术企业达到75家。支持中集海洋工程研究院、杰瑞工业设计中心等涉海企业建设技术研发平台，国家级企业技术中心数量达到22处。四是转化一批高技术成果。国内首个500兆瓦海上浮式光伏实证平台正式投用，烟台港"商品车转运水平运输自动驾驶"项目入选国家智能交通先导应用试点，中集来福士风电安装船入选山东省十大科技创新成果，海洋生物基因、能源、装备等一批关键技术取得突破，实现国产化。

（三）海洋生态环境保护成效显著

通过推进长岛国际零碳岛屿建设、探索蓝碳经济发展路径、开展陆海污染综合治理、保护修复海洋生态、推进美丽海湾建设、科学保护开发海岛等，烟台市海洋生态文明建设迈上新台阶，为海洋生态环境可持续发展奠定了坚实基础。2024年，烟台市发起成立全球首个"国际零碳岛屿合作组织"，承办联合国气候变化大会（COP29）中国角"国际零碳岛屿合作倡议发布会"，向世界发出《国际零碳岛屿合作倡议》，为全球岛屿绿色低碳发展提供烟台样板。发布全国首个地级市海洋碳汇专项工作方案——《烟台市海洋碳汇工作实施方案》。组织29家驻烟涉海单位、高校院所和行业企业，组建全省第二个地级市海洋碳汇产业联盟。积极推进海洋生态保护修复，莱州成功获批国家海洋生态保护修复项目，争取中央财政资金3亿元。扎实推进互花米草治理工作，2024年争取专项治理资金1 432万元，治理莱阳、莱州、海阳区域面积1 300公顷。全市近岸海域水质优良面积比例保持在90%以上，2024年达到96.3%。持续推进美丽海湾建设，四十里湾、龙口岸段入选省级美丽海湾公示名单。受邀赴韩国参加2024年中韩渔业联合增殖放流活动，成功举办第六届烟台海洋放鱼日公益活动，全年增殖放流水产苗种24亿单位。长岛大黑山岛旅游景区成功入选中国气象服务协会"滨海避暑消夏好去处"名录，"寻仙号"双城百岛海洋旅游航线入选国家"第二批交旅融合发展示范案例"。

（四）海洋领域对外交流合作日益深化

烟台市作为全国首批沿海开放城市之一，长期以来在海洋对外开放合作方面积累了丰富经验，取得了显著成果。通过制定一系列高水平对外开放政策，如实施自贸区深化改革创新方案、推进"一带一路"建设、出台境外市场开拓计划等，烟台国际合作领域和范围持续拓宽。借助中韩（烟台）产业园、中国（山东）自由贸易试验区烟台片区、跨境电商综合试验区等重大对外开放合作平台，吸引了大量外资和先进技术，促进了贸易和投资自由化、便利化。烟台积极拓展与东盟、非洲等"一带一路"合作伙伴的对接，成功与多个国际伙伴签署海洋领域合作文件。截至 2024 年，烟台国际友城数量增至 26 个国家的 52 个城市，遍及亚洲、欧洲、北美洲、南美洲、大洋洲、非洲等六大洲，国际友城大格局正逐步形成。成功召开第六次中国—中东欧国家地方领导人会议、2024 医药创新与发展国际会议、2024 世界工业设计大会、2024 世界海参产业博览会等重大活动，中日韩创新合作中心成功落户烟台。2024 年 12 月，烟台市因在国际传播中以文化为抓手提升海外形象美誉度的优秀表现，入选"城市（区）国际传播示范案例"。

（五）海洋综合治理能力显著增强

烟台市科学谋划海洋发展，强化规划引领作用，注重地方性法规规章建设，形成了较为完善的海洋发展政策法规体系，为海洋经济发展、海洋科技创新、海洋生态保护、海洋开放合作提供了有力保障。陆海统筹谋划国土空间开发格局，完善海洋空间管控专项法规规划，《烟台市国土空间总体规划（2021—2035 年）》《烟台市海岸带保护条例》等的发布实施，推动烟台市海洋空间治理能力进一步提升。2024 年，通过出台《烟台市推动海洋经济高质量发展实施方案》《烟台市远洋渔业突发事件应急处置工作机制》，烟台市海洋发展政策体系不断完善。通过与浙江大学合作举办的"烟台市海洋战略性新兴产业发展专题研修班"，干部经略海洋水平得到不断提升。开展海域海岛执法巡查、渔业资源增殖放流监管、水产品质量安全抽检等常态化和专项海洋执法行动，严格执法监督，强化法治教育，推动海洋依法治理水平进一步提升。深化"平安海洋"建设，抓好海上安全源头治理，推进海上安全智慧治理，推动海洋安全治理能力增长。完善海洋灾害应急救援预案，强化海洋灾害预警监测与信息发布，科学应用海洋灾害风险普查成果，普及海洋防灾减灾知识和技能，推动海洋防灾减灾水平显著提升。

第二章

烟台市海洋经济发展

第一节　海洋经济总体现状

2024 年是新中国成立 75 周年，也是烟台迈入万亿级城市征程的开篇之年。面对国内外环境的复杂多变及经济下行的严峻挑战，烟台市深入贯彻落实习近平总书记关于建设海洋强国的重要论述和视察山东时的重要讲话精神，落实省委、省政府海洋强省战略部署，扛牢"走在前、挑大梁、做贡献"的使命担当，以新一轮海洋强市建设为抓手，以高质量发展为主线，立足烟台海洋优势和特色，着力培育壮大海洋支柱产业，大力推进港产城融合发展，奋力打造现代海洋经济发展高地。全市海洋经济发展动能充沛，发展质量稳步提升，为加快打造绿色低碳高质量发展示范城市贡献了重要海洋力量。

海洋经济总量持续扩张。烟台市坚持陆海岛统筹、港产城融合发展，持续增强蓝色发展动力，开辟广阔海洋发展空间，在建设现代海洋强市上不断迈出新步伐。经核算，2024 年烟台市海洋生产总值达到 2 800 亿元，占全市地区生产总值的 26%，充分展示了海洋经济在烟台市整体经济中的重要地位。其中海洋产业增加值达到 1 600 亿元（占比 57%），比上年增长 14.0%；海洋科研教育、海洋公共管理服务业增加值达到 438 亿元（占比 16%），海洋上游、下游相关产业增加值达到 778 亿元（占比 28%）。涉海规模以上企业 1 600 余家。

产业结构不断优化。烟台市海洋产业结构持续优化，传统优势产业与新兴产业齐头并进，海洋渔业、海工装备、海上风电、海水淡化、滨海旅游等产业加快融合发展。一方面，海洋文旅、海洋交通运输、海洋水产品加工等优势产业增加值突破 1 000 亿元，成为拉动全市海洋经济增长的主要动能。现代渔业转型升级步伐日益加快，2024 年烟台水产品产量突破 199 万吨，比上年增长 3.5%。其中，海洋牧场作为典型代表，展现出了强劲的发展势头，国家级海洋牧场示范区达到 22 处，居全国地级市首位；建设深水养殖设施 32 座；现代渔业"蓝色良种"工程深入实施，水产苗种产量突破 4 700 亿单位，居全省首位。海洋文旅产业强势复苏，总投资过千亿元的海上世界、芝罘仙境、崆峒胜境等一批重大项目正在加快建设。2024 年全年接待国内游客 9 700 万人次，实现国内旅游收入 1 130 亿元，比上年分别增长 10.4% 和 11.7%。海洋交通运输业规模不断扩大，烟台港迈入世界十大港口行列，烟台港商品车滚装码头入选世界一流专业化码头，开通国内外航线达到 93 条，发行欧亚班列 490 余列。2024 年全市沿海港口完成货物吞吐量突破 5 亿吨，比上年增长 3.6％，港口集装箱吞吐量突破 500 万标箱，比上年增长 10％。海洋矿业增势强劲，比上年增长 20.4％。海洋船舶工业保持良好发展势头，比上年增长 6.3％。另一方面，海洋工程装备制造、海洋电力、海洋药物和生物制品、海水淡化与综合利用等潜力产业发展势头良好，成为海洋经济高质量发展的重要增长极（图 2-1）。

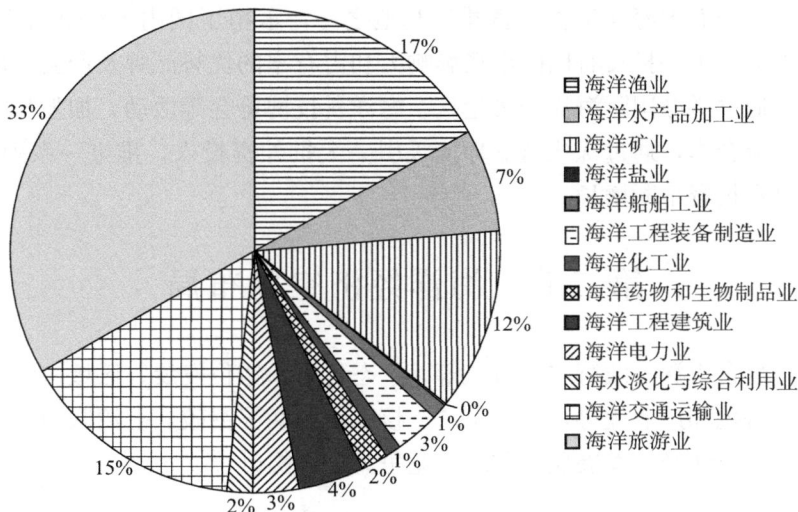

图 2-1　2024 年烟台市海洋产业增加值构成

绿色转型步伐加快。烟台市坚定不移推进新旧动能转换，推动绿色低碳高质量发展，聚力构建全国绿色低碳高质量发展先行示范区。坚持以绿色低碳引领"能源领域"动能转换，加快建设千万千瓦级核电基地、风电基地、海上光伏基地和千万吨级液化天然气（LNG）基地，打造中国北方清洁能源中心。初步建成"核、风、光、氢、储、LNG"协同发展的新型能源体系，实现了"五个第一"，即发出了全省第一度核电、第一度海上风电，建成了全国首个海上风电与海洋牧场融合示范项目，投运了全国第一个商业化核能供热示范项目，形成了全省第一的清洁能源装机容量[①]。清洁能源规模持续扩容。招远核电一期、烟威特高压工程获批核准，国家电投核能总部运营中心封顶，全国首个城市级虚拟电厂入市运营，全国首个近海桩基固定式海上光伏和半岛北龙口海上风电场并网发电。丁字湾新型能源创新区拉开框架，400 万千瓦清洁能源项目集中建设。全市清洁能源装机容量突破 1 700 万千瓦，稳居全省首位[②]。烟台市积极探索蓝碳交易路径，"蓝碳经济海洋生态产品价值实现案例"成功入选山东省自然资源领域生态产品价值实现典型实践案例。

对外贸易稳步增长。烟台市充分利用沿海开放城市区位优势，不断完善港口、口岸等基础设施建设，加强与"一带一路"合作伙伴的经贸往来，拓展与区域全面经济伙伴

[①] 烟台建设"四大千万级"清洁能源基地 推动能源绿色低碳转型．烟台市政府门户网站（yantai.gov.cn）
[②] 2025 年烟台市政府工作报告．烟台市政府门户网站（yantai.gov.cn）

关系协定（RCEP）成员地方经贸合作，推动水产品、海洋装备、海洋药物等特色产品出口，提高了烟台市海洋产品在国际市场上的知名度和竞争力。2024年，烟台港成为我国最大的对非贸易口岸、最大的原油混兑基地、最大的国际商品车中转港及铝矾土进口第一港。智慧港口深入推进，港口国际化转型步伐加快。支持企业"走出去"参与国际竞争，不断拓展海外市场。烟台船舶及海工装备基地作为全球四大深水半潜式平台建造基地之一、全国五大海洋工程装备建造基地之一，承担了国内80%的半潜式钻井平台交付任务，形成了一批具有国际市场影响力和占有率的优势品牌及产品。烟台积极搭建合作平台，通过举办国际海洋经济论坛、海洋科技博览会等活动，加强与国际组织和外国政府的交流合作，通过优化营商环境吸引一大批外资投入，推进一系列重点项目，促进对外贸易和投资不断增长。

第二节　海洋经济空间布局

近年来，烟台市深入践行"陆海统筹、生态优先、错位发展、区域协同"的发展思路，依托地方特色和产业优势，构建了"一核引领、两翼突破、七湾联动"的海洋高质量发展新格局，海洋经济发展质量和综合竞争力全面提升。

（一）"一核"引领

烟台市海洋经济核心区〔芝罘区、莱山区、福山区、牟平区、蓬莱区5个行政区以及高新区、开发区和长岛海洋生态文明综合试验区（以下简称"长岛综试区"）3个功能区〕围绕新产业、新技术、新业态、新模式"四新"经济全面发力，汇聚海洋科技创新力量，孵化海洋新兴产业，成为重要的海洋科技创新中心与新兴产业培育高地。海洋科教服务、滨海文化旅游、港口航运服务等现代服务业蓬勃发展，核心区的综合竞争力和辐射带动力显著增强，为全市海洋经济的腾飞奠定了坚实基础。

（二）"两翼"突破

在"一核"的强劲引领下，烟台市"两翼"突破发展的空间战略布局取得了显著成果。南翼黄海丁字湾沿岸区域以海阳和莱阳为龙头，凭借独特地理位置和资源优势，滨海旅游、现代渔业及海工装备制造等产业异军突起，形成了集休闲度假、高新技术研发与生产于一体的产业集群，成为烟台南部海洋经济的新引擎。西翼渤海莱州湾沿岸区域依托莱州、龙口与招远实现了跨越式发展，海洋渔业、海工装备制造、港口物流等传统优势产业持续壮大，临港工业与新材料产业迅猛发展，构建起烟台西部临港工业与现代渔业的双轮驱动发展格局。

（三）"七湾"联动

通过实施"七湾"联动发展战略，促进了南北海岸紧密连接、东西湾区良性互动以及海陆产业深度融合，七大海湾区域已成为推动烟台海洋经济高质量发展的强劲引擎，构建起全市独具特色的陆海发展新格局。其中芝罘湾区聚焦现代金融、文化旅游等多元业态融合发展，已成为烟台乃至全国知名的航运中心与文化旅游服务业集聚区。蓬莱湾区在港口物流、海洋文化旅游、船舶与海工装备制造等领域取得长足进步，成为环渤海地区重要的交通枢纽与旅游胜地。套子湾区依托自由贸易试验区与特色产业园区，吸引了大量国内外投资与高端人才，成为海洋经济创新发展的前沿阵地。龙口湾区临港化工、海工装备制造、现代渔业等产业蓬勃发展，形成了国内领先的能源中转与临港化工产业集群。四十里湾区推动滨海休闲度假与海洋科技创新深度融合，吸引了众多游客与投资者。莱州湾区通过高效生态海洋牧场与海上风电项目建设，实现了海洋资源的可持续开发与利用。丁字湾区在新能源产业、现代渔业、航空航天等方面取得了显著突破，构建了生态友好型的海洋经济发展模式。

第三节　主要海洋产业发展

（一）海洋渔业

习近平总书记指出，中国是一个有着 14 亿多人口的大国，解决好吃饭问题、保障好粮食安全，要树立大食物观，既向陆地要食物，也向海洋要食物，耕海牧渔，建设海上牧场和"蓝色粮仓"。习近平总书记的重要讲话为海洋渔业的发展指明了方向。海洋渔业作为烟台市海洋经济的"稳定器"，2024 年保持稳中有升的发展态势。海洋渔业综合能力不断提升，海洋牧场"百箱计划"建设加快推进，水产苗种取得重大突破，渔业品牌影响力不断扩大。2024 年，烟台水产品产量达到 199 万吨，比上年增长 3.5%，其中海水养殖产量 154 万吨，约占全省的 1/4，海水养殖面积超过 23 万公顷，海洋捕捞产量 44.6 万吨。烟台市拥有海洋捕捞渔船 3 641 艘，捕捞品种有鲅鱼、带鱼等；远洋作业渔船 18 艘，捕捞品种包括鱿鱼、秋刀鱼、金枪鱼等。渔民人均纯收入由 2021 年的 3.4 万元增长到 2023 年的 3.8 万元，年均增长率 5.8%。

海洋渔业综合能力不断提升。烟台市海洋渔业资源丰富，有鱼类、虾蟹类、头足类、贝类和其他生物资源 5 大类 504 种，有捕捞价值的 100 余种[①]，主要养殖种类包括海参、鲍鱼、扇贝、对虾、名优海水鱼类、海带，是全国重点渔区和优势水产品主产区。近年来，烟台市以生态、优质、高效、安全为发展理念，以确保水产品安全有效供给和渔民收入持续较快增长为首要任务，推动现代渔业向科技化、集约化、高端化、品牌化转型升级，海洋渔业综合生产能力和市场竞争力不断提高，现代渔业高质量发展成绩斐然。2023 年，烟台市成功将长岛海洋生态文明综合试验区（以下简称"长岛综试区"）列入国家级水产健康养殖和生态养殖示范区创建名单。全市首个国家级沿海渔港

---

① 关于"关于做好烟台渔业高质量发展保障，加速海洋强市高标准建设"建议的答复. 烟台市政府门户网站（yantai. gov. cn）

经济区——牟平国家级沿海渔港经济区自 2021 年 9 月获批以来，极大地推动了地方渔业经济发展。2023 年国家级沿海渔港经济区试点名单公布，长岛综试区渔港经济区上榜，至此全市国家级沿海渔港经济区总数达到 2 处。全国首个海上经济开发区——山东长岛"蓝色粮仓"海洋经济开发区于 2023 年获批设立，2024 年《山东长岛"蓝色粮仓"海洋经济开发区发展规划（2023—2035 年）》正式发布。2024 年山东省渔业高质量发展现场会在莱州召开，烟台市作典型交流发言。烟台市企业、专家受邀参加央视《对话》栏目，介绍烟台深远海养殖发展、蓝色粮仓建设经验做法。

深远海养殖加速拓展。以海洋牧场提质增效为重要抓手，持续擦亮"深远海养殖之都"金字招牌。全力打造现代化海洋牧场，"百箱计划"三年行动圆满收官，到 2024 年累计建设深远海养殖设施 32 座；2024 年新增国家级海洋牧场 2 处，总数达到 22 处，省级以上海洋牧场达到 46 处，牧场数量居全国前列。成功入选全省首批深海鱼全产业链提质增效试点城市，启动"三文鱼万吨计划"，三文鱼陆海接力模式取得成功，实现量产 1 200 吨。全国首制装备休闲型海洋牧场综合体平台"耕海 1 号"持续运营，塑造了海水养殖与海洋旅游、科普教育等第三产业融合发展的典范标杆（图 2-2）。2023 年烟台市政府发布全国首部海洋牧场建设蓝皮书，对海洋牧场环境质量、生物生态、渔业资源等 5 大方面 101 个指标进行全面"体检"，综合评估表明，海洋牧场建设明显提升了牧场内生态环境质量，改善了生境条件，与 2016—2017 年的调查数据相比，部分海洋牧场投礁区基础生产力提升 63.9%，生物量增加 5.6 倍[①]。烟台市海洋牧场产业集群入选全省首批十强产业"雁阵型"产业集群，构建起海洋牧场"全国看山东，山东看烟台"的新发展格局（图 2-3、图 2-4）。

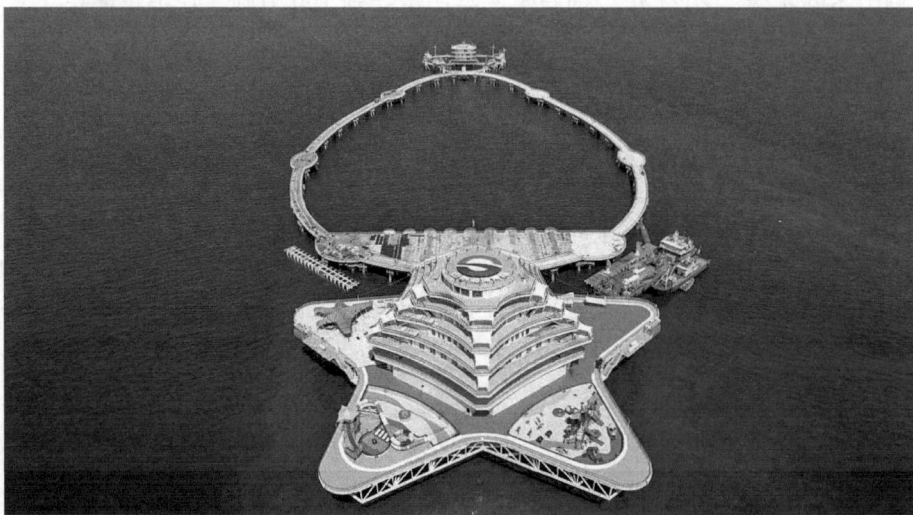

图 2-2 "耕海 1 号"海洋牧场综合体平台

① 《2022 年度烟台海域海洋牧场建设蓝皮书》. 山东省人民政府（shandong.gov.cn）

图 2-3　"经海 001 号"深远海养殖网箱

图 2-4　"蓝钻一号"生态养殖围栏

水产苗种创新突破。烟台聚力打造北方重要水产苗种繁育基地和国内领先的高端水产种业发展聚集区，构建"育-繁-推"一体化的水产苗种产业化发展大格局。大力推进山东自贸试验区烟台片区与海南三亚崖州湾科技城合作，构建"南鱼北繁、北繁南养"高质量发展服务体系，在全国率先建设海洋种质资源引进中转基地，打造"水产种业硅谷"。2024 年，烟台首次实现国内赤石斑鱼（红玫瑰斑）、舒氏猪齿鱼（青衣）、花尾鹰鳟（三刀鱼）人工繁育，北方工厂化车间首次实现豹纹鳃棘鲈（东星斑）、红九棘鲈（红瓜子斑）人工繁育，分别培育新种质苗种 5.2 万尾、5.1 万尾、1.1 万尾、50 万尾和 80 万尾[①]。全市水产苗种产量突破 4 700 亿单位，居全省首位。其中，刺参苗种产量占全国 40%，贝类苗种产量占全国 10%。莱州明波水产公司在国内首次实现黄带拟鲹亲本培育和苗种规模化繁育。烟台经海海洋渔业有限公司在国内率先开展虹鳟鱼苗种中间养成、驯化和深远海养殖试验。烟台市率先在全省开展深远海大规格鱼类苗种繁育基地建设，年可培育大规格鱼类苗种 1 200 万尾以上，有效解决深远海养殖大规格苗种供应问题。2024 年新培育国家级水产新品种海参"安源 2 号"，全市国家级水产新品种累计达到 24 个，约占全国海水新品种 1/6。全国首批 10 大特色水产种质资源评选中，山东省获批的 2 个（单环刺螠和黄条鰤），均出自烟台。截至 2024 年，建成 34 处省级以上水产原良种场，其中国家级 6 处。拥有全国水产种业育-繁-推一体化优势企业 4 家，占全国 1/5；无规定水生动物疫病苗种场 3 处，占全国 1/6；山东省水产种业领军企业 10 家，占全省 1/3。

渔业品牌影响力不断扩大。作为全国优势水产品主产区，近年来，烟台高度重视水产品品牌建设，培育形成了一批具有全国影响力的区域公用品牌和企业产品品牌。"烟台海参""烟台鲍鱼""烟台海肠""烟台扇贝""烟台大菱鲆"等先后获批国家地理标志证明商标，品牌知名度进一步提升。招远干贝和盐渍海参获批"全国名特优新农产品称号"，经海深远海冷水黑鮶、海鲈获"全国特质农品称号"，富瀚海洋等 7 个企业产品入选烟台市知名农产品企业产品品牌，2 个入选品牌农业引领企业名录，安源种业、蓝色海洋等 5 家企业名列 2024 年烟台海参领军企业（品牌）。新增蓬莱京鲁渔业有限公司"芙蓉蟹角形棒/爪"、莱州明波水产有限公司"明波牌斑石鲷"2 个"好品山东"品牌。烟台海参等 11 个产品品牌入选全国农耕农品记忆索引名录。为进一步提升"烟字号"水产品牌知名度和影响力，烟台积极举办专业展会、组织名优海产品全国巡展等各项工作。自 2020 年在首届世界海参产业博览会上被中国水产流通与加工协会授予"世界海参产业博览会永久举办地"称号以来，烟台已成功举办四届世界海参产业博览会，并推动大会发展成为国际上规模最大、专业性最强的海参展会。2024 年世界海参产业（烟台）博览会暨海洋食材展，吸引了专业客商达 6 000 多人次，2.75 万人观展，其中专业采购商人数超过 6 000 人，达成意向成交额 3.37 亿元。组织名优海产品全国巡展，举办"鲜美烟台好海好鲜"烟台名优海产品长沙、昆明推介会，在广州渔博会、东莞食博会、武汉良之隆食材展等国家级展会布设烟台名优海产品专题展区 6 场，参加好客好品·好水好鱼全国渔业品牌成都站、郑州站、大连站等系列推介会，稳步提升烟台海产品牌知名度。

增殖放流持续开展。2022 年烟台黄渤海新区获批中韩联合增殖放流活动永久举办地，2018—2024 年，中韩双方联合开展了 5 次联合增殖放流活动。2024 年第六届烟台海洋放鱼公益活动在黄渤海新区举行，总计增殖放流绿鳍马面鲀、许氏平鲉 2 个品种共 30 多万尾，为加强海洋生物资源养护，促进海洋渔业经济发展，保护黄海海域生态环境贡献重要烟台力量。

---

① 烟台市海洋发展和渔业局 2024 年第四季度政府工作报告重点工作进展情况. 烟台市政府门户网站（yantai. gov. cn）

（二）海洋水产品加工业

烟台以市场为导向，以园区建设为载体，推动海洋水产品加工业提质增效。已规划建设莱州临港、牟平大窑、莱山盛泉、芝罘卧龙、开发区八角等水产加工园区和海洋食品产业园区，培植壮大东方海洋、京鲁渔业、鲁星食品、大宸食品等水产品加工龙头企业。烟台海洋水产品加工业由初级加工逐步向精深加工转变，已开发鳕鱼、红鱼、鱿鱼、海带食品、扇贝食品、秋刀鱼食品、马哈鱼食品、虾蟹类食品、牡蛎食品、海参食品等2 000多个产品。2024年，烟台拥有水产品加工企业418家，水产品年加工能力199万吨。2024年，全市水产加工品总量178万吨，冷库数量686座。

冷链物流基础设施更加完善。烟台市高度重视冷链物流发展，出台一系列政策措施，为冷链物流基础设施建设提供了有力保障。以烟台骅达农产品冷链物流基地、中鲁（烟台）远洋渔业中国金枪鱼交易中心等为依托，水产品冷链物流体系建设不断完善，国际水产品冷链物流中心初步形成。冷链物流园区、冷藏库、冷藏车等冷链物流基础设施更加完善，冷链物流追溯系统、信息平台等先进技术和管理模式推广应用，极大提高了冷链物流覆盖率和运营效率。2023年5月，烟台国家骨干冷链物流基地获国家发展改革委正式批复，实现全市国家冷链物流基地数量零的突破。随后，烟台市印发《烟台国家骨干冷链物流基地建设实施方案》，为整合集聚冷链物流资源、优化冷链物流运行体系、促进冷链物流与相关产业融合发展提供了基础支撑。2024年，烟台高新区冷链物流项目（一期）竣工交付，该项目是2024年山东省绿色低碳高质量发展项目、烟台市服务业重点项目，项目总投资约8亿元，占地35亩①，建筑面积10万平方米，主要建设烟台高新区冷链物流、游客集散中心、服务及体验中心等，将进一步提升项目终端服务体验感受，打通农产品与海产品上下游产业链供应链，对高新区乃至烟台东部物流和旅游业发展起到重要作用。

水产品质量安全水平不断提升。烟台市深入推进水产品"治违禁、控药残、促提升"三年行动，开展水产养殖用投入品专项整治，加强质量安全监督抽检和风险监测，2024年抽查水产品1 029批次，合格率99.32%。大力推进海水健康养殖，完善疫病防控，规范养殖饲料和用药，保障海产品质量安全。为实现育苗、养殖等全过程质量控制信息透明，促进市民安全放心消费，建立了市级水产品质量追溯体系，为养殖生产者和消费者搭建起了信息交流平台，有效保障了水产品质量安全。全市170余家水产品加工企业通过美国危害分析及关键控制点（HACCP）、欧盟等国际认证，水产品加工质量安全检验检测标准、技术规范和管理规范趋于完善，加工水产品质量和竞争力持续提升，产品出口美国、俄罗斯、欧盟、韩国、日本、澳大利亚、新加坡、中国台湾等80多个国家和地区。

（三）海洋船舶工业

烟台以绿色、智能、高端为方向，调整海洋船舶工业产能，推进企业兼并重组与转

---

① 亩为非法定计量单位，1亩≈667平方米。余同。——编者注

型升级，扩大有效供给，2024 年全市一批重大船舶订单顺利交付或取得突破性进展，订单规模和质量稳步提高。烟台聚力突破船舶性能优化、智能船舶、节能与环保等关键领域核心共性技术，重点发展绿色、节能、智能型的新一代远洋渔船、大型养殖工船、高速客滚船、散货船（图 2-5）、化学品船、公务执法船、冷藏集装箱船、豪华游艇、液化天然气船（LNG 船）、液化石油气船（LPG 船）、海洋科学考察船、无人监测艇、海洋工程作业船及辅助船等，船舶产品结构持续优化，高技术船舶自主研发设计和建造能力不断提升。2024 年，全市海洋船舶工业增加值比上年增长 8.5%，船舶与海洋工程装备集群成功入选国家级先进制造业集群。

图 2-5 7.52 万吨载重散货船

订单规模和交付质量持续提升。随着船舶市场的稳定复苏，中集来福士、蓬莱中柏京鲁船业等烟台船舶企业新签订单维持强劲增长。2024 年由中集来福士建造的国内首艘国产电动汽车运输船"比亚迪探索者 1 号"在山东龙口交付离港。"比亚迪探索者 1 号"船长 199.9 米，型宽 38 米，设计吃水 8.6 米，设计航速 19 节，装载量为 7 000 台车。该船配备两套 C 型 LNG 储存罐，以绿色清洁的液化天然气作为主机、发电机等的主要燃料，可显著减少氮氧化物与硫氧化物排放，最高续航里程可达 15 800 海里[①]，是新一代节能、环保、高效的汽车运输船，其交付进一步夯实了我国船企在汽车运输船领域的国际领先地位，为我国车企产能出海开辟新的道路[②]。中集来福士为中国铁建港航

---

① 1 海里＝1 852 米。——编者注
② 中集来福士建造交付的国内首艘用于国产汽车出口的汽车运输船离港．中集来福士（cimc-raffles.com）

局建造的"铁建风电2000"自升自航式风电安装船在烟台交付。该船是目前国内最先进的第四代自升自航式风电安装船,船长136米,宽53米,型深10米,航速约8节,搭载DP-2动力定位系统,能够灵活应对水深80米以下的海上风电施工挑战,该项目集结绿色金融资本与高端制造业资源,深入践行"国船国造国用"理念,将为我国海上绿色能源开发注入强大动力,为实现"双碳"目标提供有力支撑①。2024年,蓬莱中柏京鲁船业共交付船舶25艘,其中出口船舶22艘,涵盖集装箱船、散货船、油船三大船型,进出口额达7.1亿美元,公司手持订单近60艘,合同金额约200亿元,订单已排至2029年上半年②。

核心技术及关键装备自主研发制造能力全面提升。"烟台造"船舶在建造质量、航行性能、绿色节能等各项核心性能指标上获得客户及业界好评。2024年,"东方航天港"号海上火箭发射船荣登山东省十大科技创新成果榜单,该船自首航以来已成功执行6次发射任务,共发送25颗卫星入轨,还成功发射了全球最大固体火箭"引力一号"③。中集来福士建造的5 800米车道双燃料冰级货物滚装船BOTNIA ENABLER荣获"2023年滚装船技术与环境奖"④。英国皇家造船工程师学会(RINA)发布《2022年度杰出船型世界名船录》,蓬莱中柏京鲁船业有限公司为福建东亿船务有限公司建造的76 000载重吨级散货船"东亿601"号(Dong Yi 601)入选⑤。中柏京鲁船业历时3年建造的我国首艘数字孪生智能科研试验船"海豚1"号在烟台蓬莱港交付并首航。该船创造了多源信息融合协同探测、智能感知及环境重构、船舶与海洋环境数字孪生三个方面的国内第一,打造了我国首个船舶智能系统与设备测试及验证的"海上流动"实验室⑥。2012年,京鲁船业被农业部渔业船舶检验局授予全国唯一的"远洋渔船建造与技术示范基地",先后设计、建造大型金枪鱼围网船近20艘⑦。2023年山东省工业和信息化厅公示第七批山东省制造业单项冠军企业拟认定名单,蓬莱中柏京鲁船业有限公司的高端远洋渔船入选⑧。作为国内实力最强的铝制直升机甲板平台制造商和高端船舶生活区内装总成服务商,烟台北海海洋工程技术有限公司参与我国首艘国产大型邮轮"爱达·魔都号"、我国自主研制的首艘超深水大洋科考钻探船"梦想"号、全球首艘大容量电池混动双头豪华客滚船"P&O pioneer"号⑨等一系列高技术含量、高附加值船舶与海工装备产品的内装建造,在"梦想号"内装项目中取得内装国产化材料应用率100%的重大突破⑩。

① 国产化率超95%!中集来福士交付"铁建风电2000",海上风场开发再添重器.腾讯新闻(news.qq.com)
② 手握200亿元订单,蓬莱中柏京鲁船业驶向新未来.中华航运网(info.chineseshipping.com)
③ 2024年度山东省十大科技创新成果揭晓:烟台两项科技成就引人瞩目.搜狐网(sohu.com)
④ 中集来福士建造的5 800米车道双燃料冰级货物滚装船"滚装船技术与环境奖".山东省船舶工业网(sdship.org.cn)
⑤ 京鲁船业"东亿601"号入选2022年度杰出船型世界名船录.山东省船舶工业网(sdship.org.cn)
⑥ 京鲁船业建造的我国首艘数字孪生智能科研试验船"海豚1"号交付.山东省船舶工业网(sdship.org.cn)
⑦ 京鲁船业2艘大型金枪鱼围网船签约.山东省船舶工业网(sdship.org.cn)
⑧ 多家会员企业入选省级制造业单项冠军名单.山东省船舶工业网(sdship.org.cn)
⑨ 烟台北海助力全球首艘大容量电池混动双头豪华客滚船亮相英吉利海峡.山东省船舶工业网(sdship.org.cn)
⑩ 烟台北海接受电视台专访,探索大国重器背后的"山东智造"!山东省船舶工业网(sdship.org.cn)

公司自主研发设计的铝制直升机甲板评选为"山东省船舶与海洋工程优势特色装备和先进技术目录"和我国船舶工业"强链品牌"产品，展示了行业最前沿的技术实力及研发创新制造能力[①]。

（四）海洋工程装备制造业

海洋工程装备是认识海洋、经略海洋的重要支撑，也是烟台现代海洋产业体系的重要组成部分。烟台以大力推进制造业强市建设为龙头，以重点产业链"链长制"、企业倍增计划为抓手，积极推动海工装备产业实现高质量发展，培育出一批具有国际市场影响力和占有率的优势品牌及产品，烟台制造的海工产品成功走向欧美及北海冰区等30多个国家和地区，获得国际主流市场高度认可。目前，烟台市海工装备企业手持国内外订单400多万载重吨，工期排至2028年。2024年，船舶与海洋工程装备产业集群入选国家先进制造业集群，海洋工程装备制造业增加值比上年增长17.9%。

海工装备产业链不断做大做强。烟台发布《烟台市实施企业倍增计划推动先进制造业高质量发展行动方案（2022—2025年）》，积极打造以油气平台、新能源船舶等为代表的海洋工程产业链条，培育中集来福士、中柏京鲁船业等26家骨干企业和350多家配套企业，将中集来福士、巨涛重工、大金重工、中柏京鲁船业等纳入培育名单并给予专项政策支持。在龙头企业引领下，海工产业链集群效应显现，2024年全产业链产值突破480亿元。烟台海工产业链拥有规模以上企业100家，其中上市企业3家、专精特新"小巨人"企业15家、专精特新中小企业44家、山东省独角兽企业2家、山东省瞪羚企业17家、国家重点"小巨人"企业6家、国家制造业单项冠军4家、省级制造业单项冠军11家、上下游配套企业300余家，形成了以中集来福士、中柏京鲁船业、巨涛重工、大金重工为龙头的海洋工程装备产业集群，并成功入选全省首批战略性新兴产业集群、省"十强"产业"雁阵形"集群，蓬莱海上风电装备产业集群入选山东省特色产业集群[②]。2023年3月，工业和信息化部发布2022年度绿色制造名单，烟台中集来福士海洋工程有限公司入选绿色供应链管理企业名单[③]。2023年10月18日，工业和信息化部发布了《工业产品绿色设计示范企业（第五批）公示名单》，烟台中集来福士海洋工程有限公司入选[④]。东方航天港依托烟台优越的地理位置和港口条件，发挥航天、海工等工业制造基础雄厚的独特优势，打造我国唯一航天海上发射母港，以及火箭研发制造中心、卫星载荷研发制造中心、海上发射平台研发制造中心和卫星数据应用开发中心，辐射带动智能制造装备、物流装备、能源装备、航天新材料、航天旅游等相关产业。2024年1月，全球现役最大固体火箭"引力一号"从"中国东方航天港号"发射

---

① 烟台北海应邀参加山东省政企沟通交流会！. 山东省船舶工业网（sdship. org. cn）
② 烟台海洋工程装备产业链今年实施33个项目，引领向海图强. 烟台市政府门户网站（yantai. gov. cn）
③ 中集来福士入选2022年度绿色供应链管理企业名单. 山东省船舶工业网（sdship. org. cn）
④ 中集来福士入选工信部《工业产品绿色设计示范企业（第五批）公示名单》. 山东省船舶工业网（sdship. org. cn）

船上发射升空，"云遥一号"18～20星共3颗卫星成功进入预定轨道。2024年12月，由东方航天港总装出厂的"谷神星一号"海遥四运载火箭，搭乘"东方航天港号"，在山东近海海域以"一箭四星"方式将"天启星座"04组卫星顺利送入预定轨道。至此，东方航天港全年相继保障6次、34颗卫星的海上发射任务，创历年之最。自2019年以来，东方航天港已成功保障我国固体运载火箭14次海上发射任务，累计发射卫星79颗[①]。

　　品牌和产品市场影响力不断提升。烟台船舶及海工装备基地成为全球四大深水半潜式平台建造基地之一、全国五大海洋工程装备建造基地之一，国内交付的半潜式钻井平台80％在烟台制造。从船体建造到工程总承包，从"购买技术"到自主研发，产业核心优势更加凸显，核心部件国产化率提升到60％，建造周期和建造工时大幅缩短，产品自主化、品牌化水平日益提升，烟台海工在世界舞台上掌握了更多话语权。继"蓝鲸1号""蓝鲸2号"赴南海完成两轮可燃冰试采，全球最大的三文鱼深水养殖工船、全球首座10万吨级深水半潜式生产储油平台"深海一号"交付使用，为荷兰建造的全球最大半潜式游艇运输船和为瑞典建造的全球最大双燃料冰级滚装船顺利交付后，烟台海工装备领域重大成果继续强势推出。2023年4月，烟台市北海海洋工程技术有限公司为目前国内单体最大、世界最重的海上升压站——南通振华重装粤电阳江青洲海上升压站项目承接制造的铝制直升机甲板顺利交付[②]。中集来福士交付国内首个半潜式海上光伏发电平台，该项目成功论证了半潜式海上漂浮式光伏的可行性，为推进"半潜式光伏走向深远海"提供了探索示范和引领路径[③]。中集来福士为中海油能源发展股份有限公司设计建造的"海洋石油165"自安装井口平台项目，在山东龙口基地举行启航仪式。该平台是中集来福士继2017年成功交付"海洋石油162"后，与中海油能源公司携手合作的第二个项目，也是我国第二座海上移动式自安装井口平台[④]。2023年8月，中集来福士与意大利海工巨头Saipem（塞班）公司签约，将一座半潜式钻井平台改造为浮式油气生产平台（FPU），这是中集来福士承接的首个钻井平台改生产平台订单，在行业内具备强烈示范效应[⑤]。2023年10月，由烟台中集来福士海洋科技集团与中林绿碳（北京）科技有限公司联合研发建造的全球首个竹基复合材料海上漂浮式光伏平台"集林一号"，顺利完成下水、拖航和海上安装作业，并在烟台高新区中集集光海上光伏实证检测基地海域进行实证测试[⑥]。2024年2月，中集来福士改装建造的大型海上浮式生产储油船（FPSO）"Marechal Duque de Caxias"启航开赴巴西，该船是国内首例集主

①　2024年度海上发射"六战六捷"，五年累计发射卫星79颗——海上发射常态化、航班化指日可待.腾讯新闻（news.qq.com）

②　烟台北海海洋交付世界上最重的海上升压站铝制直升机甲板.山东省船舶工业网（sdship.org.cn）

③　中集来福士交付国内首个半潜式海上光伏发电平台.山东省船舶工业网（sdship.org.cn）

④　由中集来福士设计建造的海洋石油165平台即将启航.山东省船舶工业网（sdship.org.cn）

⑤　中集来福士与Saipem签订钻井平台改造为FPU订单.山东省船舶工业网（sdship.org.cn）

⑥　全球首个竹基复合材料海上漂浮式光伏完成交付 助力海上漂浮式光伏平价开发.山东省船舶工业网（sdship.org.cn）

船体改造、全部模块建造及集成、FPSO 系统调试等工作于同一船厂完成的 FPSO 维修改造项目，可实现日处理原油 18 万桶、天然气 1 200 万立方米，储油量可达 145 万桶，也是全球第一艘采用了高压分离技术（HISEP）的 FPSO[①]。

（五）海洋药物和生物制品业

海洋药物和生物制品业作为海洋新兴产业，是助力"健康中国""海洋强国"建设的重要内容。烟台市立足区域资源禀赋和产业基础，强化项目集聚、突出创新驱动、加强政策扶持，推动生物医药产业取得快速发展。2023 年，烟台市制定《烟台市海洋药物和生物制品业发展规划（2023—2027 年）》，提出以建设全链条要素融合的海洋生物医药产业为目标，加快打造以"两大集群、两大基地、三类企业、三类平台、六种产品"为重点内容的"22336"海洋生物医药产业布局[②]。2024 年，烟台市海洋药物和生物制品增加值比上年增长 5.8%，全市在研海洋来源生物新药品种 2 个，海洋药物和生物制品业规模以上企业 37 家。

现代化医药产业集群格局显现。烟台强化生物医药领域招商引资与集群建设，生物医药产业集群获评国家级战略性新兴产业集群，培育了绿叶制药、东诚药业、瑞康医药、荣昌制药等多家生物医药领军企业，推进重大疾病防治药物原始创新，成为我国北方重要的生物"药谷"。蓝色药谷·生命岛生物医药产业园区位于烟台市牟平区国际生命科学城，是烟台首个按照模拟审批新模式实现拿地即开工的项目，从土地挂牌到"四证齐发"仅用 12 个工作日（图 2-6）。2023 年蓝色药谷·生命岛生物医药产业园区建成投入使用，吸引了一大批优质项目签约落地，初步形成了细胞与再生医学、医用同位素与放射性药物两大主导产业，合成生物、医疗器械、医美抗衰三大储备产业，满园满产后年产值超过 260 亿元。2024 年，以蓝色药谷·生命岛等专业园区为载体，以全链条产业垂直生态体系为支撑，招引 35 个生物医药产业项目，总投资 122.68 亿元。蓝色药谷·生命岛生物医药产业园区落户企业突破 100 家，全国首个核医疗科技馆建成投运。2024 年 9 月，以"开辟新赛道，打造领先地"为主题的 2024 医药创新与发展国际会议在烟台蓝色药谷·生命岛生物医药产业园区国际会议中心开幕，吸引了生物医药领域政产学研各界的 390 多名代表参加大会，16 个生物医药产业项目集中现场签约，总投资额达 87.8 亿元[③]。

创新药物科研攻关取得重大进展。烟台市加大对生物医药产业的支持力度，聚集了一批具有竞争力的创新要素，包括 1 支重点母基金资本、4 大配套支撑、26 个产业园区、百个科创平台和千位专业高端人才，为生物医药产业的蓬勃发展奠定了坚实基础，并持续催生出一系列创新成果，海洋原料药、海洋创新药物、海洋天然药物、海洋中药、海洋抗生素替代产品、海洋微生物药物等领域实现了多个产品的突破。烟台积极引导龙头企业发挥

---

① 全球首艘！中集来福士改装超大型 FPSO 安全顺利出港. 国际船舶网（eworldship.com）
② 烟台市海洋药物和生物制品业发展规划（2023—2027 年）. 烟台市政府门户网站（yantai. gov. cn）
③ 2024 医药创新与发展国际会议在烟台举办. 中国食品药品网（cnpharm. com）

图 2-6　蓝色药谷·生命岛

引领作用。东诚药业、山东国际生物科技园等海洋创新药物研发攻关力度不断加大，新时代健康产业集团、深海生物等突破海洋功能性食品、制品和化妆品等关键瓶颈。

(六) 海洋电力业

烟台市深入推动能源结构转型，初步建成"核、风、光、氢、储、LNG"协同发展的新型能源体系，打造我国北方清洁能源中心。烟台清洁能源资源全国领先，发出了山东省第一度核电、第一度海上风电，形成了全省第一的清洁能源装机容量，绿色低碳高质量发展先行示范区建设取得明显进展，为山东和全国能源转型作出了重要贡献[①]。2024 年，烟台海上风电装机容量突破 220 万千瓦，居全省首位；清洁能源装机容量突破 1 700 万千瓦，电力装机容量占比 60％以上，居全省首位[②]；到 2025 年，全市清洁能源装机容量将突破 1 800 万千瓦；到 2030 年，全市清洁能源装机容量将突破 3 900 万千瓦[③]。在国家低碳试点城市中期评估中，烟台市位居第 3 位，入选首批国家碳达峰试点城市。

海洋新能源重大项目实现新突破。2021 年由烟台电厂建设的全省首批海上风电示范工程——华能山东半岛南 4 号海上风电项目并网发电，发出山东省第一度海上风电，实现了山东省海上风电"零"的突破，也标志着山东省能源建设从此走向深蓝，迈入清

---

① 2023 清洁能源发展会议昨日举行，发布《清洁能源重大科技创新进展报告（2023）》. 腾讯新闻（news. qq. com）

② 打造北方最美生态城市. 烟台-齐鲁网（yantai. iqilu. com）

③ 烟台建设"四大千万级"清洁能源基地 推动能源绿色低碳转型. 烟台市政府门户网站（yantai. gov. cn）

洁能源发展新纪元。投产三年多以来，累计发电量达 29.5 亿千瓦时，年平均发电量 8.5 亿千瓦时。2023 年，三峡牟平、华能半岛北龙口海上风电场并网发电。渤中、半岛南、半岛北三大片区已成为海上风电发展的核心区域，华能、三峡等企业的海上风电项目相继建成投产，牟平、蓬莱、海阳、龙口、莱州等地海上风电基地实现了规模化、产业化发展，共同推动了烟台海上风电产业的蓬勃兴起。烟台积极探索风渔融合模式，莱州"海上风电＋海洋牧场"项目装机容量 304 兆瓦，于 2022 年 12 月全容量并网，2024 年发电量达 9.281 9 亿千瓦时；按照项目每年上网电量 10 亿千瓦时计算，每年可节约标煤消耗 30 万吨，减少二氧化碳排放 72 万吨、二氧化硫排放 5 893 吨、氮氧化物排放 3 347 吨。2024 年 7 月，全国首座集中式海上光伏项目——中广核招远海上光伏项目在烟台正式并网发电（图 2-7）。该项目位于山东省莱州湾海域，总用海面积约 6.44 平方千米，规划容量 40 万千瓦，首批并网 1.2 万千瓦，是全国首个大规模近海桩基固定式海上光伏项目。全部投运后预计年平均发电量 6.9 亿千瓦时，可满足约 40 万户家庭一年的用电需求，每年可减少标准煤耗约 20.7 万吨，减排二氧化碳约 53.2 万吨[1]。2024 年 12 月，我国水深最深，我省离岸最远、单机容量最大的海上风电项目——华能山东半岛北 L 场址 50.4 万千瓦项目启动建设。2025 年投产后，每年将发出绿电 17 亿千瓦时、节约标煤 49 万吨、减少二氧化碳排放 135 万吨，增加地方税收 7 000 万元，具有显著的经济、社会和生态环保效益[2]。

图 2-7 中广核烟台莱州海上风电

[1] 全国首座集中式海上光伏项目在山东并网发电.新华网（sd.news.cn）
[2] 2024 烟台·新亮点 新未来 年度关键词零碳｜追"风"逐"日"，"核"力前行.腾讯新闻（news.qq.com）

风电装备制造产业集群效应日益凸显。烟台海上风电产业发展的核心平台——中国海上风电国际母港、中国重装装备出口中心、北方海上风电智慧运维中心、山东省海上风电研发检测中心建设加速推进,为风电产业的集聚、优化、出口、运维、技术创新和产品研发提供了有力支撑和保障,助力打造海上风电综合开发示范区。中国海上风电国际母港已经汇集了大金重工、东方电气、中集来福士等海上风电重点企业20家,已形成与海上风电开发规模相匹配的主机设备生产能力。东方风电自主研发的大厚度、钝尾缘、高性能翼型风电叶片,自重53吨,长126米,为目前全球已下线的最长风电叶片,运用气动结构一体化优化设计技术和弯扭耦合自适应降载技术,有效提高叶片的气动性能并降低机组载荷,是配套I-II类风区13～18兆瓦海上风电机组的超长叶片①。2023年8月,搭载全球已下线的最长126米风电叶片的"远瑞169"轮成功抵靠山东港口烟台港蓬莱港公司泊位,再次打破山东港口最长风电叶片吊装纪录,持续擦亮"中国北方知名风电设备作业母港"称号。伴随中国海上风电国际母港持续提质扩容和产业集群发展壮大,2023年园区总产值达到145亿元,比上年增长81%;完成进出口额87亿元,比上年增长170%②。2024年6月,由东方风电研制、拥有完全自主知识产权的18兆瓦半直驱大功率海上风电机组首台样机顺利下线发运,风轮直径达260米,单台机组每年可输出7 200万度清洁电能,可节约标准煤耗2.2万余吨,减少二氧化碳排放5.9余万吨,具有显著的节能减排成效③。

协同创新推动产业快速发展。烟台市联合蓬莱巨涛、中集来福士等企业持续加强与哈尔滨工程大学烟台研究院等高校院所的深度合作,建设新能源技术及装备创新研发高地,为风电行业发展提供全方位技术支撑。2023年,在中集集电绿氢装备新产品发布仪式上,中广核资本与中集海工就绿氢制备、能源综合金融服务、海上风电建设、海上风电制氢等合作方向签订《氢能产业战略合作协议》④。中集集光与国家光伏质检中心在烟台联合主办"2023年海上光伏系统高质量发展论坛",来自全国光伏全产业链的企业代表、专家学者等300多人参会,深入交流海上光伏技术,共建海上光伏标准及技术创新交流平台,促进海上光伏产业技术进步和质量提升⑤。2023清洁能源发展会议和海上风电发展会议在烟台召开,来自海上风电产业相关单位的领导和专家100余人参加了会议,为海上风电事业出谋划策,为推进深远海风电产业发展壮大贡献力量。

(七)海水淡化与综合利用业

海水淡化与综合利用产业链条长、涉及领域广,不仅可以解决水资源短缺问题,

---

① 126米!超长风电叶片在山东港口烟台港完成卸船.能源界(nengyuanjie.net)
② 头版关注!蓬莱百亿级"海工产业航母"挺进深蓝…….微信(weixin.qq.com)
③ 行走先行区|全球首台18兆瓦海上风电机组在烟台诞生.山东新闻-大众网(sd.dzwww.com)
④ 中集海工与中广核资本达成中集集电股权投资意向.山东省船舶工业网(sdship.org.cn)
⑤ 全国首个海上浮式光伏实证基地揭牌|由中集集光与国家光伏质检中心共建.山东省船舶工业网(sdship.org.cn)

还是加快海洋经济新旧动能转换、培育新经济增长点的重要抓手。烟台作为海水资源丰富的沿海城市，海岸线长 1 071 千米，拥有发展海水淡化与综合利用得天独厚的优势。"十四五"期间，烟台通过政策扶持和项目建设，海水淡化与综合利用能力全面提升。

海水淡化项目建设加快推进。2024 年 11 月底，总投资 11 亿元、日产 14 万吨的全省单体最大的海水淡化项目——裕龙岛海水淡化项目建成投运，该项目利用裕龙岛炼化项目所产生的余热和电能，制取淡水用作炼化生产用水，减少地表水及地下水消耗，实现工业余热资源化、梯级化再利用。总投资 7 亿元的万华（蓬莱）海水淡化项目完成整体设备安装，该项目由万华化学集团和法国苏伊士集团携手合作实施，将在节约淡水资源的同时保护生态环境，助力万华化学集团及其工业合作伙伴实现生态转型。截至 2024 年，烟台全市新增海水淡化日产能力 19 万吨，已建成运营的海水淡化项目 27 个，日产海水淡化能力突破 22 万吨。

海水淡化研发水平持续提升。烟台市建立了以招金天膜、金正环保、万华化学等企业为核心的海水淡化技术创新平台，联合山东省海洋资源与环境研究院等机构，共同推进海水淡化膜材料和核心设备的研发[①]。2021 年 5 月，由国家电投山东核电与清华大学联合建设的"水热同产同送"科技示范工程在山东海阳投运，该技术通过抽取海阳核电机组的蒸汽，驱动水热同产装置，将海水直接变成 95℃的高温高品质淡水，实现了利用核能将水、热同步进行产出与供给；该示范工程属于世界首创，是我国核能综合利用领域科研攻关的又一次重大突破，为解决我国北方城市清洁取暖和淡水需求等民生问题开辟了新路径，为世界"零碳"供热和"零能耗"制水提供了中国方案。烟台市积极探索海水淡化、浓海水制盐与滩涂光伏发电协同发展新模式，引进国际先进的海水淡化技术，建设规模化海水淡化后制盐项目，提升海盐生产效率，并探索以滩涂光伏发电解决海水淡化用电问题，实现"淡化—制盐—环保"融合发展。裕龙海水淡化项目采用创新性热水闪蒸＋热膜耦合工艺，实现低温余热梯级利用，显著提高系统整体运行效率，极大降低制水成本，高品质产水既保障裕龙炼化全厂生产用水需求，同时也大大减少对周边地表水及地下水的开采，有效节约了淡水资源，实现"让水于民"。万华（蓬莱）海水淡化项目是目前国内规划建设规模最大的工业级膜法海水淡化项目，采用了目前世界最先进的"反渗透膜法"工艺，对海洋生态的影响较小，极大减轻了海洋环境负担。

（八）海洋矿业

烟台市大力发展海洋矿业，依托莱州金矿等资源开发工程，深入推进勘探、开采和综合评价工作，积极发展矿产资源精深加工，提升资源附加值。烟台已先后在莱州、招远等地发现了 4 处储量超过 100 吨的超大型金矿床，包括莱州市三山岛北部海域的金矿

---

① 烟台市海洋发展和渔业局关于印发《烟台市"十四五"海洋经济发展规划》的通知. 烟台市政府门户网站（yantai. gov. cn）

（465.044 吨）、莱州市西岭金矿（592 吨）、莱州市纱岭金矿（309.9 吨），以及招远市水旺庄金矿（186.1 吨）。2023 年，烟台市黄金产量达到 166.5 吨，占全国的 32.1%，连续 48 年位居全国地级市首位。截至 2023 年底，全市黄金保有金金属量 3 906 吨，黄金产业的主营业务收入达到 19 312 亿元[①]。2024 年全市海洋矿业增加值比上年增长 20.4%。

海洋矿业产业链条更加完整。黄金产业是烟台市重点培育的千亿级产业，也是重点打造的 16 条产业链之一。近年来，烟台坚持谋划为先、制度推进，出台《烟台市黄金精深加工产业链链长制实施方案》，以项目建设为抓手，推动产业链延链补链强链。"链长制"实施以来，烟台黄金矿山加快复工复产，产业规模持续壮大，发展质效不断提升，60 余家黄金及关联企业聚链发力，形成了集勘探、采选、冶炼、精炼、首饰加工、文旅服贸等于一体的完整产业链条，黄金产业成功入选省"十强"产业"雁阵形"集群。山东恒邦冶炼股份有限公司作为烟台市有色及贵金属产业的代表性企业，黄金冶炼业务发展迅速，2024 年上半年生产黄金 49.3 吨，全年营业总收入突破 800 亿元，2025 年将实现千亿级跨越，到"十五五"末再掀一轮倍增，达到 2 000 亿级规模[②]。

（九）海洋盐业

烟台市拥有丰富的海洋资源，为海洋盐业发展提供了得天独厚的条件。烟台海盐以地下卤水制盐为主，主要分布在莱州湾沿岸，该区域的地下卤水是经过亿万年沉积，封存于 50～100 米地下的浓缩古海水，属于高品质、无污染的天然资源，且不受地表和海洋环境变化影响，地质部门勘探结果表明，莱州湾沿岸地下卤水静态储量为 80.8 亿立方米，储量丰富[③]。"十四五"以来，烟台坚定不移地推动海洋盐业转型升级，以创新为驱动，加大技术创新和设备升级力度，积极推动产业链延伸和多元化发展，同时加强品牌建设和市场拓展，提高产品附加值和市场占有率。2024 年，烟台市海洋盐业增加值比上年增长 5.0%。

新模式助力海洋盐业快速发展。烟台抢抓国家实施"双碳"战略和大力发展清洁能源的重大机遇，坚持生态保护优先、陆海资源统筹开发，推动盐业、风电、光伏、储能、渔业融合循环发展。2023 年，莱州市探索合作社与央企合作路径，投资 162 亿元，深挖"风光渔盐"资源潜力，推进陆海总面积 12.4 万亩，覆盖 2 个乡镇、12 个村庄、3 821 户村民的 10 个"风光渔盐"融合互补惠农项目建设，打造乡村振兴示范引领新模式[④]。诚源盐光互补 200 兆瓦光伏项目正式并网通电，在确保基本盐业生产的前提下，实现水上发电有效运行，将晒盐与光伏发电相结合，形成水面晒盐、水上发电的新型立

① 山东烟台打造完整黄金产业链条 力争黄金产业年收入突破 2 000 亿元 . 央视网（cctv. com）
② 恒邦股份：2025 年实现千亿级跨越 . 烟台市政府门户网站（yantai. gov. cn）
③ 了解食用盐知识 携手营造平稳价格秩序 . 微信（weixin. qq. com）
④ 烟台半年答卷：莱州市探索"风光渔盐"发展新模式 . 大众日报（dzrb. dzrg. com）

体高效生产模式①。2024 年 12 月，山东莱州土山 600 兆瓦"盐光互补"项目全容量并网发电，该项目是山东省最大的配套储能项目，通过"盐光互补"新型复合产业模式成功打造了"一地多用"的标杆示范工程，对我国"光伏＋储能"新型绿色能源解决方案的探索具有重要示范意义②。2024 中国盐业全产业链博览会在烟台国际博览中心成功举办，展会以"追求健康生活，共'盐'美好未来"为主题，围绕创新、高效、安全、低碳，通过产品展示、采购对接、贸易配对、高峰论坛、政策发布等渠道，加强产业链供应链上下游合作，打通企业间壁垒，优化现有供应链结构，推动盐业创新链、科技链、合作链、共赢链的全链条发展③。

（十）海洋化工业

海洋化工业是烟台市重点培育的千亿级产业。"十四五"期间，烟台抢抓山东省绿色低碳高质量发展先行区建设机遇，助推海洋化工业提质增效，推动石化产业高端化、集群化、绿色化转型，产业体系更加健全，创新能力稳步提升，集群效应强势显现。裕龙石化产业园、烟台化工产业园、万华新材料低碳产业园三大千亿级园区依次布局，推动化工产业集群跻身山东省十强产业"雁阵型"集群，并发展为全国首批战略性新兴产业集群。2024 年，烟台大力攻坚绿色化工重大项目，海洋高端化工实现重大突破，全年海洋化工业增加值比上年增长 5.0%。

海洋化工重大项目加快推进。烟台市依托裕龙石化、万华化学、泰和新材、中节能万润、道恩集团等龙头企业，实施了一大批投资规模大、带动能力强的重大项目，裕龙岛炼化一体化、万华（蓬莱）新材料低碳产业园、万华化学乙烯二期等重点项目快速推进。2024 年 9 月，国家重大生产力布局项目、山东省单体投资规模最大的工业项目——山东裕龙岛炼化一体化项目正式投产（图 2-8），一期核准总投资 1 168.5 亿元，标志着该项目历经近 3 年建设，正式从建设阶段转入生产和运营阶段，项目一期已具备全面投产条件。据估算，项目一期全部投产后，年销售收入可达 1 166 亿元，利税 296 亿元。项目建成后将实现山东省主要污染物排放总量下降，烟台区域内排放总量不增加，助力烟台打造世界一流的高端石化化工产业集群。万华化学新材料低碳产业园以世界最大规模丙烷脱氢装置为龙头，通过与万华化学烟台工业园物料互联互通，充分发挥协同优势，打造集石化、精细化学品及新材料于一体的高端化、规模化、一体化"零碳"绿色化工园区。2024 年，万华新材料低碳产业园一期建成投产。万华化学乙烯二期项目位于万华化学烟台工业园，主要建设一套 120 万吨/年的乙烯装置，于 2025 年一季度建成投产。项目建成投产后，将有效提升万华化学在石化行业的市场竞争力。

---

① "风光渔盐"！这个模式很赞！. 澎湃新闻（thepaper. cn）
② 中广核莱州土山 600 兆瓦"盐光互补"项目全容量并网发电. 中国能源新闻网（cpnn. com. cn）
③ 2024 中国盐业全产业链博览会在山东烟台举办. 消费日报网（xfrb. com. cn）

图 2-8　裕龙岛炼化一体化项目

海洋化工园区布局不断优化。烟台沿渤海南岸依次布局裕龙石化产业园、烟台化工产业园、万华新材料低碳产业园三大千亿级园区，形成了黄渤海南岸化工新材料产业基地。裕龙石化产业园规划面积51.5平方千米，园区以裕龙岛炼化一体化项目为主线，向下延伸产业链，发展高端化工及新材料产业，建立起以炼化一体化产业为核心，产业与创新研发、石油化工与终端市场高度关联的绿色发展长效机制，全力打造"国内领先、国际一流"的世界级绿色石化产业基地。蓬莱化工产业园规划面积25平方千米，园区内万华新材料低碳产业园总投资1 260亿元，重点发展丙烷脱氢、聚醚、聚丙烯等高端产品。同时，延伸布局投资110亿元的中节能万润新材料、投资120亿元的泰和新材集团新材料、投资22亿元的山东嘉信染料及中间体等重点项目。烟台化工产业园规划面积32.92平方千米，以万华化学工业园为核心，重点发展大乙烯、石化中下游深加工和战略性化工新材料产业，2023年园区产值达1 280亿元，连续5年跻身全国化工园区30强①。此外，莱州银海化工产业园是烟台六大省级化工园区之一，也是莱州实现绿色低碳高质量发展的主战场，园区规划布局海洋化工、新材料、新能源产业区等七大动能板块，大力发展化工新材料、海洋化工、专用精细化学品等高端化工产业，打造形成百亿级产业集群。

（十一）海洋工程建筑业

随着海洋资源开发和空间利用规模的扩大，海洋工程建筑业得到了迅速发展。围绕海港建筑、滨海电站建筑、海岸堤坝建筑、海洋隧道桥梁建筑、海上油气田陆地终端及处理设施建造、海底线路管道和设备安装等业务，烟台积极推动海洋工程建筑业发展。

---

① 烟台："三园"联动 齐头并进.中化新网（ccin.com.cn）

2024 年，海洋工程建筑业增加值比上年增长 5.0%。

海洋工程建筑领域项目顺利推进。"耕海 1 号"是全国首座综合性、示范性、集成性的智能化大型现代生态海洋牧场综合体平台，2020 年一期项目投入运营。一期平台由 3 个大小相同的直径 40 米圆形子网箱旋转组合而成，构成直径 80 米的"海上花"概念，每朵"花瓣"养殖体积约 1 万立方米，总养殖体积 3 万立方米，每年可养殖优质海水鱼类 20 万尾，年产约 15 万千克。2023 年"耕海 1 号"二期项目建成投入运营，平台外围直径 120 米，主甲板面积 8 000 平方米，设有成人泳池、儿童水乐园、户外休闲演艺等功能板块，进一步展示了烟台海洋工程建筑实力。2023 年，三峡牟平、华能半岛北龙口海上风电场并网发电，成功实现三峡一期海上风电全容量并网[①]。2023 年 6 月，由中集来福士研发的国内首个自主知识产权半潜式海上漂浮式光伏电站完成下水拖航，并向中集集光海洋科技（烟台）有限公司交付[②]。2023 年 7 月，烟台港 30 万吨原油码头二期正式投产，该码头总长 401 米，可以接卸 30 万吨级 VLCC 超大型油轮，年设计接卸能力 1 600 万吨[③]。项目投产后，形成由 2 座 30 万吨级原油码头、数座 10 万吨级原油码头、配套罐区、1 200 千米长输管道以及铁路、公路、水路共同组成的"卸、储、运"原油一体化储运体系。2023 年 12 月，全国首个大规模近海桩基固定式海上光伏项目于烟台市莱州湾海域开工，总规划面积约 6.44 平方千米，由 121 个光伏子阵组成，是山东省首批竞配的十个海上光伏项目场址中水深最深、建设难度最大、开发条件最复杂的场址[④]。2024 年 7 月，该项目正式并网，首批并网 1.2 万千瓦，成为全国首座并网的集中式海上光伏项目，项目全部投运后年发电量约 6.9 亿千瓦时，可减少标准煤耗约 20.7 万吨，减排二氧化碳约 53.2 万吨，可满足约 40 万户家庭一年的用电量[⑤]。

（十二）海洋交通运输业

烟台因港而立、依港而兴，形成了以芝罘湾港区、西港区、龙口港区、莱州港区、蓬莱港区为主体，以渤海湾南岸物流通道为支撑，以几内亚博凯港、金波港为海外桥头堡的现代化港口集群。烟台港是国家"一带一路"倡议重点建设的 15 个港口之一，也是山东半岛及内陆腹地能源物资运输的重要口岸，已构建起能源进口、矿石混配、铝矾土全程物流、集装箱中转、化肥、商品车、客运滚装等现代航运综合服务体系[⑥]。烟台持续推进世界一流港口建设，烟台港商品车滚装码头入选世界一流专业化码头，商品车转运水平运输自动驾驶入选交通运输部智能交通先导应用试点，客滚码头成为全国首个

---

① 定了！山东这两个海上风电项目上半年开工．龙船风电网（imarine.cn）
② 国内首个！在烟台交付的这个海上光伏电站，将拉动万亿级产业链｜光伏电站．新浪网（sina.com.cn）
③ 山东港口烟台港 30 万吨原油码头二期正式投产．水母网（shm.com.cn）
④ 全国首个大规模近海桩基固定式海上光伏项目开工．中国科技网（stdaily.com）
⑤ 全国首座集中式海上光伏项目在烟台并网发电．索比光伏网（news.solarbe.com）
⑥ 集团简介．山东港口烟台港（yantaiport.com.cn）

岸电接电量超过 1 000 万度的港口。烟台港已发展成为我国最大的对非贸易口岸、最大的原油混兑基地、最大的国际商品车中转港及铝矾土进口第一港（图 2-9）。2024 年，烟台沿海港口货物吞吐量 50 199.24 万吨，比上年增长 3.6%，跻身全球沿海港口前列，其中外贸港口货物吞吐量 17 364.16 万吨，比上年增长 4.2%；港口集装箱吞吐量 509.1 万标箱，比上年增长 10%；全市港口拥有生产用码头泊位 243 个，拥有万吨级及以上泊位 126 个①。2024 年，烟台市海洋交通运输业增加值比上年增长 3.9%。

图 2-9　烟台港西港区

"港口、产业、生态保护"三位一体式发展。2022 年，烟台市出台《关于推进港产城融合发展三年行动方案》，提出打造具有核心竞争力的现代化强港、国内一流的临港产业发展高地和富有活力的港产城融合发展示范区，加快构建港产联动、港城融合发展新格局，为建设更具影响力的现代化国际滨海城市和现代海洋强市提供坚强支撑②。

烟台港口型国家物流枢纽建设运营取得阶段性重要成果。烟台市大力实施港口能级提升工程，不断完善基础设施建设，加快港口功能调整，优化港口资源布局。2022 年11 月，烟台港口型国家物流枢纽获国家发展改革委正式批复，实现全市国家物流枢纽数量零的突破。随后，研究出台《烟台港口型国家物流枢纽建设实施方案》；2024 年2 月，山东省港口集团 2024 年世界级港口群建设（烟台）建成项目投产暨新项目开工仪式在烟台举行；3 月，以"海铁联运促发展 陆港联动赢未来"为主题的国家物流枢纽建设推进会在烟台召开，旨在总结交流国家物流枢纽运营经验，研讨物流业提质增效降本对策，促进物流枢纽之间业务合作。会上首次发布《加快建设港口型国家物流枢纽推动烟台市现代港航服务业高质量发展研究报告》。枢纽获批以来，烟台港原油管道复线工程、烟台港西港区原油码头二期、烟台港西港区至龙口裕龙岛原油管道、烟台港西港区 300 万立方米原油罐区、山东港口国际交流中心、烟台港广场一期综合调度指挥中心等一批重点项目相继建成投用，形成了以芝罘湾港区、烟台港西港区、蓬莱港区、龙口港区、莱州港区五大港区为骨干，栾家口、长岛、牟平、海阳等各具特色的中小型港

---

① 市交通运输局 2024 年第 4 季度政府工作报告重点工作进展情况．烟台市政府门户网站（yantai．gov．cn）
② 烟台发布《关于推进港产城融合发展三年行动方案》，锚定三个目标绘蓝图．烟台市政府门户网站（yantai．gov．cn）

33

口为补充的港口航运体系①。2024 年，烟台大力构建现代化集疏运体系，小清河航线首次实现与莱州港、龙口港"海河联运"，开通国内外航线达到 93 条，加快烟台港与中欧班列、西部陆港衔接，发行欧亚班列 490 余列。2024 年，烟台港口货物吞吐量 4.5 亿吨，位居全国沿海港口第八位、全球沿海港口前十位，商品车滚装码头入选世界一流专业化码头。烟台港 2024 年度铝土矿进口量突破 5 000 万吨，单货种吞吐量突破 1.3 亿吨。2023 年，龙口液化天然气（LNG）罐式集装箱网络化陆（江）海多式联运示范工程通过交通运输部、国家发展改革委实地验收，被授予"国家多式联运示范工程"称号，是 2023 年山东省唯一（全国共 19 个）通过国家验收的多式联运示范工程项目②。

智慧绿色港口建设加速推进。烟台市加快智慧绿色港口建设，推动传统港口向智能化、数字化、绿色化转型，全力打造世界一流智慧港，引领港口经济新发展。在绿色港口建设方面，烟台港依托"全地形高速智能运转装备（AT-AGV）＋智能立体停车设备＋全流程智慧滚装系统"三大首创技术，搭建了全域商品车智慧绿色滚装系统，构建了"智能理货＋智能转运＋智能堆存＋智能调度＋绿色零碳"五大核心优势，实现商品车作业车辆存取自动化、场地规划智能化、理货作业无人化、作业数据可视化，为商品车滚装码头的自动化转型升级提供了"烟台港方案"。在智慧港口建设方面，烟台港打造数字化管控和供应链综合服务两个平台。数字化管控平台通过搭建数据中台，编制数据标准和指标体系，围绕生产经营作业各环节，打造多个智慧场景应用，通过智慧化手段辅助决策，提升内部管理效能。供应链综合服务平台以港口为节点，涵盖港口、口岸、物流、航运、贸易、金融等服务功能，通过内外部业务和服务集成，为客户提供全流程、全链条的个性化、集成化服务，量身定制"一站式"的供应链综合服务产品。2023 年 6 月，烟台港举行 2023 年科技创新大会暨科技创新中心揭牌仪式，发布数字化转型专项规划，成立联合实验室、科技创新中心，以数字化转型奋力开创智慧港口建设新局面。2023 年 7 月，2023 年汽车物流全球会议召开，烟台港向世界发出构建互惠互利战略伙伴关系的诚挚邀约，发布自主研发国际领先、业内首创的滚装码头智慧滚装新工艺，正式揭牌"烟台港商品车智慧绿色滚装示范港"③。2025 年 2 月，烟台港召开2025 年度科技创新大会，发布了数字化管控与供应链综合服务两个平台和《山东港口烟台港智慧绿色港口专项规划》2025 年实施方案，继续大力推进智慧港口和绿色港口建设。

（十三）海洋旅游业

旅游业作为现代服务业的重要组成部分，是拉动经济发展的关键动力，也是提升人民生活质量的重要途径。烟台滨海旅游资源丰富，旅游岸线优良，岛屿众多，近海水域

---

① 利国利民！一文读懂烟台港口型国家物流枢纽重要意义 . 烟台市政府门户网站（yantai. gov. cn）
② 烟台：加快打造国际综合交通枢纽城市 . 水母网（shm. com. cn）
③ 山东港口烟台港：以攻坚突破之势，回应赶超发展之问 . 腾讯新闻（news. qq. com）

海岛海岸海蚀地貌丰富独特（图2-10）；拥有蓬莱历史文化、烟台山开埠文化、庙岛妈祖文化、秦皇东巡、徐福东渡、海上丝绸之路、东海神庙等海洋文化旅游资源，是开展综合性海洋观光和休闲度假旅游的理想目的地。《烟台"十四五"海洋经济发展规划》确立了打造国际仙境海岸文化旅游城市的发展目标，以烟台芝罘仙境、海上世界、海上艺术城等重大海洋文旅项目建设为重点，大力发展邮轮游艇旅游、海岛生态度假游等海洋旅游新业态①。在规划引导下，烟台充分发挥海洋文旅资源优势，着力推进海洋文旅产业延链补链强链，创造了包括重大战略驱动模式、核心景区拉动模式、大企业集团链条延展模式等在内的五种项目生成模式，开展了国际苹果节、烟台国际葡萄酒节等节庆活动，打造出"京剧码头""葡萄酒城"等系列特色品牌，海洋文旅名片日益鲜明，"仙境海岸·品重烟台"品牌深入人心②。2024年，烟台荣获"国际花园城市金奖""全国典范会展城市"，全年接待游客9 700万人次，海洋旅游业增加值比2023年增长7.2%。

图2-10　黄金海岸线　魅力金沙滩
（作者：王仁勇　拍摄地点：开发区金沙滩）

海洋旅游新业态新模式不断涌现。近年来，通过整合区内海洋资源、建设海洋牧场、推动产业融合等措施，烟台市海洋旅游业快速发展。2023年5月，"耕海1号"二期项目正式运行。二期项目工程主体内部共有7层、面积达10 000平方米。一层为海洋主题展厅；二层和七层设有海景餐厅、海景宴会厅、多功能会议厅等功能性区域；三到六层是海景客房，应用智能化客房控制系统，通过人脸识别和声控操作等智能操控打造出温馨舒适的科技体验。"耕海1号"为游客提供海钓、晨练、海上观光、品味美食等体验活动，实现了功能性与休闲旅游的完美结合③。"耕海1号"海洋牧场综合体平

① 烟台市"十四五"海洋经济发展规划．烟台市政府门户网站（yantai.gov.cn）
② 文旅产业融合发展的山东烟台实践．新华网（xinhuanet.com）
③ "耕海1号"已上新！二期项目将于今年5月1日正式运营．搜狐网（sohu.com）

台入选"2024 年全国文化和旅游装备技术提升优秀案例"①。总投资过千亿元的海上世界、芝罘仙境、崆峒胜境等一批滨海文旅项目有序推进。芝罘仙境项目包括"一岛、一山、一湾、一街、一城"，即崆峒岛、烟台山、芝罘湾、朝阳街和所城里，旨在通过整合文化历史、商业活动、休闲娱乐等元素，打造烟台国际旅游名城的世界级品牌。2024 年，围绕做优"海上游""海岛游"等，烟台推出夜游芝罘湾、万鸟岛海上游等海岛游精品线路 8 条。2024 年 8 月，长岛大黑山岛旅游景区成功入选中国气象服务协会"滨海避暑消夏好去处"名录②。2024 年 11 月，"寻仙号"双城百岛海洋旅游航线入选国家"第二批交旅融合发展示范案例"，进一步推动"串岛联城"海上风景廊道的建设，提升"仙境海岸 品重烟台"的品牌吸引力与市场竞争力③。

海洋旅游城市魅力进一步彰显。近年来，烟台通过举办高水平音乐节、马拉松等各类活动，吸引游客目光，促进旅游业发展。2023 年 4 月 29 日，2023 黄渤海迷笛音乐节开幕，成为我国音乐史上首个门票售罄的迷笛音乐节，总人数超过 10 万人次，引爆文旅消费④。2023 年 11 月 8 日，"2023 黄渤海·青葱青年影展"开幕，为烟台旅游发展注入新的文化内涵。2023 年 3 月 21 日，举办"烟台·蓬莱"中外旅游渠道商采购大会，发布了"仙境春潮-鸥遇海岸-品鉴鲜美"产品体系，旅游渠道商与烟台蓝天文旅管理有限公司、新绎控股烟台项目公司等九个合作协议顺利签约⑤。烟台市马拉松体系成熟，不仅拥有海阳马拉松、龙口马拉松等我国田径银牌赛事，还通过举办长岛渔号马拉松、福山大樱桃马拉松、蓬莱八仙马拉松、开发区星空夜跑马拉松等特色马拉松提升城市形象。2023 年 4 月 9 日，首届莱州滨海·黄金海岸马拉松在莱州滨海生态省级旅游度假区开赛，600 余名选手参赛并体验了"体育＋旅游"的独特休闲魅力⑥。2023 年 10 月 15 日，以"跑步·爱烟台"为主题的 2023 烟台马拉松在滨海广场鸣枪开跑，吸引了来自全国乃至世界各地的 10 084 名跑者参赛，充分展现了烟台的城市文化与魅力⑦。为进一步发挥马拉松赛事在提升城市影响力方面的效能，烟台计划整合区域内各项马拉松赛事，倾力打造"烟台马拉松联赛"，争取用 5 年时间实现"国内金牌＋国际铜标"的目标⑧。2023 年，烟台市新获评国家级旅游休闲街区 1 个（烟台金沙滩省级度假区成功创建国家级旅游度假区）、省级文旅产业先进县 1 个、省级全域旅游示范区 1 个；入选 2023 年中国"十大秀美之城""2023 避暑旅游优选地"，彰显了城市的不凡实力，城市

① 莱山区"耕海 1 号"海洋牧场综合体平台入选 2024 全国文化和旅游装备技术提升优秀案例. 莱山区政府网站（ytlaishan. gov. cn）
② 又添新"名片"! 大黑山岛旅游景区入选"滨海避暑消夏好去处"名录. 澎湃新闻（thepaper. cn）
③ 我市"寻仙号"双城百岛海洋旅游航线入选国家交旅融合发展示范案例. 烟台市文化和旅游局（whlyj. yantai. gov. cn）
④ 文旅产业融合发展的山东烟台实践. 新华网（xinhuanet. com）
⑤ 2023"烟台·蓬莱"中外旅游渠道商采购大会暨"仙·海"微度假品鉴行活动举办. 蓬莱区政府（penglai. gov. cn）
⑥ 首届莱州滨海·黄金海岸马拉松圆满落幕! 烟台市体育局（tyj. yantai. gov. cn）
⑦ 阔别六年，体育狂欢再上演! 2023 烟台马拉松鸣枪开跑. 烟台市体育局（tyj. yantai. gov. cn）
⑧ 2023 年 10 月 11 日"2023 烟台马拉松新闻发布会"文字实录. 烟台市政府门户网站（yantai. gov. cn）

品牌效应再度释放。2024 年，八仙过海旅游区入选国家级夜间文旅消费集聚区，蓬莱阁获评国家文化产业示范基地。成功举办以"在烟台 经山海"为主题的国际海岸生活季，推出了 6 场快闪音乐会和 5 大板块海岸生活荟活动，市县联合策划推出 200 余项文旅活动，累计吸引游客突破 180 万人次。全年举办"五一"日出演唱会、养马岛音乐节、音雄联盟超级演唱会、沙滩音乐节等大型海洋主题演艺活动 38 场次。

第四节　海洋科研教育与公共管理服务业

烟台市政府牢固树立大海洋发展意识，将海洋科研教育产业作为推动城市经济社会发展的重要引擎，全市海洋科研教育水平持续提升。海洋公共管理服务业发展迅速，在资源管理、信息服务、金融创新、执法监管及生态保护等多个方面均取得了显著进展，为烟台市乃至山东省的海洋经济高质量发展提供了有力支撑。"烟台市智慧海洋大数据公共服务平台"的深入实施，极大提升了海洋经济与海洋牧场的"云管理"能力，数据共享与服务效能显著增强。依托智慧海洋平台，利用云计算、物联网等先进技术，实现了海洋大数据的深度整合与高效应用，为政府决策提供了坚实的数据支撑，智慧渔港建设也取得了显著成效，渔业生产智能化水平大幅提升。探索"海洋＋金融"融合发展模式，创新金融产品与服务，为海洋经济高质量发展注入了新活力。海洋执法监管能力持续增强，有效维护了海洋开发利用的秩序。通过实施一系列生态保护修复项目，加强生态预警监测，有效提升了海洋灾害综合风险防范能力，保障了海岸生态的安全与稳定。2024 年，烟台市海洋科研教育和海洋公共管理服务业增加值比上年增长 3.5%。

海洋科研教育水平不断提升。一方面，不断强化海洋科研、教育顶层设计，拥有中国科学院烟台海岸带研究所、中集海洋工程研究院、中国农业大学烟台研究院、哈尔滨工程大学烟台研究院、山东省海洋资源与环境研究院、烟台海洋经济研究院、烟台市农业科学研究院、烟台大学、鲁东大学、山东工商学院等涉海科研院所、高校十余家，成为海洋人才培养的摇篮和海洋领域科技创新策源地。另一方面，加强科技创新平台建设，强化海洋人才培育与引进，提升科研项目与资金支持力度，初步构建了从基础研究到关键技术攻关再到产业化的多梯次、全链条创新平台体系，成为促进产学研协同创新、推动重大基础研究成果产业化、引领海洋产业高质量发展的重要载体。2024 年，哈尔滨工程大学烟台研究院获批山东省国际科技合作基地。全国最大风电叶片检测中心（蓬莱）建成投运，北大万华联合研发中心顺利投用。2024 年，烟台建立了超百位专家组成的现代海洋产业专家智库，成立了由 55 位专家组成的烟台市海洋工程装备产业重点人才库；万华化学入选国家卓越工程师团队。

海洋资源管理能力持续增强。深化海洋资源要素保障，有效保障国家、省市等重点项目用海需求。在全省率先完成五经普海洋及相关产业统计调查试点工作，摸清海洋经济发展家底。海洋领域全民所有自然资源资产所有权委托代理机制试点闯出新路径，海域空间管理从"平面时代"进入"立体时代"。在山东省率先开展海上养殖容量评估工作，合理确定养殖密度，优化养殖结构，长岛综试区列入国家级水产健康养殖和生态养殖示范区创建名单。组织开展水生动物外来入侵物种普查面上调查工作，全面摸清烟台市渔业水域水生动物外来入侵物种的种类数量、分布范围、发生面积、危害程度等基本情况。

海洋信息服务能力不断提高。持续推进智慧海洋大数据公共服务平台建设，利用云计算、移动互联网、物联网、5G 等先进技术，促进海洋经济、海洋资源、生态环境、海上安全、预报减灾等海洋大数据的深度融合，实现海洋信息透彻感知、通信泛在随行、超算互联互通、数据充分共享、应用服务智能，目前已在烟台市政务信息资源共享交换平台累计完成 40 万条数据的归集、更新和共享，为市委、市政府科学决策提供数据支撑，助推海洋经济高质量发展。不断加快智慧渔港建设，全市已建成渔船渔港动态监控管理系统、渔船射频识别系统和近海海域雷达监控系统，对渔船实施动态跟踪管理，实现渔船报警受理、渔业应急救援调度、渔船点名跟踪、渔船航程轨迹查询、渔船信息查询、船员管理、渔港管理等功能，推动了渔业生产管理的智能化转型。

蓝色金融为海洋经济注入新活力。积极探索"海洋＋金融"融合发展模式，创新金融产品与服务，为涉海企业提供全方位金融支持。成立全国保险行业领域第一个海洋保险创新研发机构——太平财险海洋保险创新研发中心，旨在打造自贸区海洋金融创新品牌，不断研发全方位系统性海洋保险金融产品。烟台创新性推出"海洋牧场贷""海域使用权抵押贷"等信贷产品，有效缓解了涉海企业融资难题。太平财险国内首次引入遥感气象指标和以有效浪高为代表的天气指数，用于海洋保险产品，创新性开发出针对海洋牧场的"抗击风浪自然灾害险"，落地全国首单海洋牧场"保险＋信贷"产品，为智能网箱养殖提供了个性化的定制保险方案。2023 年，全省首个政策性市级海水养殖海洋碳汇指数保险正式落地烟台，共计为全市 300 万亩海水养殖海域提供保险保障 3 000 余万元，对助力碳汇资源实现碳配额、碳交易、构建碳金融体系等具有开拓性意义。在海洋养殖及生态保护领域，烟台长岛农商行首创"金融＋生态修复＋碳汇"模式，推出以海草床、海藻场的每年固碳量产生的碳汇远期收益权作为质押的"海草床、海藻场碳汇贷"。此外，烟台市还加强与金融机构的合作，共同推动发行海洋产业投资基金、海洋产业债券等金融产品，为海洋经济发展注入了新的活力。为打造"绿为底色，蓝色特色"的绿色金融改革创新试验区，并激励金融机构将更多的金融资源投入到海洋产业，2024 年烟台发布了全国首个蓝色金融地方标准。

海洋执法监管能力不断增强。通过建立水产品质量安全监管长效机制，全面推进实施食用水产品承诺达标合格证制度，加强质量安全监督抽检和风险监测，产品质量稳步提升。

海洋生态保护修复和防灾减灾水平不断提升。稳步推进"蓝色海湾"整治修复工程，加大海岛、湿地、植被保护修复项目推进力度。烟台市蓝色海湾整治行动项目总投资 7.83 亿元，其中争取中央海域使用金专项资金 3 亿元，地方配套及社会资本融资 4.83 亿元。项目主要对夹河大桥至夹河入海口东岸约 2 700 米及幸福岸线西段约 3 600 米，共 6 300 米海岸线进行沙滩清理和护岸、广场建设等整治修复任务①。2023 年长岛海洋生态保护修复项目建设完工，累计修复海草床、海藻场 11.68 公顷，整治修复岸线 2.26 千米，修复受损岛体 11.59 万平方米，岛体植被修复面积 18.87 万平方米，修复海岛 8 个。2024 年，开展寨前湾潟湖湿地退养还湿（养殖池塘清退），组织拆除了 14 处征迁池塘进出水口，完成海洋生态修复 86 公顷。海洋生态预警监测不断加强，重点开展敏感海域海洋生态基础监测和赤潮绿潮等海洋生态灾害预警监测，海洋灾害综合风险防范能力不断提升。2023 年实施《烟台市赤潮、绿潮综合处置工作方案》，建立省、市、区（市）联动的灾害预警报告机制，形成了完整的科学处置浒苔工作链条，累计发布 72 期预警报信息，打捞清理浒苔 4 416 吨，并全部进行无害化处置。莱州、莱阳、海阳积极推进互花米草治理工作，治理面积约 2 064 公顷，有效维护海岸生态。

---

① 烟台市蓝色海湾整治行动项目施工情况．烟台市政府门户网站（yantai.gov.cn）

第三章

烟台市海洋科技创新

烟台市坚持平台、产业、项目、人才一体化，继续深化海洋领域科技创新，完善海洋科技创新发展机制，加强海洋科技创新与交流合作，因地制宜培育升级海洋科创平台，不断壮大蓝色人才库和科创团队，深化与中国海洋大学、上海交通大学、哈尔滨工程大学、中国农业大学以及中国科学院海洋研究所、中国水产科学研究院黄海水产研究所等涉海高校、科研院所的战略合作，海洋科技创新能力显著提升，一批创新成果竞相涌现。

第一节　海洋科技创新载体建设

（一）积极创建海洋科技创新平台

科技创新平台是汇聚科技创新资源、促进科技成果转化、营造创新创业生态的重要手段。烟台积极培育创建海洋领域战略科技力量，初步构建了从基础研究到关键技术攻关再到产业化的多梯次、全链条创新平台体系，成为促进产学研协同创新、推动重大基础研究成果产业化、引领海洋产业高质量发展的重要载体。全市拥有国家级企业技术中心 22 处，国家工程研究中心 1 处，国家地方联合工程实验室 5 处，国家地方联合工程研究中心 2 处，多个载体涉海。依托中集海洋工程研究院、中柏京鲁、大金重工、明波水产等创新主体，培育建设了山东省海工装备及材料创新创业共同体、山东省远洋渔船技术创新中心、海上风电装备技术创新中心、山东省主要海水鱼繁育重点实验室，以及山东省海洋生态牧场工程技术协同创新中心、山东省海参良种工程技术协同创新中心、山东省海洋工程装备工程技术协同创新中心、山东省海洋生物新药工程技术协同创新中心、山东省海洋渔业环境监控与工业化养殖装备工程技术协同创新中心等省级以上科技创新平台和海洋工程技术协同创新中心，其中 2024 年获批省级现代海洋产业技术创新中心 1 家。

（二）推进涉海院校与专业建设

烟台积极引进培育涉海高校、科研院所，支持涉海相关专业建设。全市拥有中国科学院烟台海岸带研究所、中集海洋工程研究院、中国农业大学烟台研究院、哈尔滨工程大学烟台研究院、山东省海洋资源与环境研究院、烟台海洋经济研究院、烟台大学、鲁东大学、山东工商学院等涉海科研院所、高校十余家，成为山东重要的海洋领域科技创新策源地（表3-1）。

表3-1　烟台市涉海院校及涉海研究领域

序号	院校名称	研究领域
1	中国科学院烟台海岸带研究所	海岸带生态系统、海岸带环境演变、海岸带灾害防治、海岸带资源开发利用
2	山东省海洋资源与环境研究院	海洋资源调查与评估、海洋环境保护、海洋生态修复、海洋生物技术
3	烟台市海洋经济研究院	海洋和渔业经济发展战略、海域海岛可持续利用、海洋生态环境保护、海洋牧场建设、水生生物育种和增养殖、水产品加工综合利用、水产品质量安全技术
4	哈尔滨工程大学烟台研究院	海洋新能源开发与利用、海洋机械与装备、深远海模块化养殖
5	烟台大学	海洋科学、海洋技术、水产养殖学、海洋资源与环境、海洋药学
6	鲁东大学	海洋生物学、环境科学（涉海方向）、生物科学、水产养殖学
7	中国农业大学烟台研究院	水产养殖学
8	烟台南山学院	海洋工程类、船舶与海洋工程、港口航道与海岸工程
9	烟台理工学院	海洋化学、海洋药物、海洋资源开发与管理
10	烟台职业学院	海洋工程技术、水产养殖技术、海洋生物技术、港口物流管理
11	烟台工程职业技术学院	船舶工程技术、海洋资源开发技术、海洋船舶驾驶
12	烟台黄金职业学院	海洋地质勘查、海洋矿产开发与管理
13	山东工商学院	海洋经济、海洋管理、海洋法律与政策

涉海科研院所与高校围绕建设海洋强国战略需求，部署科研力量，推进海洋领域科技创新与成果转化。如中国科学院烟台海岸带研究所以"认知海岸带规律，支持可持续发展"为使命，为"坚持陆海统筹、发展海洋经济、建设海洋强国"的国家战略实施提供战略科技支撑与综合示范应用。设立中国科学院海岸带环境过程与生态修复重点实验室、海岸带生物学与生物资源利用重点实验室、山东省海岸带环境过程重点实验室、山东省海岸带环境工程技术研究中心、海岸带生态环境监测技术与装备山东省工程研究中心，以及中国科学院牟平海岸带环境综合试验站、中国科学院黄河三角洲滨海湿地生态试验站、黄河三角洲盐碱地农田生态系统观测研究站、500吨级科学考察船"创新一"号等科研平台。

哈尔滨工程大学烟台研究院聚焦"大海工"定位，发挥学校船海核特色优势，以建设国家级大海工领域专业学位研究生培养的研究生院、建立国家级产教融合的研究院、国家级海工装备可靠性陆海联调测试服务体系为目标，打造"大海工"特色的科技创新、人才培养高度融合的产业研究院。研究院搭建了省船舶与海工装备技术国际示范基地等9个国际合作平台，设立能源动力实验室、材料与化学实验室、土木水利实验室、电子信息实验室等涉海实验室。

烟台大学为大力建设"高端海洋工程装备智能技术"和"现代海水养殖与食品加工质量安全控制"两个海洋类山东省高校协同创新中心，与知名企业和高端研究院所合作共建海洋渔业环境监控与工业化养殖装备工程技术、人工鱼礁工程技术、海洋牧场工程技术、现代海洋渔业工程技术等4个山东省海洋工程技术协同创新中心。为加快海洋科技创新平台建设步伐，学校整合资源，与杰瑞集团、德邦科技、中国科学院过程工程研究所、中国科学院烟台海岸带研究所、中集海洋工程研究院有限公司等共同建设烟台大学山东半岛蓝色经济研究院、烟台大学海洋工程研究所、烟台大学蓝碳研究中心等科技创新平台[1]，同时申报拥有烟台市高端海洋工程装备智能技术重点实验室。

鲁东大学拥有烟台市特色海洋生物开发利用工程实验室、港口航道与海岸工程实验室、牡蛎种质创制与高效养殖工程研究中心、滨海生态环境保护与修复协同创新中心、滨海耐盐草业工程技术研究中心、山东省海上航天装备技术创新中心等涉海科研平台。2024年，鲁东大学海上航天装备技术创新团队相继保障6次、34颗卫星的海上发射任务，创历年之最。截至目前，鲁东大学海上航天装备技术创新团队根据多次海上发射实测数据及经验，先后突破了海上发射支持装备设计、海上回收及验证、火箭尾焰导流与防护、海上卫星发射及回收指控等关键核心技术，团队获授权专利占世界海上航天相关知识产权的40%左右，是目前国内、国际最密集的海上航天技术专利群，并圆满完成了海上发射方案论证、装备稳定性控制、结构安全优化、支持保障装置研制、海上实测等任务。2024年，山东省十大科技创新成果中，鲁东大学"东方航天港"号海上火箭发射船位列榜首。

（三）强化涉海企业创新主体地位

烟台坚持政府引导与政策鼓励并重，突出企业创新主体地位，不断壮大海洋科技创新与产业发展主力军。全市拥有涉海规模以上企业1 500余家，经营范围除沿海滩涂种植业外，涵盖所有类型的海洋产业门类；除海洋社会团体、基金会与国际组织外，涵盖所有类型的海洋科研教育与海洋公共管理服务门类；涵盖所有类型的海洋上下游相关产业门类。其中，中集来福士、大金重工等海洋领域省级科技领军企业5家，杰瑞石油等省级科技"小巨人"企业3家，东润仪表等高新技术企业75家，平均研发投入强度达到4.48%，企业创新主体地位进一步巩固。

（四）大力创建区域海洋产业创新高地

烟台聚焦构建区域海洋产业创新高地，打造海洋产业创新集聚区。2023年8月11日，龙口（海洋）高新技术产业开发区获山东省政府批复建设。开发区规划面积963.05公顷，是山东省唯一的海洋高新区，将致力于高端海洋工程装备、海洋新材料、

---

[1] 烟台大学：聚焦"海洋强省"战略 激发蓝色科技创新动能.山东省教育厅（edu. shandong. gov. cn）

海洋医药与生物制品三大主导产业创新发展，建设安全、绿色、智慧型科技园区。2023 年 12 月 17 日，山东省人民政府正式批复设立山东长岛"蓝色粮仓"海洋经济开发区，面积包括南、北隍城岛东部海域 170 平方千米，标志着全国首个海上经济开发区正式获批。设立山东长岛"蓝色粮仓"海洋经济开发区，是贯彻落实习近平总书记关于"经略海洋"和"蓝色粮仓"重要论述所作出的新实践，有利于创新产业发展模式和组织方式，以更大力度吸引和集聚科技、产业、资金、人才等优质资源，提升海洋产业规模化、高端化、绿色化发展水平，助力烟台在装备型海洋牧场建设、海洋产业融合发展等领域持续保持领先地位，加快形成引领示范[①]。

第二节　海洋人才队伍建设

（一）海洋领域人才队伍不断壮大

近年来，烟台市委、市政府大力实施"科教强市""人才兴市"战略，用好"百川到海 智汇烟台"部门人才品牌，先后出台近 50 个人才配套政策，涵盖教育、医疗、交通等与生活息息相关的领域，全力为留住人才、用好人才提供良好的政策环境。全市拥有现代海洋产业人才约 3.6 万人，分布在海洋工程装备制造、海洋交通运输、海洋渔业、海洋生物医药等领域。从学历结构来看，大学本科以上人才占比增加。从年龄结构来看，31～40 岁人才占比最大，形成了由高层次领军人才、中青年骨干人才和基层实用人才组成的人才梯队。

烟台将海洋产业高层次人才引进与培养作为人才工作的重中之重，予以强力推进。截至目前，先后建有东方海洋、中国科学院烟台海岸带研究所海外高层次人才工作站 2 家，院士工作站 3 家，培育国家级和省级高层次人才 31 人，泰山产业蓝色人才 16 人，建立超百位专家组成的全市"现代海洋产业专家智库"，成立由 55 位专家组成的"烟台市海洋工程装备产业重点人才库"，为产业创新发展提供了有力的智力支撑。2023 年，推荐 2 名海洋人才入选"泰山产业领军人才蓝色人才专项"，数量列全省第一[②]。承办我国博士后领域规格最高、规模最大的全国性赛事——第二届全国博士后创新创业大赛，吸引了国内外 6 200 多个博士后项目团队参赛。连续 9 年举办海内外精英创业大赛，一大批优秀人才选择在烟台创新创业。

（二）海洋人才政策密集发布

近年来，烟台聚焦海洋领域关键人才需求，密集发布人才引育政策，壮大海洋领域人才队伍。2021 年，烟台市海洋发展和渔业局印发《烟台市现代海洋产业人才开发路

---

① 山东长岛"蓝色粮仓"海洋经济开发区获批成立 . 烟台市政府门户网站（yantai. gov. cn）
② 第 143461 号：关于"关于烟台市海洋产业发展科技创新驱动战略提案"的答复 . 烟台市政府门户网站（yantai. gov. cn）

线图》，旨在通过提升人才培养能力、强化企业人才培养、加大引才力度、优化人才发展环境，到 2025 年建立起具有竞争力的现代海洋产业人才队伍。

全市重点人才工程政策、青年人才招引政策以及人才安居住房政策等，也为海洋领域人才队伍建设提供了坚实保障。其中，聚焦包括海洋产业在内的烟台重点产业领域人才需求而发布的重点人才工程政策，为重点产业领域创造并持续保持领先优势提供了坚实的人才保障。如 2020 年印发《关于进一步加快人才集聚引领高质量发展的若干措施》《烟台市首席技师选拔管理办法》；2021 年印发《"一事一议"引进顶尖人才（团队）实施办法（试行）》；2022 年印发《"一事一议"引进顶尖人才（团队）实施办法（试行）》；2024 年印发《烟台市高端人才引育"双百计划"》《烟台市重点产业链技能人才引进培育方案》《2024 年烟台市产业领军人才"优聘计划"选聘公告》等。青年人才招引政策，如 2021 年印发《烟台市加快吸引集聚青年人才来烟就业创业三年行动方案》《2021"就选烟台·青春无忧"青年人才专项招引计划工作方案》《烟台市"十四五"青年发展规划》《关于进一步加快吸引集聚青年人才来烟就业创业的若干措施》等，为烟台集聚了一批充满创新活力的优秀青年人才，为海洋产业创新发展注入了新鲜血液。人才安居住房等服务保障政策，如 2021 年印发《烟台市市级人才公寓分配及使用管理规定（试行）》《烟台市引进人才生活补贴和购房补贴发放实施细则（试行）》《烟台市高层次人才精准服务实施办法（试行）》《烟台市优化人才落户工作实施办法（试行）》，2022 年印发《烟台市引进人才生活补贴、购房补贴和留学费用补贴发放实施细则（试行）》，2024 年印发《关于人才购房补贴申报有关认定标准的补充规定》等，解决了优秀人才安居落户之忧，为留住人才提供了坚实保障。

第三节　关键领域科技创新与成果转化

烟台积极围绕产业链部署创新链，一体化推进关键技术攻关、成果示范应用。近三年，争取承担实施山东省"深远海设施渔业"科技示范工程、"深远海大型海上风机安装设施开发"等省级重大创新工程项目 12 项；同时，在海洋渔业、海工装备制造、海洋药物和生物制品、海洋化工、海水淡化与综合利用、海洋电力等重点领域开展有组织的科研，设立市级重大创新工程"沃土良种""问天探海"专项，组织实施"海参花功效物质绿色制备关键技术与功能产品开发""海上浮式能源装备试验场关键技术研发与工程示范"等市级重大科技创新项目 8 项。通过实施省市科技创新项目，涌现了一批高质量科技成果，共获省级以上科学技术奖励 10 余项。其中，中集来福士牵头的"'蓝鲸'系列新一代超深水半潜式钻井平台"、杰瑞石油装备参与的"海洋油气开发井控装备"、烟台中集蓝海洋科技有限公司完成的"深远海大型养殖设施与智能装备的创制及应用"等获山东省科技进步奖一等奖。"新一代深远海一体化大型风电安装船"和"东方航天港"号海上火箭发射船分别入选 2023、2024 年度山东省十大科技创新成果。

（一）海洋渔业

烟台水产苗种领域硕果累累，在国内率先突破了海带、牙鲆、大菱鲆、半滑舌鳎、杂交扇贝和刺参等品种的人工育苗技术，同时积极开展斑石鲷抗病家系构建、多倍体育种、杂交选育等前沿育种工作。截至2024年，烟台省级以上水产原良种场总数达到34处，国家级水产原良种场6处；无规定水生动物疫病苗种场3处，占全国1/6；中国水产种业育繁推一体化优势企业4家，占全国1/5；山东省水产种业领军企业10家，占全省1/3以上；国家水产种业阵型企业6家；累计获批国家水产新品种24个，约占全国海水新品种的1/6；全年水产苗种产量突破4700亿单位，居全省首位。全国首批10大特色水产种质资源，山东省获批2个，这2个均出自烟台①。

国家水产新品种再获突破。2023年，烟台市成功获批"金虎杂交斑"1个国家水产新品种。由黄海水产研究所联合莱州明波水产有限公司、海南晨海水产有限公司、中山大学等单位培育的"金虎杂交斑"是以棕点石斑鱼为母本，以蓝身大斑石斑鱼为父本，通过远缘杂交育种技术选育的优异杂交品种，具有生长速度快、耐低温、耐低氧、营养丰富等诸多品种优势。2024，烟台市成功获批海参"安源2号"1个国家级水产新品种。该品种由山东安源种业科技有限公司、大连海洋大学、烟台市海洋经济研究院等单位培育，经过4代选育和5年科技攻关，在相同养殖条件下，较"安源1号"和普通养殖品种体重分别提高10.14％和31.29％，疣足数量分别提高13.91％和45.75％，具有明显的品种优势。至此，烟台市已成功研发"安源1号""崆峒岛1号""东科1号""华春1号"和"安源2号"共5个国家海参新品种，占全国的5/9；全市海参年出苗量271亿头，约占全国的50％、全省的70％，海参"种芯"全国领先②。2024年，烟台市首次实现北方工厂化车间豹纹鳃棘鲈（东星斑）、红九棘鲈（红瓜子斑）人工繁育，分别培育新种质苗种50万尾和80万尾，并开展循环水养殖技术研究；完成成果验收6项，国际先进成果2项，入选2024中国农业农村重大科技新成果，获得2024年度海洋工程科学技术奖二等奖等。中国科学院烟台海岸带研究所、中国农业大学烟台研究院等单位，成功突破单环刺螠苗种繁育技术瓶颈，完成"单环刺螠（海肠）资源挖掘与开发利用关键技术创新与应用"，荣获山东省科学技术进步奖二等奖。烟台市海洋经济研究院等单位的"大菱鲆细菌性病害防控技术集成创新与应用""耐高温栉孔扇贝新品种选育与推广应用"2项成果获评山东省海洋科技创新奖一等奖③。

海洋渔业创新平台更加完善。2023年，与中国水产科学研究院黄海水产研究所签订《海洋渔业发展战略合作协议》，开展"莱州工厂化生态模式示范基地"等3个海水养殖生物育种与可持续产出全国重点实验室牵引应用基地建设工作。由烟台市海洋发展

---

①　烟台水产苗种产量突破4700亿单位，居全省首位. 搜狐（sohu.com）

②　全国9个国家级海参新品种，5个出自烟台. 胶东在线（jiaodong.net）

③　2024年度山东省海洋科技创新奖拟获奖项目和人选公示. 山东省海洋工程咨询协会（scaoe.cn）

和渔业局联合中国科学院烟台海岸带研究所共同申报的烟台市扇贝育种重点实验室获批，旨在开展海湾扇贝杂交新品种（系）和栉孔扇贝耐高温新品系的亲本保存、选育、示范推广等工作。山东省水生动物疫病防控监测区域中心（烟台）正式投入运行，该中心由国家发展改革委、农业农村部批复烟台市海洋经济研究院承建，达到生物安全实验室2级标准。由中国农业大学与山东海洋明波水产联合建设的国家数字渔业创新中心山东分中心揭牌成立，将对"鱼类行为识别""空天地海一体化监控监测""生产精细化管控"等数字渔业关键技术进行攻关和应用，打造全国首个标准化、绿色化、智能化的数字渔业示范基地。明波种业被授牌为"农业农村部智慧养殖重点实验室技术应用基地""中国农业大学未来农场人才培养基地""国家数字渔业创新中心科学实验基地"。2024年，山东自贸试验区烟台片区发挥面向日韩区位优势，针对境外引种过程损耗高、周期长、精准保种能力低等问题，抓住海洋苗种引进和中转关键环节，建成全国首个同时满足海水、淡水环境、兼具鱼、虾、贝、藻、参等全品类海洋种质资源引进中转隔离场，与科研院所共建国家海洋渔业生物种质资源分库，创建"引进中转＋活体保存"相结合的跨国引种新路径。目前已完成近100万粒三文鱼卵多次"中转"，成活率由67％提升至80％、苗种孵化率由85％提升至98％，实现多国间海洋种质赓续优化[①]。烟台大学联合烟台经海海洋渔业有限公司、莱州明波水产有限公司共同建设的经济鱼类陆海接力健康养殖山东省工程研究中心揭牌成立。该研究中心契合国内海水经济鱼类陆海接力健康养殖关键技术需求，基于鱼类陆海接力养殖产业健康发展需求，设置适养鱼类良种繁育与养殖技术、专用配合饲料研制、养殖鱼类病原监测与疫病防控、陆海接力养殖环境监测与评估4个研究方向[②]。山东安源种业科技有限公司被认定为2024年山东省现代海洋产业技术创新中心（海参种质）[③]。

现代渔业产业园建设顺利推进。作为莱州市"一园三带"的核心项目，莱州现代渔业产业园海洋种业创新发展示范区总投资20亿元，建设育苗、养殖水体30万立方米，致力于打造国家级现代渔业产业园、中国北方海水育种重要基地。项目建成后，可实现鱼、参、贝、虾等海产品持续研发，带动莱州成为全国重要的海水养殖苗种繁育基地。目前，园区已落地3个项目，其中由山东海洋集团与莱州明波水产共同投资的中国北方海洋种业繁育基地项目全面开工建设，首座1万平方米海水鱼育养车间投产运营，养殖黄带拟鲹、红九棘鲈、斑石鲷、红玫瑰斑等海水鱼良种48万尾，其他8座大型育养车间正在建设中；由山东种业集团、山东海之春公司等合作建设的山东种业海之春贝类全产业链项目计划于2024年开工，建成后预计年产贝类1 500亿粒；青岛前沿莱州贝类中心项目由青岛前沿海洋种业有限公司投资建设，建成后预计年繁育扇贝、牡蛎1 000亿粒。2024年，烟台市成功获批全省首批深海鱼全产业链提质增效试点城市，全面启动

---

① 山东自贸试验区烟台片区全国首创"三元接力"探索构建水产育种新路径．中国（山东）自由贸易试验区（shandong. gov. cn）

② 经济鱼类陆海接力健康养殖山东省工程研究中心在烟台大学成立．烟台大学（ytu. edu. cn）

③ 关于公布2024年山东省现代海洋产业技术创新中心的通知．山东省海洋局（hyj. shandong. gov. cn）

"三文鱼万吨计划"，建设陆基工厂化养殖基地和深远海网箱养殖基地。陆基工厂化养殖基地建设方面，为满足深远海陆海接力高质量发展产业链配套需求，经海渔业推进三文鱼（虹鳟）产业园区建设，致力于打造虹鳟及其他深远海适养品种陆海接力创新开发的现代化苗种配套基地。三文鱼（虹鳟）产业园区落地牟平区，总投资2亿元，计划一期产业园178亩，以良种选育和大规格苗种培育为主，为深远海养殖提供标准化健康苗种，二期450亩，规划循环水养殖水体50 000立方米，实现海产虹鳟商品鱼的全年持续性市场供应。基地建成并达产后，虹鳟大规格优良苗种及成品鱼年产量将达到5 000吨，年产值可达2亿元以上，三年内产量可达万吨。莱州明波水产有限公司正在建设虹鳟鱼全国首个大水体循环水陆基养殖基地，总投资1 600万元，养殖水体达到8 000立方米，建成投产后虹鳟年产量将超过500吨。深远海网箱养殖基地建设方面，继续推进烟台经海渔业有限公司长岛南隍城虹鳟鱼深远海网箱养殖基地建设，充分利用已下水的8座深远海大型坐底式网箱，计划年养100万尾大规格虹鳟鱼，年产量可达4 000吨。与此同时，烟台经海渔业还联合长岛"蓝色粮仓"海洋经济开发区申请国家管辖海域，计划建设60米水深分水层全周期养殖基地，重点开展全年候养殖试验，解决虹鳟鱼因夏季海域水温高无法养殖问题，进一步提升虹鳟鱼养殖产能[1][2]。

探索海水养殖新模式。国内首创"虹鳟鱼淡水与海水接力、内陆到深远海网箱牧养模式"，2024年实现量产1 200吨，为我国解决深海三文鱼自主养殖提供了烟台方案[3]。2021年，烟台经海渔业开始探索虹鳟鱼"陆海接力的养殖模式"，即将优质鲑鳟鱼种在淡水繁育并盐化后，引入海水养成，形成"陆海接力"一体化养殖模式。2022年首次开展了淡水虹鳟鱼深远海网箱养殖小规模试验，即依托企业自主设计建造的"财金万泽丰海上粮仓系列"＋"深蓝2号"和"经海系列"大型网箱，尝试开展虹鳟深远海养殖。2023年成立"黑龙江火湖鲑鳟鱼种业有限公司"（曾用名"黑龙江经海鲑鳟鱼种业有限公司"），打造国内独特领先的鲑鳟种质生产基地，购进36万尾虹鳟苗种投放于南隍城岛智能网箱开展养殖，先后攻克了大规格苗种海水驯化、近岸强化培育、长距离转运和深远海养殖等各项技术[4]。此外，烟台通过陆基工厂化循环水与深水网箱深度融合，实现了斑石鲷等名贵品种"南鱼北育、南鱼北养"，担起了深海鱼全产业链提质增效试点任务[5]。

（二）海洋工程装备制造

科技创新平台更加完善。全市船舶与海工领域拥有国家级技术创新载体6个，省级

---

① 国内商业化量产虹鳟在烟台深海养殖成功．水母网（shm.com.cn）
② 烟台探索"陆海接力养殖"模式．齐鲁网（iqilu.com）
③ 烟台加快培育海洋新质生产力，打造现代海洋经济发展高地．山东省人民政府（shandong.gov.cn）
④ 国内商业化量产虹鳟在烟台深海养殖成功．齐鲁网（iqilu.com）
⑤ 第143461号：关于"关于烟台市海洋产业发展科技创新驱动战略提案"的答复．烟台市政府门户网站（yantai.gov.cn）

技术创新载体数量 18 个，技术人才 4 000 余人[①]。依托哈尔滨工程大学烟台研究院组建了亚欧现代海洋产业技术及装备研究院，构建亚欧国际海洋产业科研生产联合体，搭建国际海工装备领域合作平台；与青岛海洋科学与技术试点国家实验室、中集来福士签署《共建青岛海洋科学与技术试点国家实验室海底深部探测与开发平台合作协议》，推动打造国家级海底深部探测开发平台。由哈尔滨工程大学烟台研究院申报的山东省船舶与海工装备技术国际示范基地获批 2023 年度山东省国际科技合作基地，该基地是烟台黄渤海新区首家省级国际科技合作基地[②]。在第八届船舶与海洋工程结构科技合作国际学术会议开幕式上，国际先进安全研究中心举行揭牌仪式，正式落地烟台。该中心下设结构响应研究中心、爆炸与火灾研究中心、海底工程研究中心、极地工程研究中心、海洋工程研究中心、绿色船舶研究中心、海洋可再生能源研究中心、海运与互联网技术融合研究中心等 8 个研究中心[③]。中集海洋工程研究院联合省内海工产业链知名企业，组建山东省海洋工程装备及材料创新创业共同体，开展海洋工程领域关键"卡脖子"技术装备研发与成果转化，2023 年实施重大技术攻关 6 项；承担国家和省市重大创新项目 2 项；成果引进和转化 3 项；引进院士 1 人，通过项目培养引进高技术人才 3 人；申请专利 18 项；新建科技创新平台（含参与建设）7 项；组织高层次国内外技术研讨会和产学研对接活动 5 项[④]。2024 年，以中集来福士、蓬莱中柏京鲁船业等龙头企业为牵引，推动船舶与海洋工程修造业北方技术中心建设[⑤]。烟台市政府与武汉大学签署合作协议，联手国家最高科学技术奖获得者李德仁院士团队共建东方航天港研究院。研究院下设卫星与载荷研制研究所、卫星星座建设与智能服务研究所、开放地球引擎与遥感应用研究所、海上航天技术研究所、火箭技术研究所等 5 个学术研究机构，助力东方航天港成为"国际一流的海上发射母港""国家级空天信息产业园"，打造从火箭研制与海上发射回收、卫星和载荷研制、遥感卫星星座运营和管理，到遥感数据生产和服务的航天产业全链条全国顶尖研究机构[⑥]。

为深海矿产资源开发提供装备支撑。中集来福士建造了世界最先进的液压双钻塔超深水半潜式钻井平台——"蓝鲸"系列平台。"蓝鲸 1 号"是目前全球作业水深、钻井深度最深的半潜式钻井平台，适用于全球深海作业。该平台相比传统单钻塔平台，配置了高效的液压双钻塔和全球领先的闭环动力系统，可提升 30% 的作业效率，节省 10% 的燃料消耗，先后荣获 2014《World Oil》颁发的"最佳钻井科技奖"以及"2016 OTC 最佳设计亮点奖"。2017 年 5 月 18 日，"蓝鲸 1 号"在我国南海神狐海域首次实现了海域可燃冰试采，自此，中国成为全球领先掌握可燃冰试采技术的国家（图 3-1）。"蓝

---

① 第 143461 号：关于烟台市海洋产业发展科技创新驱动战略提案的答复. 烟台市政府门户网站（yantai. gov. cn）
② 烟台黄渤海新区首家！烟台研究院成功获批山东省国际科技合作基地. 哈尔滨工程大学新闻（hrbeu. edu. cn）
③ 国际先进安全研究中心 ICASS 落户烟台研究院. 山东省船舶工业网（sdship. org. cn）
④ 市科技局 2023 年政府工作报告四季度完成情况. 烟台市政府门户网站（yantai. gov. cn）
⑤ 第 143028 号：关于推进船舶与海洋工程修造业发展的提案的答复. 烟台市政府门户网站（yantai. gov. cn）
⑥ 武汉大学与烟台市签署全面合作协议 共建东方航天港研究院. 中国教育在线（eol. cn）

鲸 2 号"作为"蓝鲸 1 号"的姊妹船，与"蓝鲸 1 号"整体设计和概念设计相同，又有更多改善和优化。"蓝鲸 2 号"液压双钻塔系统工作效率提高 30%，生产建造时间减少了半年，效率更高，成本更低，时间更短。"蓝鲸 2 号"承担我国海域天然气水合物第二轮试采，在南海海域创造了产气总量、日均产气量世界纪录，实现了可燃冰从"探索性试采"向"试验性试采"的重大突破[①]。

图 3-1　"蓝鲸 1 号"钻井平台

（摄影：樊博）

助力海上卫星发射与回收。由海阳中集来福士海洋工程有限公司建造的"东方航天港"号海上发射船，船长 162.5 米、型宽 40 米，系国内首条海上航天发射和回收的多功能船，兼具火箭冷热发射能力，可满足当前在役及在研大中型固体火箭、中小型液体运载火箭的发射需求。围绕打造海上卫星发射工程船这一核心，东方航天港海上发射服务配套持续完善，海上发射指控中心、"一平一竖"岸基火箭垂直保障厂房投入使用，全球首个坐底式火箭海上发射平台加快建设[②]。围绕火箭发射及配套服务等展开的航天产业相关项目——东方空间、星河动力、长征火箭二期、卫星数据产业园、智算中心一期、来福士北区扩建等 13 个重点项目相继建成投产，山东陆海装备海阳基地、箭元科技、中核科技馆等重点项目陆续开工建设[③]。"东方航天港"号海上火箭发射船荣获 2024 年度山东省十大科技创新成果。

为深远海养殖提供设施装备支撑。烟台发挥中集来福士等海工装备企业的技术优势，开展装备化海洋牧场先行先试，在全国率先建造起半潜式、自升式海洋牧场多功能平台以及深远海智能网箱、管桩大围网等深远海养殖设施 32 座，海洋牧场平台 18 座。

---

① 中国力量｜"蓝鲸 2 号"：独步深海的大国重器. 澎湃新闻（thepaper. cn）
② 海上机动发射又一拓展，"海阳船"发"海阳箭"烟台海阳火箭发射十一连捷. 海阳市政府（haiyang. gov. cn）
③ 火箭与海跨界融合！东方航天港 2024 年度海上发射"六战六捷". 大众网（dzwww. com）

针对现有船型无法满足网箱平台饲料补给、生态活鱼运输等问题，烟台作为全国唯一"养殖运输船建造管理"省级试点地区，制定出台了《养殖运输船建造管理试点工作实施方案》，建立包含养殖渔船检验、登记、安全监管等完善的管理制度体系。同时围绕定向研发、图审检验、设计建造等环节实施全流程跟踪服务，在全国率先建立起"养殖渔船标准船型库"，确保满足需求的专用船舶快速定型、建造下水。该模式实施以来，带动烟台14家企业提出建造申请，目前已有6艘建造完工并下水，其中"鲁烟开渔养60001"为山东省最大的饲料运输船，总吨位达890吨；"鲁烟开渔养运66601"为全国首艘海洋生态活鱼养殖运输船，满载活鱼运输量可达60吨，最大卸鱼速率250立方米/小时①。

（三）海洋药物和生物制品

科技创新平台数量居全省前列。烟台市拥有省级以上生物医药创新平台87个，包括先进药物递释系统全国重点实验室等国家级平台11个，省级平台76个，数量居全省前列，形成了"新药创制山东省实验室＋中科环渤海（烟台）药物高等研究院＋87个省级以上科创平台"的创新平台体系，覆盖生物医药产品研发、成果转化、检验检测、动物实验、临床试验、审评核查全链条②。市政府投资建设的山东国际生物科技园和烟台业达国际生物医药创新孵化中心，为创新型中小企业研发孵化提供了有力保障。其中，山东国际生物科技园已经引进中小微创新型创业企业上百家；业达国际生物医药创新孵化中心入孵企业市值超过3亿元；投资4.18亿元建设的烟台医药与健康公共技术服务平台获批工信部"国家中小企业公共服务示范平台"③。蓝色药谷·生命岛生物医药产业园区建设完成，累计招引高端人才323名，园区企业17款一类创新药进入临床试验阶段，获得24个临床批件。

创新成果屡获突破。2022年以来，烟台新药创制山东省实验室在科技及人才项目立项、论文发表、专利申请、成果转化方面实现突破创新，已有3项一类新药项目实现转化，累计转化交易额达1.6亿元④。经过多年创新发展，烟台市已成长起绿叶制药、荣昌生物、石药百克等一批生物医药领域龙头企业，涌现出"恩度""津优力""泰爱""瑞欣妥"等一批创新产品。2021年至今获批上市4款国家一类新药、数量居山东省首位。其中，"泰爱"是全球首个用于治疗系统性红斑狼疮的双靶生物制剂，"爱地希"是我国首个自主研发的创新抗体偶联药物，"若欣林"是我国首个自主研发的并拥有自主知识产权用于治疗抑郁症的化学药物，"津立泰"是全球首个IgG4亚型的全人源抗RANKL单克隆抗体。全市创新药物研发进入成果爆发期，现有31款一类新药、12款三类医疗器械处于临床或上市申请阶段，预计5年内将有13款一类新药、10款三类医

---

① 烟台依托大型深远海养殖装备及平台技术，进一步筑牢蓝色粮仓. 山东省发展和改革委员会（fgw. shandong. gov. cn）

② 连续4年收入突破千亿元，烟台开启医药产业高质量发展新篇章. 腾讯新闻（news. qq. com）

③ 2023年6月27日2023医药创新与发展国际会议新闻发布会文字实录. 烟台市政府门户网站（yantai. gov. cn）

④ "山东好成果"发布30项新药和仿制药项目. 山东省人民政府（shandong. gov. cn）

疗器械获批上市[①]。烟台市生物医药企业承担国家"863"计划、国家"重大新药创制"等重大专项 20 余项，累计申请国内发明专利 400 余件，52 种创新药械产品处于临床或上市申请阶段，其中一类新药 20 种[②]。2023 年，试剂级鱼胶原等 3 个产品完成产业化开发，产值突破 200 亿元。目前，烟台市正在重点推进硫酸软骨素原料药、抗肿瘤创新药注射用芦比替定、全新靶点抗凝创新药 DCP118、PN/PDRN 高等级原料、鱼皮医疗器械产品、金枪鱼系列深加工产品等 6 种地标产品的开发进程；加快复方盐酸氨基葡萄糖硫酸软骨素片处方工艺创新研究；同时，启动了海洋来源的新型寡糖类药物 CS－E 的研发工作。

(四) 海洋化工

科技创新载体集聚。海洋化工领域，烟台拥有国家级技术创新载体 6 个、省级技术创新载体 18 个；拥有烟台中集海洋工程研究院、哈尔滨工程大学烟台研究院等科研院所；拥有万华化学、裕龙石化、玲珑轮胎、泰和新材、中节能万润、美瑞新材、道恩集团、联合化学等多家骨干企业；拥有 6 个省级化工园区和 7 个重点监控点，规模以上企业达到 248 家。万华化学作为烟台绿色石化产业的龙头企业，拥有国家聚氨酯工程技术研究中心、聚合物表面材料制备技术国家工程实验室、国家企业技术中心、博士后工作站、国家认可分析实验室（5 个）、省级和行业工程（技术）中心和重点实验室（7 个）等多个高水平创新平台。2024 年，北大万华联合研发中心投用。该中心将充分利用北京大学在材料和化学领域的深厚研究底蕴，结合万华化学的产业资源和市场经验，共同开展高水平科研项目。其中，北大石墨烯应用实验室正式入驻，加速推进光敏材料、石墨烯水氧阻隔膜等 6 个科研项目，为烟台市乃至山东省化工新材料产业发展注入新的活力[③]。

关键核心技术获重大突破。万华化学作为全球化运营的化工新材料公司，主要从事聚氨酯及其助剂、异氰酸酯（MDI）及衍生产品的开发、生产、销售，已成为全球行业龙头。目前，万华化学拥有全球首创技术 14 项，攻克国际领先技术 47 项，在海洋化工的多个领域取得了重大突破：突破生产光伏面板胶膜聚烯烃弹性体（用于光伏封装膜）的核心技术，解决了我国光伏产业的"卡脖子"问题；在丙烯下游领域研发的电池电解液溶剂，能够提升锂电池在低温下的循环寿命；高端精细化工产业链条上突破抛光材料、高纯试剂、光刻胶等芯片生产关键材料的生产技术。目前，万华化学是国内唯一一家同时拥有二苯基甲烷二异氰酸酯（MDI）、甲苯二异氰酸酯（TDI）、脂肪族和脂环族二异氰酸酯（ADI）全系列异氰酸酯制造技术自主知识产权的企业，是全球产能最大的 MDI 供应商，MDI 产能在我国国内产能占比约 63%，国际产能占比约 30%。在 2024 年

---

① 加速奔向国际生命科学城！烟台生物医药产业开辟链式发展新路径 . 网易订阅（163.com）
② 2023 年 6 月 27 日 2023 医药创新与发展国际会议新闻发布会 . 烟台市政府门户网站（yantai.gov.cn）
③ 北大与万华化学共建研究中心，推动化工新材料创新 . 色母粒产业网（semuli.com）

度的 ICIS 创新奖评选中，万华化学凭借聚氨酯硬泡回收再生聚醚入围 ICIS 创新奖。聚氨酯硬泡回收再生聚醚实现了从废旧冰箱和冰柜中回收废旧聚氨酯硬质泡沫，并将其转化为再生聚醚多元醇的生产，这一工艺不仅确保了产品性能与传统石油基多元醇相当，而且在生产过程中 100% 实现了聚氨酯泡沫的降解与再利用，为聚氨酯行业的可持续发展注入了新的活力。万华化学建成国内首套 20 万吨/年聚烯烃弹性体（POE）工业化装置，成功打破国外技术垄断，该成果已通过下游福斯特等龙头企业的验证测试，性能达到国际先进水平，荣获 2024 年山东省十大科技创新成果。

（五）海水淡化与综合利用

依托龙口裕龙岛、万华化学（蓬莱）等大型海水淡化项目实施，以及万华化学、招金膜天、金正环保等行业龙头企业，烟台市积极推进海水淡化与综合利用研发创新与成果转化，一批成果得以涌现。2023 年，万华化学申请专利"一种处理苯系物和多环芳烃的催化剂及其制备方法和乙炔废水的处理方法"，该专利催化剂载体为生物质制备的多孔碳，将这一催化剂应用于乙炔含苯系物和多环芳烃废水处理时，能够显著降低废水中特征污染物浓度和化学需氧量，从而提高废水的可生化性，为废水处理行业带来了新的解决方案。万华化学成功研发出了具有自主知识产权的高性能海水淡化膜，产品具有高脱盐率、高脱硼率、脱盐层化学稳定性高、适合高盐含量水质等优势，将助力推动水处理技术的创新与发展，探索绿色科技新"膜"法。万华化学与苏伊士集团在蓬莱合作开发海水淡化项目，旨在为万华化学蓬莱工业园提供日淡水产量达 10 万吨的高工业标准反渗透海水脱盐工厂，以节约淡水资源并提升当地水生态系统韧性。项目的设计与建设考虑了循环经济原则，将处理邻近电厂的海水直冷系统排水，与直接从海中取水相比，可以节省反渗透工艺的电耗并有效减少碳排放，项目预计每年将节约 3 600 多万立方米淡水。该项目不仅是苏伊士集团在全球最大的工业领域海水淡化项目，也是其在我国的首个此类项目，标志着中法两国在生态环保和气候变化领域的合作进一步加深。2024 年，万华化学承担的自主化联合研发项目"海水淡化用超滤膜组件、反渗透膜元件自主化关键技术研究及应用"通过验收，自主创新产品"海水淡化用超滤膜组件、反渗透膜元件"在经过时间运行考核评估后，可长期稳定运行。万华化学通过自主创新研发出具有较高通量和脱盐率的高性能海水淡化反渗透膜，建成海水淡化反渗透膜生产线，并针对反渗透膜生产线设备国产化需求，将反渗透基膜生产线、界面聚合生产线进行国产化，有效提升膜材料产品的自主化水平。基于界面微结构调控的海水淡化膜技术体系构建和百万平米级产业化项目获山东省科技进步奖二等奖。

金正环保是烟台市海水淡化技术和设备生产领域领军企业之一，在特种膜组件、高端膜法水处理装备等方面取得创新突破。其中，耐高温特种平板反渗透膜及膜组件产品针对传统反渗透膜运行温度≤45℃的弊端，采用专有的膜化学材料、配方及生产线开发出耐高温反渗透膜，突破了行业技术门槛，典型应用于物料浓缩、油田采出水、生物医药用水。在高端膜法水处理装备方面，金正环保高温采出水回用创新解决方案及春风油田高温采出水项目，采用耐高温、耐高压设计，可保证膜设备在不超过 80℃ 高温盐水中稳定运行，经处理后产水资源化回用，成功攻克油田开采中高温、高盐、高硬度污水资源化系列难题。金正环保针对工业高盐废水处理问题，为工业企业提供运行成本低、固废产出量少、膜系统稳定运行的工业废水深度处理及资源化再利用创新工艺，相比传统工艺，药剂用量减少≥80％，软化污泥产量减少≥60％，去除钙离子≥70％，成本降低≥60％，副产物硫酸钠达到《工业无水硫酸钠》（GB/T 6009—2014）一类一等品、硫酸钙达到《用于水泥中的工业副产石膏》（GB/T 21371—2019）标准，有效解决了工业高盐废水零排放及资源化利用难题[①]。针对传统纳滤膜在强酸环境易分解的关键技术难题，金正环保自主研发耐酸特种纳滤膜，该产品具有极强的耐酸性能，实现了对酸性废液处理以及酸、盐和水资源回收再利用，避免了传统中和法造成酸与碱资源双重浪费及后继高盐水的处理成本高等难题，可广泛应用于新能源电池、电极箔、钛白粉等行业，耐酸特种纳滤膜制备方法已获得国家发明专利，打破了国外技术垄断，填补了国内技术空白[②]。

山东招金膜天股份有限公司主要从事各种分离膜、分离膜组件、分离膜设备的研发、生产和销售，同时提供各种水处理工程的设计、安装调试及整体解决方案。该公司自 1988 年开始规模化生产中空纤维超微滤膜产品，先后主持或参与制定了国家及行业标准 30 项，已掌握分离膜制备及应用关键核心技术 50 项，涵盖了膜材料的研发、膜组件的制造以及膜技术在各个领域的应用。公司拥有高性能膜与膜工程技术国家地方联合工程实验室、山东省膜分离材料工程技术研究中心、山东省企业技术中心三个创新平台，近年来承担了二十多项国家级、省级科技创新项目，包括山东省重大科技创新工程项目"用于海水淡化的反渗透膜关键技术研究及规模化制备"等。公司在中水回用、苦咸水淡化、废水资源化、浓缩分离等多项高端技术方面填补了国内空白，其中高精度聚砜中空纤维超滤膜等系列产品性能达到或优于国外同类产品；拼装式中空纤维膜组件获得专利，提升了膜技术的实际应用效果。目前，公司正在研发抗污染高通量反渗透膜及组件研制（国际领先）与恶劣环境中复杂含油废水处理用 PEI 纤维膜的研制与应用（国内领先）项目。

（六）海洋电力

烟台充分发挥清洁能源资源优势，持续强化创新要素保障，推动创新资源集聚，聚焦创新事项和重要环节突破发力，积极抢占海洋电力业创新发展制高点，推进海上风电项目建设。2024 年，我国水深最深，山东省离岸最远、单机容量最大的海上风电项目——华能山东半岛北 L 场址 50.4 万千瓦项目启动建设。该项目总投资约 70 亿元，场址位于山

---

① 烟台金正环保用高盐废水零排工艺，助力国家"双碳"目标实施．烟台金正环保科技有限公司官网（jinzhenghb.com）

② 烟台金正环保耐酸平板膜攻克酸性废液资源化处理难题，助力循环经济发展．烟台金正环保科技有限公司官网（jinzhenghb.com）

东省半岛北部海域，面积约 59 平方千米，总装机容量为 504 兆瓦，规划布置 42 台 12 兆瓦风力发电机组，配套建设一座 220 千伏海上升压站、一座陆上集控中心和配套海底电缆。截至 2024 年，烟台市海上风电装机容量突破 220 万千瓦，居全省首位[1]。

推动核电技术及装备创新应用。依托烟台（众创）核电研发中心平台，搭建产业创新、技术创新、模式创新等载体，布局核能长距离供热、核能制氢、高品质蒸汽资源转化、零碳能源综合供应区等一批创新示范工程。项目上，提速海阳核电二期项目建设。围绕创新链聚集清洁能源人才链，推动企业与高校、科研机构开展产学研协同创新，累计引进核能领域专业技术人才 2 332 名，其中研究生学历及以上 442 人，副高级职称及以上 658 人。

由中集集光海洋科技（烟台）有限公司与国家太阳能光伏产品质量检验检测中心共同创建的全国首个海上浮式光伏实证基地在烟台揭牌并启动运营。目前，基地首批 25 家企业的 46 个组串光伏产品已安装到位，并于 2023 年 8 月 8 日实现并网发电。此外，基地已顺利接通全国首个 400 千瓦半潜式海上漂浮式光伏平台项目和全球首个竹基复合材料海上漂浮式光伏平台"集林一号"项目，下一步将对其开展实证工作。2023 年，烟台海上浮式光伏试验检验中心项目入选海洋强省建设重点项目库，项目将建设渔光互补养殖网箱、海基试验平台、海上光伏发电装置及其配套设施，探索水上水下立体开发利用模式，推动海洋牧场与海上光伏融合发展、相互赋能。2024 年 6 月，全国首个桩基固定式海上光伏项目——中广核招远海上光伏项目首批并网发电[2]。

此外，烟台积极探索 LNG 冷能多场景应用，探索储能新模式，推进区域性储能中心建设，打造城市级虚拟电厂，构建新型能源互联网城市。

[1] 42 台 12MW！国内水深最深海上风电项目开工建设．中国能源新闻网（cpnn. com. cn）
[2] 集中式海上光伏项目在山东并网发电．新华网（xinhua net. com）

第四章

烟台市海洋生态文明建设

第一节　陆海污染综合治理

（一）实施入海排污口分级分类治理

2021 年，作为全省唯一的渤海入海排污口整治试点城市，烟台市建成了省内首个入海排污口智慧管控平台，实现了入海排污口整治"线上线下"双控。2022 年 3 月 1 日，烟台市正式实施全国首个入海排污口管理办法——《烟台市入海排污口管理办法》，根据入海排污口特性以及对海洋生态环境的影响程度，明确不同类型入海排污口管理要求，分别实行重点、一般和简化管理①。入海排污口"分级分类"精细化管理模式消除了入海排污口监管"盲区"，从根本上为入海排污口治理提供了可靠保障。到 2022 年底，烟台市入海排污口"分级分类"精细化管理体系趋于完善，全市整治完成入海排污口 5 275 个，设置完成入海排污口标识牌 834 个，标志设置率、工业生产废水排污口整治率均达 100%。2023 年 4 月 20 日，烟台市印发《烟台市入河入海排污口监督管理工作实施方案》，进一步建立完善权责清晰、监控到位、管理规范的排污口监管制度体系。按照"有口皆查、应查尽查"的原则，烟台对全市入海排污口实施动态排查整治，形成"一口一策"入海排污口整治台账，将 3 273 个排污口纳入日常监管，依托入海排污口智慧管控平台，实现入海排污口整治"线上线下"双控，直排海污染源实现全部稳定达标排放。

（二）开展入海河流高标准综合整治

强化入海河流综合整治，统筹推进城镇污水处理基础设施建设、农业面源污染防治等工作。2022 年省控以上入海河流全部消除劣 V 类水体，芝罘区、福山区、莱山区、栖霞市实现雨污合流管网清零，累计建成配套管网 672 千米。2023 年，烟台市启动县域"母亲河"全流域治理三年攻坚行动，各区（市）选择境内最长河流，或对本区（市）防洪、生态等影响最重要的河流作为县域"母亲河"。通过三年攻坚，建设成为具有地方特色、区域韵味、乡愁情怀的流域性生态廊道，为"美丽烟台"建设提供强有力

---

① 自贸烟台又一经验获全国推广．烟台市政府门户网站（yantai.gov.cn）

支撑。2023 年已率先启动王河、界河、黄水河 3 条县域"母亲河"治理工程，累计完成治理河长 47.6 千米。2024 年，加快中小河流整治，持续推进县域母亲河全流域治理，年内中小河流、母亲河治理河长 140 千米，整治农村生态河道 2 400 千米，河湖面貌持续改观；新打造美丽幸福示范河湖 5 条 46 千米，效益河湖 1 条。常态化开展河湖"清四乱"，清理河湖问题 2.7 万处以上，重大问题动态清零，水事秩序平稳良好①。强化入海河流水质管控，严防陆源污染直排入海，扎实开展入海河流总氮治理专项行动。《烟台市水生态环境全面提升行动方案》《2024 年入海河流总氮专项行动方案》印发实施，明确基础设施建设、生态用水保障等重点任务 25 项，勤河、东风河治理等工程项目 62 个，建立起地表水环境管控一张图，地表水生态补偿机制实现跨界流域、县域全覆盖，规范整治入河排污口 1 127 个。组织开展全市水环境质量改善工作督导检查，建立问题清单，跟踪督导问题整改。综合运用无人机、徒步排查等方式，坚持对入海河流开展常态化监管巡查，累计出动 2 500 多人次，实施飞行执法、飞行监测 900 多次，2024 年全市 7 条国控入海河流总氮平均浓度较 2023 年全部降低，削减成效显著。

（三）深入推进陆海接合部和海上污染防治

2022 年《烟台市渔船集中停泊点和自然港湾环境综合整治方案》印发②，全面摸清渔船集中停泊点和自然港湾，建立台账，完善垃圾、污（油）水收集和转运设施，加强含油污水、洗舱水、生活污水和垃圾、渔业垃圾等清理整治，持续推进渔港污染防治监督，63 家名录内渔港和 99 处渔船停泊点（自然港湾）全部配备了污染防治设施设备③。持续开展船舶修造（拆解）作业污染防治专项治理，规范船舶水上拆解行为，禁止冲滩拆解。深入推进海洋环境风险源头控制，开展海岸带区域内化工园区、石油与危险化学品储罐、原油与危化品码头、核电等海洋环境风险源排查和风险评估，定期开展重点风险源执法检查。22 家港口危险货物企业均已完成突发环境事件风险评估和环境应急预案备案，建立了安全环保应急物资库。建立实施"海上环卫"工作机制，落实区（市）属地职责，建立海上垃圾打捞、清运作业体系。2021 年以来，每年以烟台市湾长办公室名义印发"净滩行动"工作方案，组织各区（市）政府（管委）、相关市直部门根据职责分工集中整治各类垃圾、渔港商港环境污染，全面推进陆、岸、海洋垃圾的常态化防治②。2024 年，《烟台市海洋垃圾清理行动实施方案》《烟台市海洋垃圾循环利用试点工作实施方案》印发，探索在市区四十里湾开展海洋塑料垃圾循环试点。

（四）强化海水养殖污染防治

加强海水养殖污染防控顶层设计。《烟台市海水养殖污染控制方案》《烟台市水产养

① 2024 年 12 月 13 日烟台市现代水网建设进展及成效新闻发布会文字实录．烟台市政府门户网站（yantai.gov.cn）
② 烟台市生态环境委员会办公室关于印发烟台市深入打好重点海域综合治理攻坚战实施方案的通知．烟台市政府门户网站（yantai.gov.cn）
③ 烟台统筹推进陆海污染协同共治交出亮眼成绩单．中国环境网（res.cenews.com.cn）

殖排污口整治指导工作方案》《烟台市陆域工厂化和池塘海水养殖尾水监测方案》印发，强化对全市海水养殖尾水治理的工作指导。2019 年起，在尚无海水养殖尾水治理标准规范和成熟案例的背景下，《海水增养殖用浮球环保升级改造技术操作指南》《海上网箱养殖环保设施升级改造技术指南》《海水鱼类网箱养殖和贝类增养殖容量评估技术指南》《海水工厂化养殖环保升级改造技术操作指南》《海水养殖池塘环保升级改造技术操作指南》印发，27 个海水养殖升级示范工程技术方案制定，初步形成了全市海水养殖污染控制技术指导体系。坚持"因地制宜、分类实施"原则，针对数量众多、类型不同的养殖类型和复杂的场地条件，指导区（市）为海水养殖户制定"一口一策"治理方案，并通过现场核查促进整治工作的落实。截至 2022 年 12 月，全市 4 023 个海水养殖入海排污口全部完成整治，并通过省生态环境厅销号。从 2019 年起，每年抽检 250 家左右不同类型的海水养殖单位尾水水质，对浓度偏高的监测数据及时反馈，进行指导和整改，并进行二次复测，直至达标，实现了对海水养殖尾水监测的闭环管理[①]。2023 年，在全省率先开展海上养殖容量评估工作，重点评估莱州湾、长岛和市区东部重点海域养殖容量，合理确定养殖密度，优化养殖结构。2023 年 12 月 29 日，农业农村部公布《国家级水产健康养殖和生态养殖示范区名单（2023 年）》，烟台市长岛综试区成功入选[②]。2024 年，大力实施水产绿色健康养殖技术推广"五大行动"，培育 14 处省级以上骨干基地，示范推广工厂化循环水养殖模式等 4 项生态健康养殖模式、"三池两坝"等 2 项尾水治理模式，海水鱼类配合饲料替代率达到 85％以上，"五大行动"养殖示范面积超6 万亩。

第二节　海洋生态保护与修复

（一）健全海洋生态空间保护政策法规

多项政策法规出台，不断强化了海岸带与海洋生态环境保护，推动形成科学高效的监管体系。2020 年 3 月 1 日，《烟台市海岸带保护条例》正式施行，推动科学合理节约利用海岸资源，大力整治修复受损岸线，有效促进了海岸带保护与利用。2022 年出台山东省首部地级市海洋生态环境保护条例——《烟台市海洋生态环境保护条例》，推动形成权责清晰、监控到位、管理规范的海洋生态环境监管体系。严格落实生态保护红线制度，加大红线区常态化监管和监控预警，严禁破坏生态保护红线的各类开发活动，保障海洋生态安全。2021 年发布《烟台市"三线一单"生态环境分区管控方案》，为全市实施以生态保护红线、环境质量底线、资源利用上线和生态环境准入清单为核心的生态

---

① 第 143455 号：关于"关于加强海洋生态文明建设与保护的提案"的答复．烟台市政府门户网站（yantai. gov. cn）

② 农业农村部关于公布《国家级水产健康养殖和生态养殖示范区名单（2023 年）》的通知．中华人民共和国农业农村部（moa. gov. cn）

环境分区管控明确了工作方向①。烟台市聚焦陆海统筹现实问题，统筹海洋、海岸带空间及岸线资源保护与利用，逐步形成了"一带两域，陆海统筹；三区七湾，协同发展"的海岸带保护与利用总体格局。按照严格保护、限制开发和优化利用三种类别，对全市海岸线进行分类管控。

（二）完善海洋生态空间保护机制

持续优化海洋生态环境管理，深化海陆协同保护机制，全力提升海洋生态环境质量及监管效能。坚持"亲海"而不"侵海"，强化"三线一单"刚性约束，严格用海项目审批，除国家重大战略项目外，全面停止新增围填海项目审批。深化陆海统筹、区域联动、部门协同的海洋生态环境保护综合协调机制，实现海洋环境问题从发现到处置、整改、验收的全流程管理。推进围填海历史遗留问题处置工作，消化存量围填海资源。建立自然岸线保护长效机制，严格岸线开发管控。加强用海用岛监管，每季度开展自然岸线动态监测和项目用海监管，掌握自然岸线变化情况。严格限制建设项目占用自然岸线，最大限度避让或减少占用自然岸线。确须占用岸线的项目，严格落实岸线占补制度。2023年印发实施《烟台市赤潮、绿潮综合处置工作方案》，建立起完整的科学处置浒苔工作链条，累计发布72期预警报信息，打捞清理浒苔4 416吨，并全部进行无害化处置。2024年11月22日，山东省海洋生态环境监测与应急处置中心在烟台揭牌。该中心将充分发挥国家、省、市监测机构联动优势，全面提升突发海洋环境事件应急响应能力，为持续深入打好污染防治攻坚战、加快建设美丽山东提供有力监测支撑②。

（三）构建海洋保护地体系

不断加强海洋保护地管理，构建以国家公园为核心、以海洋特别保护区为主体、以渔业种质资源保护区和海洋地质公园为补充的海洋保护地体系。加强庙岛群岛、莱州湾、套子湾等重要自然保护地生态系统和典型生态系统保护，建立了本底调查与监测制度，定期开展莱州湾、庙岛群岛等典型海洋生态系统健康状况评估。渔业种质资源保护区保护力度不断提升，鼓励并支持以渔业资源修复和生境保护为重点的海洋牧场建设。烟台市湿地面积位列全省第三，占全省湿地总面积的9.93％。全市湿地共有鸟类115种，其中国家一二级重点保护鸟类16种，是我国重要的水鸟栖息繁殖地和迁徙地之一。截至目前，烟台已建成湿地自然保护区5处、湿地公园7处、海洋公园5处、海洋特别保护区8处、海滨风景名胜区1处、国家级水产种质资源保护区9处③。2022年11月，国务院批复《国家公园空间布局方案》，长岛列入国家公园及候选区名单，长岛国家公

---

① 关于印发烟台市"三线一单"生态环境分区管控方案的通知. 烟台市政府门户网站（yantai. gov. cn）
② 山东省海洋生态环境监测与应急处置中心在烟台揭牌. 烟台市政府门户网站（yantai. gov. cn）
③ 保护湿地资源建设美丽烟台. 烟台市自然资源和规划局（ytxdn. yantai. gov. cn）

园正式纳入国家公园总体布局方案[①]。2024 年 4 月，《烟台市湿地保护规划（2023—2030 年)》正式公示，要求相关禁养区要严格管控海水养殖空间与容量，重点清理整顿核心区海岸线向海 1 千米范围内筏式养殖设施；在湿地资源保护和可持续利用范围内，以生态、特色、精养为主题，打造高端化养殖业[②]。

(四)扎实推进海洋生态修复

多项有力措施实施，推动海洋生态修复工作取得明显成效。蓬莱区推进海水养殖污染防治，2023 年清理非法养殖设施 15.2 公顷，升级改造海上养殖环保浮球 6.4 万个。依托蓬莱区水生野生动物救助中心，救助东亚江豚等水生野生动物 7 只、放生 2 只。争取上级资金 231.94 万元，放流各类苗种 3 800 万单位。扎实开展海洋生态环境监测、海洋生态预警监测、赤潮绿潮综合处置、外来入侵水生动物普查等工作，荣获"2023 年度海洋防灾减灾及应急工作先进单位"荣誉称号。莱州市抓好养殖尾水整治提升，2023 年申请上级资金 1 800 万元在城港路街道朱家村区域建设集中连片养殖池塘标准化改造和尾水治理项目。整治海上非法养殖行为，通航水域内和通航水域外共计 7 124 公顷的非法养殖设施全部清理完毕，完成率 100%。莱阳市强化入海排污口规范化管理，加强国控入海河流水质综合整治，推进海水养殖污染防治，开展 2023 年度全市 227 个海水养殖入海排污口整治质量现场检查。深化丁字湾海湾治理，积极开展互花米草防治工作，2023 年完成全域 4 000 余亩互花米草除治任务。2023 年，长岛海洋生态保护修复项目建设完工，累计修复海草床、海藻场 11.68 公顷，整治修复岸线 2.26 千米，修复受损岛体 11.59 万平方米，岛体植被修复面积 18.87 万平方米，修复海岛 8 个。实施"仙境海岸"养护行动，开展退围还海、退养还滩、受损岸线修复、沿海防护林等生态工程建设，恢复海岸自然景观。长岛综试区南长山和北长山岛（岛群)、大黑山岛、砣矶岛获评全国首批"和美海岛"称号。海阳市获批全国 2024 年海洋生态保护修复工程项目，争取上级资金 3 亿元。扎实推进互花米草治理工作，2024 年争取专项治理资金 1 432 万元，治理莱阳、莱州、海阳区域面积 1 300 公顷[③]。2024 年 10 月，经财政部和自然资源部的竞争性评审，莱州继长岛、海阳之后成功获批国家海洋生态保护修复项目，获得中央财政资金 3 亿元。烟台全市国家海洋生态保护修复项目总数达到 3 处，居全省前列。

(五)深入推进海洋渔业资源养护

深入推进海洋渔业资源养护，维护海洋生物多样性。烟台市海洋发展和渔业局制定《2024 年度烟台市渔业资源增殖放流工作方案》，统筹布局和指导全市渔业资源增殖放

---

① 长岛列入国家公园空间布局方案.长岛海洋生态文明综合试验区（changdao.gov.cn)
② 烟台市将建多处湿地自然保护区湿地公园和海洋公园.烟台市政府门户网站（yantai.gov.cn)
③ 烟台这片海，今年发生这些事.胶东在线（jiaodong.net)

流工作，全市累计增殖放流各类水产苗种 24 亿多单位。成功举办烟台第六届海洋放鱼日公益活动，约 1 000 人参加活动，放流苗种 30 多万尾，市民参与渔业资源养护意识得到显著提升。扎实开展"阳光增殖放流"市级示范标杆项目建设，全方位、全环节、全链条、全过程推动清廉建设深度融入全市水生生物增殖放流工作，助力全市增殖放流工作在阳光下运行。组织开展水生动物外来入侵物种普查面上调查工作，全面摸清烟台市渔业水域水生动物外来入侵物种的种类数量、分布范围、发生面积、危害程度等基本情况，并编制完成《烟台市外来入侵水生动物面上调查报告》《烟台市外来水生动物入侵防控预案》。

第三节 "美丽海湾"建设

（一）强化海湾生态环境治理

将美丽海湾建设纳入美丽烟台建设布局，锚定"水清滩净、鱼鸥翔集、人海和谐"的建设目标，持续开展海湾生态环境综合治理。多年来，烟台市近岸海域水质优良面积比例保持在 90％以上，2024 年全市近岸海域水质优良面积比例达到 96.3％，呈现出"水清、岸绿、滩净、湾美"的海洋画卷。自 2019 年印发《烟台市全面实行湾长制工作方案》以来，烟台市全面落实"湾长制"，建立市、县、乡三级湾长制体系，常态化开展各级湾长巡湾，全市市县乡三级 500 余名湾长及网格员累计巡湾 49 万千米，发现并整改问题 1 300 余个，有力改善了海洋生态环境[1]。实施"一湾一策"海洋生态环境保护和长效管理机制，强化莱州湾、庙岛湾、套子湾、芝罘湾、四十里湾及丁字湾等重点海湾污染整治，持续改善近岸海域环境质量。严格落实海岸建筑退缩线制度，科学布局拓展公众亲海临海空间。持续实施"净滩行动"，2021 年以来，每年由市湾长办公室印发"净滩行动"工作方案，加强海水浴场、岸滩、海面漂浮垃圾清理，提升亲海空间品质[2]。

（二）系统谋划推进美丽海湾建设

美丽海湾是美丽烟台的重要组成部分，是美丽烟台建设在海洋领域的集中体现和实践载体。烟台市对接全国和山东省美丽海湾建设布局，结合本市海湾实际状况，按照"基本建成一批、推进建设一批、逐步提升一批"的原则，推进美丽海湾建设，分类打造各具特色、各展所长、各美其美的美丽海湾建设样板，不断提高公众对美丽海湾的获得感、临海亲海的幸福感。2023 年，生态环境部发布第二批美丽海湾优秀案例，全国共 12 个海湾入选，烟台八角湾和长岛庙岛诸湾同步上榜，烟台成为全国唯一两个案例

---

① 烟台市四十里湾、龙口岸段入选第二批省级美丽海湾优秀案例.今日头条（toutiao.com）
② 关于第二轮省生态环境保护督察反馈问题第 25 项整改任务完成情况公示.烟台市城市管理局（cgj.yantai.gov.cn）

同批入选的沿海城市。2024 年，四十里湾、龙口岸段入选省级美丽海湾公示名单，烟台再获美丽海湾殊荣。根据全国、全省美丽海湾建设提质增效工作的目标安排，烟台制定《烟台市美丽海湾建设提质增效工作方案》，细化全市美丽海湾建设时序安排和阶段性重点任务，"十五五"期间将蓬莱湾区、海阳岸段、芝罘湾和牟平湾区基本建成美丽海湾，"十六五"期间将莱州湾、丁字湾基本建成美丽海湾，有序实现美丽海湾全覆盖。

第四节　海岛保护与开发

（一）强化海岛生态保护修复

将海岛生态保护与修复作为首要任务，着力推进生态蝶变。长岛实行"山水林海城"统筹谋划、整体施策、一体推进，在保护中发展成为最鲜明的底色。坚持陆海统筹，加强环境管护，全面开展入海排污口排查、监测和溯源，编制完成入海排污口"一口一策"实施方案。建设污水处理设施 41 处，铺设污水管网 70 千米，实现污水处理全覆盖。近年来，长岛整治修复海岸线 89 千米，自然岸线和旅游岸线占比提升到 87.7％，拆除侵蚀岸线、污染海水的育保苗场 86 万平方米，完成近岸养殖腾退 1.77 万亩。坚持久久为功，注重恢复典型海洋生态系统。与国家林草局林草调查规划院、自然资源部第一海洋研究所等 30 多家科研院所合作开展长岛生态本底调查、生物多样性调查以及海岛海洋生态保护方面的研究，编制完成各类技术成果 19 个，正在开展的专项调查和课题 12 个。依托海岛海洋监测站、大气监测站、溢油监视监测系统等监测资源及森林防灭火、林业有害生物远程智能平台等预警体系，配套巡护艇、无人机、陆海监控等设备，打造"空天地海"一体化监测体系，全面提升生态系统和保护物种科研监测、巡护监管和动态预警能力。建设海草床 1.6 公顷，开展海藻场修复试验，建立长岛海域斑海豹个体识别库，开展东亚江豚的专项调查。近几年，原生鼠尾藻、江蓠等藻类重现庙岛湾，渤海刀鱼、对虾、真鲷等经济鱼类又成渔汛，鲸鱼、白江豚、斑海豹等海兽，海鸬鹚、蛎鹬鸟、黄嘴白鹭等涉禽在长岛海域活动越来越频繁，种群数量逐年增加，栖息海豹数量也由不到 100 只增加到 400 多只。经中国质量认证中心认证，大黑山岛成为全国首个负碳超过 2 000 吨二氧化碳当量的负碳海岛；3 处海岛（岛群）获评全国首批"和美海岛"①。2024 年，长岛持续打好污染防治攻坚战。常态化开展扬尘污染专项巡查，累计检查点位 400 余处；推进入海排污口规范化监管，完成 96 处入海排污口梳理排查工作；制定《长岛综合试验区海洋垃圾清理行动实施方案》，开展"净滩行动"累计清理各类岸滩垃圾 2 000 立方米；抓实农村环境治理，常态化监管检查污水处理设施；建立全区生态环境保护长效机制，印发生态文明简报 14

---

① 2023 年 9 月 6 日烟台市美丽海湾建设暨海洋生态环境保护工作情况新闻发布会文字实录．烟台市政府门户网站（yantai.gov.cn）

期，建立清单化月调度机制和验收销号机制；完成国家"绿水青山就是金山银山"实践创新基地复核评估网上申报工作；山东半岛北部区域站（海洋）入选第二批国家生态质量综合监测站名单①。

（二）大力发展海岛生态产业

将生态产业作为主攻方向，着力推动生态产业发展实现"裂变"。统筹生态保护和高质量发展，实施产业整体提档升级计划，实现生态效益、经济效益、社会效益多赢。加快渔业转型，耕好"生态海"。按照习近平总书记视察烟台时作出的"海洋牧场是发展趋势，山东可以搞试点"的重要指示精神，结合山东省委、省政府"海洋粮仓"战略部署，围绕"在海洋牧场方面长岛要走在全市前列，为全省全国做好表率"的目标，高起点谋划实施海洋牧场"百箱计划"，谋划打造"蓝色粮仓"海上产业园。下水国内首座深远海智能化海珍品养殖网箱、首座5G＋全景海洋牧场应用深远海智能网箱、首座坐底式深远海智能网箱。省内首座半潜式深水智能网箱，养殖水体100万立方米，创下多项全国之最、亚洲之最，形成亚洲规模最大、装备水平最高的深远海养殖渔场。整合"海、岛、山"元素，壮大"生态游"。依托良好自然禀赋，将"海、岛、山"完美融合，精心创建全国首个海上3A级景区、大黑山岛4A级景区，打造岛岸观光、海上环游、妈祖香缘、特色渔俗、渔事体验等一批"玩得好、留得下、记得住、叫得响"的深度亲海文旅体验项目。举办马拉松比赛、海钓邀请赛、海鲜节、北方海岛音乐节等富有影响力的品牌赛事节庆活动，增强海岛生态旅游知名度②。深入发掘长岛"百年渔俗、千年妈祖、万年史前、亿年地质"文化内涵，打造"神秘史前岛·如画大黑山""妈祖圣地·圆梦庙岛"等海岛特色文化品牌，现建成文化展馆15处、主题文化广场12处、大型文化标志10处，研发文创产品70余种。长岛获评"中国公民最喜爱的世界海岛旅游目的地""中国最佳生态旅游目的地""最具文化创意旅游海岛"等称号。大黑山岛大力推动全域旅游提质升级，加快建设砣尾滩风景区等海岛旅游新景点，打造"旅游＋影视""旅游＋研学"等精品旅游线路，搭建"老船咖啡""乡村书屋"等文化休闲场景，积极引入"龙之九子 九岛联赛"越野赛等精品赛事活动，与企业合作开展"跨越八亿年，与你相遇在浪漫大黑山岛""五一寻爱大黑山·唤醒千年爱恋""入梦大黑山岛，遇见非遗"等特色品牌营销活动，不断丰富游客游玩体验。2024年8月，长岛大黑山岛旅游景区成功入选中国气象服务协会"滨海避暑消夏好去处"名录③。2024年11月，"寻仙号"双城百岛海洋旅游航线入选国家"第二批交旅融合发展示范案例"，进一步推动"串岛联城"海上风景廊道的建设，提升"仙境海岸 品重烟台"的品牌吸引力与市

---

① 我区召开2024年上半年生态环境质量新闻发布会. 长岛海洋生态文明综合试验区（changdao. gov. cn）

② 2023年9月6日烟台市美丽海湾建设暨海洋生态环境保护工作情况新闻发布会文字实录. 烟台市政府门户网站（yantai. gov. cn）

③ 又添新"名片"！大黑山岛旅游景区入选"滨海避暑消夏好去处"名录. 澎湃新闻（thepaper. cn）

场竞争力[1]。

（三）深入推进海岛保护开发改革创新

烟台长岛将体制机制创新作为立身之本，着力推进改革"裂变"。主动肩负起为全国全省海洋生态文明建设先行先试、探索新路的重大责任，结合海岛实际，积极探索尝试，形成了一批可复制、可推广的成果。改革试验区体制机制。构建起"宽职能、扁平化"大部门管理体系，连续举办四届海洋生态文明长岛论坛，成功创建全国海洋生态保护和持续发展标准化示范区，梳理完成海洋生态保护、产业发展、基础设施建设、民生保障、双拥共建等重点领域海洋生态文明标准明细 1 000 余项，为我国其他海岛地区保护发展工作提供了可参考、可借鉴、可复制的标准依据[2]。强化海湾日常管理，严格落实"湾长制"及海洋生态环境保护网格化管理，依托 5G＋互联网新技术，开发专有App，建立"区、乡、村"三级巡湾机制，"巡、管、治、护"齐抓并举，健全海上、滩涂垃圾的清捞、清运、处置体系。加快蓝碳经济创新实践，深入推进"国际零碳岛"建设，聘请国内顶尖专家团队开展基础研究，启动全域出租车新能源替代。推出全国首笔"海草床、海藻场碳汇贷"、全省首笔"海洋牧场物联网贷"和全市首笔"海带碳汇贷"，在蓝碳应用实践领域形成了独具特色的"长岛方案"。2024 年 6 月 5 日，举行烟台国家级"和美海岛"海洋预报发布仪式，并开展了海洋知识科普宣传活动，倡议提升全民海洋意识。烟台国家级"和美海岛"海洋预报产品是国内首个为"和美海岛"精准定制的海洋预报产品，旨在践行自然资源部关于"和美海岛""生态美、生活美、生产美"的建设要求，为海岛休闲渔业、滨海旅游等产业发展提供精细化海洋预报服务，对于提升"和美海岛"综合治理能力和公共服务水平，扩大"和美海岛"影响力，促进"和美海岛""三美"融合发展，努力构建海岛保护与开发全国样板等均具有重要意义[3]。

（四）探索海上经济开发区建设模式

2023 年 12 月 17 日，山东长岛"蓝色粮仓"海洋经济开发区获批成立，成为全国第一个海上经济开发区[4]。长岛"蓝色粮仓"海洋经济开发区建设坚持生态优先、融合发展、共建共享、创新驱动原则，旨在打造全国海洋综合开发先行试验区、深远海规模养殖示范区、海上牧场装备创新引领区、海洋绿色低碳产业集聚区和海洋产业园区建设样板区。到 2025 年，规划建成和在建深远海养殖设施 100 个标准箱以上，基本完成长

①　我市"寻仙号"双城百岛海洋旅游航线入选国家交旅融合发展示范案例．烟台市文化和旅游局（whlyj. yantai. gov. cn）

②　大众网·海报新闻：烟台长岛"生态蝶变"：打造海洋生态产品价值实现机制新样板．山东省生态环境厅（sdein. gov. cn）

③　今日烟台 烟台国家级"和美海岛"海洋预报上线发布．烟台市政府门户网站（yantai. gov. cn）

④　海上经济开发区，全国首个，设在长岛！澎湃新闻（thepaper. cn）

岛海水养殖"百箱千排万笼"计划，全年养殖产量达到 15 万吨，实现园区渔业总产值 40 亿元。到 2030 年，海洋综合开发体制机制健全完善，基础设施和配套基地基本建成，深远海养殖全产业链基本形成，科技创新实力明显增强，全年养殖产量达到 30 万吨，实现园区渔业总产值 80 亿元，基本具备一流开发区的功能和形态。到 2035 年，园区综合实力大幅跃升，全年养殖产量达到 55 万吨，园区渔业总产值突破 150 亿元，成为在全国具有引领性示范性的海洋经济开发区和"蓝色粮仓"建设典范。长岛"蓝色粮仓"海洋经济开发区设立以来，已争取成立了首期 10 亿元的蓝色粮仓（长岛）产业投资基金和注册资本金 2.51 亿元的蓝色粮仓（长岛）海洋投资有限公司，"一基金、一平台"统筹推进园区运营和投融资；启动园区"标准海"和"示范标杆海域"建设，深远海综合平台纳入园区基建范畴，3 个专项债项目全部获批，16 万亩海域完成本底调查，"透明海洋"系统框架基本建成，陆域保障基地稳步推进，海域使用权改革全面实施，园区综合承载力实现整体跃升[1]。

第五节　蓝碳经济发展

（一）推进蓝碳发展顶层设计

在推进碳达峰与海洋碳汇发展方面迈出坚实步伐，通过制定并实施一系列政策方案，明确了海洋碳汇工作的重点任务与目标，为打造具有地方特色的蓝碳发展模式奠定了坚实基础。2023 年 5 月，烟台市人民政府印发《烟台市碳达峰工作方案》，提出实施碳达峰"十大工程"，形成可操作、可复制、可推广的碳达峰"烟台样板""烟台经验"。其中碳汇能力巩固提升工程，强调大力发展海洋生态系统碳汇，同时要求以市海洋发展和渔业局为责任单位制定海洋碳汇工作实施方案。2024 年 10 月，烟台市海洋发展和渔业局联合 11 个部门和单位发布了全国首个地级市海洋碳汇专项工作方案——《烟台市海洋碳汇工作实施方案》，提出了海洋碳汇科学研究、生态系统保护修复、海洋碳汇与产业融合、碳汇价值多元转化、海洋碳汇试点等五大任务。组织 29 家驻烟涉海单位、高校院所和行业企业，组建全省第二个地级市海洋碳汇产业联盟，强化产学研合作，助力产业协同创新发展。在全市范围内发布《关于开展蓝碳项目储备工作的通知》，初步建立起蓝碳项目储备库，先后征集海洋碳汇 5 类 29 个项目，相关工作得到 CCTV12 频道《中国之治》栏目的宣传报道[2]。2024 年 8 月 6 日，烟台市人民政府印发《国家碳达峰试点（烟台）实施方案》，提出探索蓝色海洋碳汇新模式，推动海上风电、光伏、氢能与海洋碳汇协同增效，探索"海上风电＋渔业碳汇"新模式，拓宽波浪能、潮汐与潮流能等海洋新能源与海洋碳汇协同发展路径[3]。

---

① 长岛召开"蓝色粮仓"海洋经济开发区高质量发展推进会议. 央视网（cctv. com）
② 第 143255 号：关于"关于加快推进我市海洋碳汇研究"提案的答复. 烟台市政府门户网站（yantai. gov. cn）
③ 烟台市人民政府关于印发国家碳达峰试点（烟台）实施方案的通知. 烟台市政府门户网站（yantai. gov. cn）

（二）打造蓝碳科技创新平台

积极打造蓝碳科技创新平台，集聚相关领域科研力量，推动海洋碳汇技术研发与应用。联合自然资源部海洋减灾中心、山东省海洋资源与环境研究院共建"黄渤海蓝碳监测和评估研究中心"，开展海洋碳汇调查监测评估试点，建立蓝碳监测动态数据集，摸清长岛海草床、海藻场碳储量底数分别为 5 983 吨、18.4 吨。支持设立烟台大学蓝碳研究中心，该中心与烟台市海洋经济研究院、山东省海洋资源与环境研究院联合开发的"海草床生态界面修复技术"处于国内领先水平，在小黑山岛海域和北长山岛海域规模化应用 2 000 平方米，被山东省科技厅和生态环境厅联合列入《2024 年山东省绿色低碳技术成果目录》，同年度该技术也得到中国海洋工程咨询协会认可，入选海洋类国土空间生态修复创新适用技术名录。烟台市海洋经济研究院与山东省海洋资源与环境研究院合作，提出推进长岛建设海洋碳汇示范区的路径与措施，为全省海洋碳汇产业发展探索经验。山东自贸区烟台片区持续探索海洋碳汇生态产品价值实现路径，借助多方蓝碳理论研究成果、检测评估办法、实践应用场景等资源禀赋，在平台建设、标准制定、金融创新等多个维度形成合力，探索出"跨区共融、实惠共享"的蓝碳经济发展"烟台实践"。2023 年，山东省自然资源厅办公室公布《山东省自然资源领域生态产品价值实现实践典型案例》（第二批），其中山东自贸区烟台片区报送的"'蓝碳经济'海洋生态产品价值实现"案例榜上有名[①]。2024 年，烟台市海洋经济研究院组织 29 家驻烟涉海单位、高校院所和行业企业，组建全省第二个地级市海洋碳汇产业联盟[②]。

（三）积极拓展蓝碳空间

积极拓展蓝碳空间，不断提升海洋碳汇能力，促进海洋生态环境与生物多样性的双重改善。烟台市积极构建海岛蓝碳生态系统，修复海草床、海藻场 11 公顷，恢复改善生物栖息地、生态碳汇等功能。2024 年，烟台市海洋经济研究院与烟台大学、山东省海洋资源与环境研究院联合开发的"海草床生态界面修复技术"，作为全省评选出的唯一一项海洋类技术成果被山东省科技厅和生态环境厅联合列入《2024 年山东省绿色低碳技术成果目录》，为拓展海洋碳汇空间提供技术支撑。大力发展贝藻养殖，全市 2024 年贝类藻类养殖产量分别为 139 万吨和 6 万吨，年碳汇量保持在 10 万吨左右。着力打造碳汇型海洋牧场，建成国家级海洋牧场 22 处，约占全国 1/9。根据测算，全市海洋牧场投礁区基础生产力提升 63.9%，生物量增加 5.6 倍，丰富度指数增加 7.1 倍，海洋生态环境显著改善。

---

① 蓝碳经济解锁"绿色密码"——山东烟台推进海洋生态产品价值实现. 山东省商务厅（commerce.shandong.gov.cn）

② 2024 年烟台市海洋经济研究院大事记. 烟海 e 家（ytapp.jiaodong.net）

（四）金融助推生态产品价值实现

通过金融创新成功将蓝碳生态产品转化为实际经济价值，推动了海洋碳汇交易与金融服务的深度融合。遵循"政府引导、市场运作、自主自愿、协同推进"的原则，积极引导银行保险业开展蓝碳金融创新。2022年6月，全国保险行业领域成立的第一个海洋保险创新研发机构——太平财险海洋保险创新研发中心在烟台黄渤海新区揭牌成立，政策性海洋碳汇指数保险、政策性综合指数保险两个全国首单海洋保险产品同步发布并签约。首创"金融＋生态修复＋碳汇"模式，落地全国首笔"海草床、海藻场碳汇贷"，推动海洋蓝碳变成"真金白银"。面向已计量核定的海洋碳汇资源，在海洋碳汇交易、碳汇抵押等方面开展积极探索。例如，将长岛庙岛西部海草床碳汇用于抵消2023绿色低碳高质量发展大会举办期间产生的部分温室气体排放量，完成第一笔蓝碳金融交易，按照合约签署当日的碳市场交易价格预估交易价值3 000余元。在对绿色水产养殖业充分调研论证基础上，以海草床、海藻场每年固碳量产生的碳汇远期收益权作为质押推出绿色金融创新产品。例如，长岛孙家村以海草床、海藻场每年固碳量产生的碳汇远期收益权和36.81公顷海域使用权作为质押，通过"海域使用权＋碳汇"相结合取得抵押贷款金额300万元。以"蓝绿融合"为纽带，将金融工具深度嵌入生态产品价值实现链条。2023年8月，烟台市海水养殖海洋碳汇指数保险启动暨海洋牧场保险理赔仪式举行。烟台市海洋发展和渔业局与太平财产保险有限公司烟台中心支公司签订合作协议，标志着全省首个政策性市级海水养殖海洋碳汇指数保险正式落地[①]。2024年7月，中国农业发展银行烟台市分行养马岛近岸海域生态环境质量提升与产业发展融合项目成功获批13.9亿元，并于9月13日投放信贷资金2亿元，12月26日增投5 000万元。该项目是目前山东省审批额度最大的生态环境导向开发（EOD）项目，也是首个整体立项并顺利实现审批的EOD项目。截至2024年末，全市涉海企业贷款金额892.56亿元，比上年增长33.7%，高于全部贷款增速23个百分点[②]。

（五）高标准建设长岛"国际零碳岛"

建设长岛国际零碳岛，是落实中央"支持烟台开展海岛保护与开发综合试验"的重要探索，是具有全球意义的海岛生态实践。建设长岛国际零碳岛不仅可以为烟台国家碳达峰试点城市和低碳试点城市建设、山东绿色低碳高质量发展先行区创建注入强劲蓝色动能，也能够为全国和国际岛屿零碳、负碳发展提供示范样板。近年来，烟台市以前瞻性的视野全力推进长岛国际零碳岛建设，高标准编制了碳汇增汇、碳交易、绿色金融等8个领域的研究报告，以及《长岛国际零碳岛发展规划（2023—2035年）》，5项研究成果在"2023绿色低碳高质量发展大会"上集中发布，长岛国际零碳岛规划愿景在迪拜

---

① 山东首个政策性市级海水养殖海洋碳汇指数保险落地烟台．新华网（sd.xinhuanet.com）
② 山东烟台蓝色经济扬"绿金"风帆．中国金融新闻网（financialnews.com.cn）

第 28 届联合国气候变化大会上重点推介，得到 C40 城市气候领导联盟等国际组织的关注。根据 2024 年 2 月 9 日以烟台市政府名义发布实施的《长岛国际零碳岛发展规划（2023—2035 年）》，长岛国际零碳岛建设将以"净零、先行、活力、普惠"为基本遵循，围绕实现三阶段目标，实施四大空间布局，推进六项重大任务。其中三阶段目标，即到 2027 年，国际零碳岛建设初见成效，温室气体排放力争在 2023 年率先实现碳达峰基础上下降 20％，到 2030 年，以生态渔业和生态旅游为代表的主导产业绿色低碳发展成形成势，稳定实现经济增长与碳排放脱钩，到 2035 年，高质量建成国际零碳岛，全域温室气体实现净零排放。四大空间布局，即"北增、南优、内引、外联"，建设北部零碳增值生态保育区、南部降碳减污优化发展区，打造飞地产业园和国际合作交流会客厅。六项重大任务，即打造国内领先的零碳"蓝色粮仓"建设长岛样板，建成特色鲜明、国际影响广泛的世界级零碳旅游目的地，构建岛外引电为主导、岛内清洁能源发电为补充、海陆互联互促的绿色能源体系，促进经济社会在绿色交通、零碳建筑、低碳生活等方面的全面实现绿色转型，构筑林业碳汇、蓝碳增汇和海洋碳核算的陆海统筹固碳增汇体系，搭建起多维国际合作渠道和传播途径[①]。

2024 年 11 月 13 日，烟台市代表团参加在阿塞拜疆举办的《联合国气候变化框架公约》第 29 次缔约方大会（COP29）中国角活动，在 100 多位国家政要、国际组织代表、中央部委领导、世界 500 强及跨国公司领导人等见证下，代表 32 个国内外岛屿城市、国际组织、高校院所、金融机构和企业等发起单位，向全球发出《国际零碳岛屿合作倡议》，探索成立国际零碳岛屿合作组织，携手推进岛屿气候治理，获得了与会嘉宾的高度评价和积极响应。长岛国际零碳岛建设创新引领全球零碳岛屿治理模式，为全球岛屿绿色低碳发展提供了烟台样板、山东实践、中国方案。

---

① 《长岛国际零碳岛发展规划（2023—2035 年）》发布实施. 山东省海洋局（hyj. shandong. gov. cn）

第五章
烟台市海洋开放合作

第一节 海洋开放合作平台

烟台市通过搭建海洋开放合作平台，深化对外交流合作。在经贸领域，参加港澳山东周、举办烟台-香港绿色低碳与科技金融合作交流会等经贸活动，成功推动了清洁能源、石化及化工新材料、生物医药等重点领域合作项目签约。依托中韩（烟台）产业园、中国（山东）自由贸易试验区烟台片区等园区建设，构建对外开放新高地，推动了产业集群的形成和发展。深化自贸区改革创新，制定自贸区烟台片区与海南自贸港合作行动方案，推动了贸易和投资自由化、便利化，为烟台市经济发展注入了新动力。烟台市主要海洋开放合作平台见表5-1。

表 5-1 烟台市主要海洋开放合作平台

平台名称	成立时间	主要目标及功能	发展成果
中韩（烟台）产业园	2017年	推动中韩两国经济技术合作，重点发展医药健康、数字经济、智能制造、新材料节能环保产业	引进了多家韩国高科技企业，建立了中韩科技创新中心和中韩文化交流中心，开展了一系列科技合作项目和文化交流活动。
中韩烟台经济文化交流中心	2017年	推动中韩两国在经济、文化、教育等领域的交流与合作	组织了多次大型文化交流活动，如中韩文化节、中韩教育论坛，促进了两国人民的相互理解和友谊。
中德产业园	2017年	加强中德两国在智能制造、新能源等领域的合作	引进多家德国先进制造企业，如西门子、博世在园区内建立了生产和研发基地，推动了两国在职业教育和技术培训方面的合作。
山东自贸区烟台片区	2019年	推进贸易便利化，深化金融开放，创新政府管理模式	成功吸引了多家跨国公司落户，如日本三菱、韩国三星等，推动了区域贸易和投资的便利化。
中日（烟台）产业园	2019年	促进中日两国在高端制造、科技创新等领域的合作	成功引进了包括丰田、松下在内的多家日本知名企业，开展了多个高端制造业和环保技术合作项目。
中俄海洋科技创新中心	2019年	推动中俄两国在海洋科技领域的合作与创新	组织了中俄海洋科技论坛，推动了两国在海洋资源开发、海洋环保技术等方面的合作与交流。

（续）

平台名称	成立时间	主要目标及功能	发展成果
烟台综合保税区	2020 年	促进进出口贸易，提供保税加工、保税物流等服务	成为北方地区重要的外贸枢纽，吸引了 200 多家外资企业入驻，包括知名的全球物流公司敦豪和跨国电子企业富士康。
烟台国际招商产业园	2020 年	促进国际招商引资，吸引外资企业入驻，推动区域经济发展	成功引进了多家跨国公司和高新技术企业，重点发展新能源、先进制造和现代服务业。
京沪会客厅	2021 年	促进京沪地区与烟台的商务交流与合作	通过举办商务洽谈会和招商引资活动，促进了京沪地区与烟台的商务交流与合作。
烟台 RCEP 产业合作发展中心	2022 年	推动 RCEP 成员国之间的产业合作，促进贸易便利化	建立了多个国际合作项目，涵盖电子商务、物流和高端制造业，推动了区域经济一体化。

（一）中国（山东）自由贸易试验区烟台片区

作为国家开放战略的一部分，中国（山东）自由贸易试验区烟台片区于 2019 年 8 月 26 日获批成立，旨在利用烟台区位优势和产业基础，推动区域经济高质量发展。烟台片区规划面积 29.99 平方千米，涵盖了烟台开发区、中韩产业园、烟台保税港区西区等国家级园区，以及黄渤海新区等省级政策优势区域。该平台的主要目标是通过 3 至 5 年的改革试验，建立与国际最高标准和通行规则相衔接的制度体系，形成具有国际化、法治化、便利化营商环境的自由贸易区。自挂牌以来，烟台片区已累计推出超过 330 项制度创新成果，新增注册企业超过 20 000 家，为烟台市创造了近1/3 的实际外资和近1/2 的外贸进出口，成为推动区域经济发展的重要引擎。

烟台片区多项创新成果得到省级、国家级认可和推广。2022 年 3 月，山东省政府办公厅印发《关于做好中国（山东）自由贸易试验区制度创新成果推广工作的通知》，围绕营商环境优化、贸易转型升级、金融领域创新、创新驱动发展、海洋经济、中日韩区域经济合作等六大领域，集中发布了 51 项可在全省范围内推广的制度创新成果[①]。其中，烟台片区入选 16 项，在全省率先实现六大领域创新成果全覆盖。

2020 年 5 月，烟台市被生态环境部确定为全国入海排污口整治试点地区。烟台片区以此为契机，出台了全国首个入海排污口管理办法《烟台市入海排污口管理办法》，至 2022 年年底，全面完成入海排污口整治工作。2023 年 7 月 10 日，国务院印发《关于做好自由贸易试验区第七批改革试点经验复制推广工作的通知》（国函〔2023〕56 号），要求在全国沿海地区复制推广烟台市"入海排污口规范化'分级分类管理'新模式"[②]。

2024 年，烟台片区 1 项成果"培育发展高端装备型海洋牧场新业态"，入选商务部

---

① 山东省人民政府办公厅关于做好中国（山东）自由贸易试验区制度创新成果推广工作的通知 . 山东省人民政府（shandong.gov.cn）

② 国务院关于做好自由贸易试验区第七批改革试点经验复制推广工作的通知 . 中国政府网（www.gov.cn）

集中发布推广全国第五批"最佳实践案例"，该成果系统总结了烟台片区发展装备型海洋牧场而实施的一揽子制度创新先进经验，包括海洋牧场网箱平台确权保障装备交付下水、金融创新保障深远海养殖、引进先进设备保障活鱼批量"零损伤"装船、开发标准船型保障活鱼运输需求等。同时，烟台片区"'质量基础设施＋云服务'线上线下联动新模式""资本项目收入支付便利化"等2项成果入选第三批国家部委推广改革试点经验。

（二）烟台综合保税区

作为我国重要的海关特殊监管区域之一，烟台综合保税区自2009年9月经国务院批复设立以来，已经成为山东省对外开放和区域经济发展的重要窗口。该区域规划控制面积达6.21平方千米，分为东区和西区，东区紧邻烟台港芝罘湾港区，西区则位于烟台经济技术开发区内。烟台综合保税区的主要目标是建设成为集国际物流、加工贸易、货物展示等多种功能于一体的综合保税区，打造对外开放的新高地。

烟台综合保税区设立以来，充分发挥综合保税区和自贸区的叠加政策功能优势，打造高能级对外开放平台，构建起产业特色鲜明、协调联动高效、辐射带动作用更强的发展格局。保税区成功复制推广了26项自贸区中与海关特殊监管区域有关的创新制度，为区内企业提供了更多便利和机遇。保税区施行的一系列税收优惠政策，如基建物资及设备进口免税、境内区外货物入区视同出口实行出口退税等，大大降低了企业运营成本，提高了区域吸引力。特殊贸易便利化措施的实施，如"四自一简"管理模式，进一步简化了企业运营流程，提高了效率；区内加工制造企业可承接国内企业"委托加工"业务的政策，不仅促进了国内外企业的合作，也为区域经济发展注入了新的活力。2024年第四季度，烟台市芝罘区政府平台公司与综保区保运通供应链初步达成合作共识，规划打造标志性的进口消费品展示中心，持续提升对日韩消费品的中转集散能力[①]。

（三）中韩烟台产业园

作为国家级的国别合作园区，中韩（烟台）产业园自2017年12月经国务院批复设立以来，已成为中韩两国经济合作与文化交流的重要平台。该园区旨在深化两国在高端产业领域的合作，推动经济全球化和区域经济一体化。园区规划总面积80.4平方千米，分布在烟台开发区、烟台高新区、牟平区三个区域。中韩（烟台）产业园以打造韩国高端产业聚集地、现代服务业承接地、商品市场集散地和休闲文化产业示范地为目标，致力于成为中韩贸易和投资合作的先行区。

中韩（烟台）产业园建设不仅为两国企业提供了交流合作的平台，还通过构建"类韩国"特色生态体系，促进了科技与产业的深度融合。园区内三大平台（中韩科创孵化合作基地、韩国中小企业产业基地、中韩经济文化交流中心），各具特色、互为补充，为园区企业提供了全方位的服务和支持，共同推动了园区高质量发展。其中，中韩科创

---

① 市商务局2024年第四季度政府工作报告重点工作进展情况．烟台市政府门户网站（yantai.gov.cn）

孵化合作基地作为山东省引进的首个韩国国家级科创孵化平台，专注于科技交流和成果转让；韩国中小企业产业基地利用国家战略优势，打造韩国中小企业来华投资创业的第一站；经济文化交流中心则以经贸交流为主题，促进两国文化和经济的深入交流。园区的"两国双园"合作模式，为韩国企业提供了在中国发展的优越条件；园区的跨境审批服务，让韩商在不出国门的情况下即可获得中国市场的经营资格。

中韩（烟台）产业园设立以来，成功引进的韩资项目数量和质量均居于前列，其中包括山东省首家外国律师事务所驻华代表处、首家韩资会展机构等"首"字号项目，以及多个与韩国高校合作的产学研项目。如2020年，由韩国先安电机株式会社投资的韩国先安电机项目，以1 800万美元的投资额，年产新能源电机近千万台套，年产值高达4亿元人民币，成为园区内新能源汽车产业链的重要一环[①]。2023年，园区继续保持发展活力，通过14次赴韩招商活动，引进韩资项目42个，实际利用韩资超过9 100万美元，占烟台市的近6成，成为全市对韩经贸、科技、人文等全方位交流合作的新引擎[②]。2024年6月，韩国科创企业烟台行暨中韩企业合作交流会在烟台黄渤海新区中韩科创孵化合作基地举行，12家韩国优秀科创企业、20位韩国企业家来区与中国优秀企业、投融资机构代表共商合作，推动中韩企业在产业链、资本链、技术链等方面构建更多矩阵链接[③]。

（四）烟台RCEP产业合作发展中心

作为响应《区域全面经济伙伴关系协定》（RCEP）而成立的国家级经贸合作平台，烟台RCEP产业合作发展中心于2021年6月9日由烟台市政府与中国—东盟商务理事会签署框架协议后正式落户烟台。该中心的成立标志着烟台市在对外开放和区域经济一体化方面迈出了重要步伐。中心的建设目的在于深化与RCEP成员国的产业对接合作，利用烟台的区位、产业和开放优势，推动烟台成为RCEP产业合作的聚集地，促进新旧动能转换和高质量发展。中心致力于成为促进区域经济一体化、提升烟台产业国际合作水平的重要平台。通过举办各类经贸活动，加强与RCEP成员国的联系，为烟台企业开拓国际市场提供支持。中心还积极发挥其在政策研究、信息交流、项目对接等方面的作用，为企业提供政策咨询、市场调研、法律服务等全方位服务，助力企业更好地把握RCEP带来的机遇，提升国际竞争力。

烟台RCEP产业合作发展中心成立以来，取得了一系列开放合作成果。通过"2021境外驻华机构烟台经贸合作交流会"，现场签约项目4个，达成合作意向10余个[④]。2022年11月25日，中心成功举办了2022 RCEP国际产业合作交流会，吸引了来自

---

① 中韩（烟台）产业园：架起中韩合作"桥梁". 烟台市政府门户网站（yantai. gov. cn）
② 助力冲刺万亿级城市｜中韩（烟台）产业园深耕对韩合作. 烟台市政府门户网站（yantai. gov. cn）
③ 烟台黄渤海新区举办"2024韩国科创企业烟台行暨中韩企业合作交流会". 大众网（dzwww. com）
④ 2021境外驻华机构烟台经贸合作交流会昨天举行，9个国家18个境外驻华机构代表来烟谋合作. 烟台市政府门户网站（yantai. gov. cn）

RCEP 区域的工商界代表、优秀企业代表与烟台部分行业协会、企业代表等线上线下的广泛参与[①]。中心还引进了美中国际商会、德国华商总会等 12 家有影响力的海外商协会在烟台设立办事机构。2024 年 11 月，由中国国际贸易促进委员会烟台市委员会（烟台市贸促会）、烟台国际商会主办的 2024 RCEP 国际食品产业合作交流会在烟台国际博览中心成功举办。来自 RCEP 成员国的政府机构、经贸组织、商协会、企业代表等 300 余人参会，12 个合作项目在活动上成功签约，共同推动 RCEP 食品产业的合作发展[②]。

第二节 海洋开放合作领域

烟台市海洋开放合作领域涵盖了从经济到科技、从产业到生态的多个维度。在经济合作方面，依托中韩（烟台）产业园等国家级园区，吸引国内外知名企业入驻，推动了装备制造、电子信息等千亿级产业集群的蓬勃发展；同时，与全球多个国家和地区建立贸易往来，利用烟台港的便利条件，促进货物贸易畅通无阻。在科技创新方面，积极搭建引智平台，创新人才引进培养政策，推动人才跨区域合理流动；鼓励域内企业、科研院所跨区域构建合作创新网络，支持举办各类海洋科技交流论坛，推动海洋科技协同创新与推广应用。在生态环境保护方面，全方位参与环渤海地区生态环境合作，致力于蓝碳生态系统保护与修复，与多方合作加强海洋环境监测与预警，推动海洋经济绿色低碳发展。在文化合作方面，积极举办"中外文化交流面对面"等各类文化交流节，发展海洋品牌赛事活动，文旅融合吸引国内外游客，促进了海洋文化的传播与交流，提升了城市文化软实力和国际影响力。在友好城市建设方面，截至 2024 年底，已与 26 个国家的52 个城市建立了友好（合作）关系，遍及亚洲、欧洲、北美洲、南美洲、大洋洲和非洲等六大洲，形成了友好合作的新局面。

（一）经济合作

招商引资成果显著。2023 年 3 月 17 日至 26 日，烟台市市长率团赴新加坡、韩国、日本开展经贸洽谈活动，共接洽企业、商协会组织代表 210 余人次，走访世界五百强企业和跨国公司 13 家，签约 28 个合作机制和项目[③]，积极推动烟台市抢抓山东绿色低碳高质量发展先行区建设机遇，促进能源、产业、城市绿色低碳转型。2023 年 10 月，积极建设国际招商产业园，通过建立工业项目"标准地"招商模式，全面推行要素跟着项目走、拿地即开工等服务保障机制，重点发展高端化工新材料、海洋生物与医养健康、高端装备制造等产业[④]，形成涵盖生物制药、医疗器械、诊断试剂与疫苗、现代中药、生物保健品等多个领域的综合国际产业园区。2023 年 12 月 13 日、16 日，连续举办全

---

① 烟台举办 2022 RCEP 国际产业合作交流会 . 腾讯新闻（qq. com）
② 2024 RCEP 国际食品产业合作交流会在烟台举办 . 中国山东网（sdchina. com）
③ 市长郑德雁率团赴新加坡、韩国、日本经贸洽谈 . 澎湃新闻（thepaper. cn）
④ 国际招商产业园 . 投资促进中心（idb. yantai. gov. cn）

市"双招双引"重点项目集中签约、烟台黄渤海新区招商发展大会暨重点项目集中签约两场活动，签约 50 个项目，总投资逾 700 亿，为烟台乃至山东产业转型升级注入强大动力①。2024 年 3 月，举行"奋进万亿新征程 共享发展新机遇"招商大会暨产业项目集中签约仪式，60 个项目集中签约，涵盖高端装备、生物医药、清洁能源、石化及化工新材料等领域。同时发布 4 个"商务＋"行动计划和支持烟台外贸高质量发展 30 条措施，启动烟台招商行动②。2024 年 4 月 17 日至 25 日，烟台市市长率团赴泰国、马来西亚、印度尼西亚开展经贸洽谈活动。出访期间，共接洽企业、商协会组织代表 540 余人次，签署经贸合作备忘录及战略合作协议 5 个③。在雅加达举办的中国（烟台）-印度尼西亚经贸合作交流会上，双方共同启动烟台-东盟公共海外仓，旨在为外贸企业提供优质海外仓储及报关报检、展示交易、提货转运等本地化配套服务，为双方多层次、宽领域、全方位的合作积蓄了新动能④。2024 年 7 月，举办中国（烟台）-马来西亚经贸合作交流活动，市"双招双引"工作领导小组办公室分别与中国-东盟（马来西亚）企业家协会、马来西亚中小企业公会签署合作备忘录，共同推动在外贸进出口、双向投资等方面的合作。2024 年 7 月，在由山东省人民政府、中国国际贸易促进委员会、日本贸易振兴机构共同主办的"对话山东——日本·山东产业合作交流会"上，烟台市中日绿色氢能供应链等 6 个项目在主会场签约，约占全省总签约数量的六分之一，签约总金额 58 亿元⑤。

现代港口合作不断深入。通过建立重点港口与中欧班列（齐鲁号）的合作联动机制，织密远洋运输航线，加强与共建"一带一路"国家港口合作。2023 年，烟台港铝土矿年吞吐量超 1.2 亿吨，稳居全球铝土矿进口第一港，西港区供应链枢纽型铝土矿码头入选"世界一流专业化码头"⑥。2024 年 2 月，烟台海关与山东港口烟台港集团有限公司签署合作备忘录，建立更加紧密的战略合作机制，共治口岸安全，共促物流通畅，共优营商环境，共建智慧口岸，支持烟台港打造核心竞争优势显著的世界一流海洋港口和一流企业⑦。2024 年，烟台港迈入世界十大港口行列，商品车滚装码头入选世界一流专业化码头，开通国内外航线达到 93 条，不断加快与中欧班列、西部陆港衔接⑧。此外，烟台港致力于打造中非双向物流黄金大通道，助力外贸高质量发展⑥。

重大涉海项目合作持续突破。2020 年，全球首制超大型海上油田设施一体化建设、安装和拆卸装备（"蓝鲲号"）一期投资项目、中国石化龙口液化天然气（LNG）接收

① 烟台：奋力推动开放共赢发展新突破. 烟台市政府门户网站（yantai. gov. cn）
② 烟台招商大会暨产业项目集中签约仪式顺利举行 60 个项目集中签约. 大众网（dzwww. com）
③ 烟台市赴东南亚开展经贸活动取得丰硕成果. 凤凰网（ifeng. com）
④ 携手"千岛之国"开启"希望之旅"！烟台代表团赴印度尼西亚开展经贸活动. 烟台市商务局（yantai. gov. cn）
⑤ 2024 对话山东—日本·山东产业合作交流会举行. 山东省人民政府（shandong. gov. cn）
⑥ 2024 年 8 月 23 日"推动高质量发展"主题系列新闻发布会第四场文字实录. 烟台市政府门户网站（yantai. gov. cn）
⑦ 烟台海关与山东港口烟台港签署战略合作备忘录. 大众网（dzwww. com）
⑧ 山东港口烟台港商品车滚装码头入选世界一流专业化码头. 中国交通新闻网（zgitb. com）

站项目等在烟台签约落地①。2024 年 2 月，中集来福士改装建造的大型海上浮式生产储油船（FPSO）"Marechal Duque de Caxias"启航开赴巴西。这是国内首例集主船体改造、全部模块建造及集成、FPSO 系统调试等工作于同一船厂完成的 FPSO 修改造项目②。2024 年 4 月，东方航天港产业项目开工暨重大合作项目签约仪式在烟台举行。"中国东方航天港"项目旨在打造我国首个海上发射母港，推动海上发射高频化、常态化、系统化③。2024 年 12 月，烟台市联合青岛、威海申报的"青烟威船舶与海洋工程装备集群"成功入选国家工业和信息化部公布的 2024 年国家级先进制造业集群名单，推动以油气平台、新能源船舶等为代表的海洋工程产业链条合作建设④。

（二）科技合作

积极加强与国内外科研机构及高校的合作。2022 年，与北京大学建立合作工作机制，确定了七个领域的合作事项；推动北京大学与万华化学集团签署合作框架协议，共同成立"北京大学-万华化学联合研究中心"，建立北京及烟台分部⑤。2023 年 11 月，山东（烟台）中日产业技术研究院承办的"科创共赢"中韩医疗健康合作论坛在烟台顺利举办，来自中韩两国医疗健康领域的百余名专家学者汇聚一堂，共同探讨医疗健康的高质量发展和合作机遇，为医疗技术创新和发展提供更广阔的平台，有效推动了中韩医疗健康领域先进技术成果的跨国交流和中韩科技界的民心相通，对于促进中韩医疗创新平台建设、科研项目落地发挥了积极作用⑥。2024 年 7 月，烟台市人民政府发布《关于加快推进新时代高水平科技强市建设的实施意见》，强调支持国内外知名高校、科研院所和企业来烟设立新型研发机构，支持创新创业共同体高标准、规范化建设⑦。

通过科技交流论坛等形式促进多方科技合作。2019 年 3 月，由英国创新署、烟台高新技术产业开发区管理委员会、烟台市政府外事办公室主办的中英海洋科技交流合作论坛在烟台召开，两国海洋科技领域专家就中英海洋工程、风电、潮汐等领域科技交流合作展开讨论。2021 年 10 月，由中国国际人才交流协会、山东省科学技术厅、烟台市人民政府共同主办的中国国际人才交流大会（半岛分会）暨烟台国际技术交易大会在烟台开发区开幕，烟台市科技创新促进中心与韩国中小企业振兴公团签署了《中韩（烟台）中小企业产业技术创新合作协议》，推动双方整合和导入相关资源，搭建科技合作沟通和服务纽带，推进区域内政府部门、高校院所及企业间开展科技合作交流。2023 年 11 月，中国国际科学技术合作协会、烟台市科学技术局和烟台黄渤海新区管理委员会

---

① 山东搭建海洋产业合作平台，22 个重点项目在烟签约落地 . 澎湃新闻（thepaper.cn）
② 全球首艘！中集来福士改装超大型 FPSO 安全顺利出港 . 国际船舶网（eworldship.com）
③ 东方航天港，打造百亿级航天产业群！. 澎湃新闻（thepaper.cn）
④ 青烟威船舶与海洋工程装备集群被评为 2024 年先进制造业集群 . 山东船舶工业网（sdship.org.cn）
⑤ 聚焦材料领域！国内顶尖高校与化工巨头万华牵手合作 . 搜狐（sohu.com）
⑥ 交流合作促发展——中韩医疗健康合作论坛成功举办 山东（烟台）中日产业技术研究院深入推进国际科技开放合作 . 大众网（dzwww.com）
⑦ 烟台市人民政府关于加快推进新时代高水平科技强市建设的实施意见 . 烟台市政府门户网站（yantai.gov.cn）

在烟台联合举办"2023 科技外交官之家资深外交官·烟台行"活动，会上揭牌成立了"科技外交官之家"烟台站，推动科技外交资源与地方发展需求的精准对接①。2024 年6 月，烟台黄渤海新区举办"2024 韩国科创企业烟台行暨中韩企业合作交流会"，12 家韩国优秀科创企业、20 位韩国企业家与区内优秀企业、投融资机构代表齐聚烟台黄渤海新区，共同深化科技合作，促进交流共赢②。

强化域外引智和人才队伍建设。烟台支持高校设立海洋领域未来技术学院和现代产业学院，选聘专家挂职，建立人才大数据中心，设立人才发展基金，深入实施泰山产业领军人才工程蓝色人才专项，为新引进人才提供生活补贴和购房补贴，以及留学费用补贴，鼓励人才在烟台市就业和购房。中国科学院烟台海岸带研究所等机构也积极邀请海内外英才申报项目，提供职业发展、经费支持、薪酬待遇等优厚条件。2024 年，烟台市建立超百位专家组成的全市"现代海洋产业专家智库"，成立由 55 位专家组成的"烟台市海洋工程装备产业重点人才库"，推动海洋创新水平不断提升。2024 年 8 月，"烟台市标志性产业链产才融合发展大会海洋工程产业专场暨芝罘区海洋产业发展对话会"在烟台国际会议中心成功召开③。会上揭牌了"芝罘区海洋工程设计创新与合作港"，这是烟台市成立的首家海洋工程产业的人才创新港，旨在集聚优质人才智力资源，为全市海洋领域企业提供精准产业咨询及人才服务，助力海洋工程产业发展。

（三）生态合作

联合多方共同谋划和推动零碳岛屿发展。2024 年全国生态日山东活动暨碳达峰碳中和烟台论坛在烟台国际博览中心举行④。论坛提出，烟台依托"长岛国际零碳岛"，将谋划发起成立全球首个以零碳岛屿定位的国际组织——"国际零碳岛屿合作组织"，旨在联合小岛屿国家、知名岛屿城市和国际组织、金融机构、企业等，以岛屿应对气候变化与可持续发展为目标，共同探索零碳路径，促进绿色发展、保护海岛资源、维护海洋生态，开展多维度绿色低碳发展国际合作。2024 年 11 月，烟台市市代表团参加在阿塞拜疆举办的《联合国气候变化框架公约》第 29 次缔约方大会（COP29）中国角活动，代表 32 个国内外岛屿城市、国际组织、高校院所、金融机构和企业等发起单位，向全球发出《国际零碳岛屿合作倡议》，为全球岛屿绿色低碳发展提供了烟台样板、山东实践、中国方案。

全方位参与环渤海地区生态环境合作。与周边城市围绕环渤海地区海洋环境监测与预警、流域治理、海上污染防治、滨海湿地保护等开展深入合作，共同推进海洋生态环境保护、生态修复等技术方法的研究及推广应用。2024 年，以"渤海滨海湿地生态空

---

① "2023 科技外交官之家资深外交官·烟台行"活动在烟台黄渤海新区举行．烟台市政府门户网站（yantai.gov.cn）
② 烟台黄渤海新区举办 2024 韩国科创企业烟台行暨中韩企业合作交流会．大众网（dzwww.com）
③ 2024 首届烟台人才节暨标志性产业链 产才融合发展大会启动仪式举行．烟台市人民政府网站（yantai.gov.cn）
④ 2024 年全国生态日山东活动暨碳达峰碳中和烟台论坛开幕．央视网（cctv.com）

间、功能与产业"为主题的渤海滨海湿地论坛在烟台召开，来自国家海洋信息中心、中国科学院东北地理与农业生态研究所等高校、科研院所及行业知名企业共 30 多家单位的 80 余人参加了论坛，19 位专家学者做了学术报告，有力推动滨海湿地资源高水平保护、可持续利用和高质量发展①。2024 年 6 月，烟台市代表团受邀赴韩国参加 2024 年中韩渔业联合增殖放流活动，成功举办第六届烟台海洋放鱼日公益活动，全年增殖放流水产苗种 24 亿单位，推动渤海、黄海水域生态平衡②。

（四）文化合作

积极搭建国际文化交流平台。通过建设中韩文化创意产业园，吸引了众多国内外文创企业入驻，形成了涵盖动漫影视、数字媒体、游戏研发、广告策划、创意设计、艺术创作及非遗衍生产品开发等在内的全产业链文化创意产业综合体。通过与俄罗斯顿河畔罗斯托夫市共同举办"云端比邻、共创未来——2022 烟台市友好城市文化交流分享会"③，组织中国烟台—韩国扶余郡国际友城"以乐会友 共谋未来"线上交流活动等④，充分彰显了烟台特色与烟台元素，也展示出友城城市的人文风采与友好情谊。2024 年 6 月，烟台市委宣传部、烟台市人民对外友好协会、烟台市高新区共同主办"中外文化交流面对面"端午节系列活动，邀请美国、加拿大、德国、南非、津巴布韦、巴基斯坦六个国家的留学生、国际学校校长、外国企业家等参加，对宣传烟台良好形象、优化涉外营商环境产生了积极影响⑤。

文旅融合扩大城市影响力。烟台依托岸线、海岛和文化资源优势，深度融入山东旅游开发格局。2023 年 12 月，山东省文化和旅游厅等 10 部门印发《推进海洋旅游高质量发展的实施方案（2024—2026 年）》和《推进休闲度假旅游高质量发展的实施方案（2024—2026 年）》⑥，明确提出完善休闲度假旅游体系，一体推进沿黄渤海文化体验廊道建设，打造国内最长的温带海滨休闲度假连绵带。而烟台不仅是其中"仙境山海"文化休闲片区的关键组成部分，也是山东打造"海上山东"风景线、"海上看山东"精品旅游线以及海岛生态旅游全国样板不可或缺的力量。此外，烟台积极举办各类大型海洋旅游节事活动，如海洋放鱼节、国际海岸生活节、国际海岸音乐节等，推动了烟台海洋文化的国际传播，扩大了城市影响力。2024 年 7 月至 9 月，烟台国际海岸生活季成功举办，以"在烟台 经山海"为主题，推出 6 场快闪音乐会和 5 大板块海岸生活荟活动，累计吸引国内外游客突破 180 万人次⑦。

---

① 绿茵生态出席环渤海滨海湿地联盟"2024 年渤海滨海湿地论坛"并受邀进行专题报告. 财联社（cls.cn）
② 中韩联合举行 2024 年渔业资源增殖放流活动. 中国政府网（gov.cn）
③ 云端连两地 共话友城情！2022 烟台市友好城市文化交流分享会举行. 烟台大众网（yantai.dzwww.com）
④ 品重烟台"云"出海 | 烟台扶余郡国际友城以"乐"会友 共谋未来. 国际在线（cri.cn）
⑤ 市对外友协举办"中外文化交流面对面"端午节系列活动. 烟台市外事办公室（wb.yantai.gov.cn）
⑥ 省文化和旅游厅等 10 部门关于印发推进海洋旅游高质量发展的实施方案（2024—2026 年）的通知. 山东省文化和旅游厅（whhly.shandong.gov.cn）
⑦ 2024 烟台国际海岸生活季. 烟台市政府门户网站（yantai.gov.cn）

谋划海洋赛事品牌活动。烟台将海洋特色与赛事活动紧密结合，谋划并组织多场海洋赛事活动，彰显了城市魅力。烟台市经济技术开发区发布的《烟台开发区体育工作思路》，提出围绕海洋做体育文章，全力打造2～3个海洋精品赛事活动，重点引进1～2个国际化、高端化、有影响力的海洋体育赛事项目落户烟台。2023年5月，长岛渔号马拉松在中国·长岛海洋生态文明展览馆广场鸣枪开赛，来自全国各地数千名跑者开启了"最美环海岛赛道"的征途[①]。2023年10月，中国海洋五项赛（烟台站）在烟台市帆船帆板运动协会基地圆满举办，来自广东、广西、江苏、山东等全国各地近百名选手竞逐烟台海上，推动了烟台"体育＋旅游"的融合发展[②]。2024年7月，中国百城桨板公开赛在烟台芝罘湾举办，这是我国北方首个在公开海域举办的国家级桨板赛事，以水上运动再次点燃了城市的活力引擎[③]。

（五）友好城市建设

自1985年与美国圣迭戈市缔结第一对国际友好城市关系以来，39年间，烟台国际"朋友圈"不断扩容，已与26个国家的52个城市建立了友好（合作）关系，遍及全球六大洲[④]。通过实施"友城＋"赋能行动，邀请友城政府、企业、高校等组团来烟考察，广泛开展友城间经贸、科技、文旅、教育、绿色低碳等领域合作，最大限度地把友城资源转化为全面合作成果，为烟台建设具有影响力的国际城市、打造绿色低碳高质量发展示范城市贡献了力量。

2023年，为打造烟台"对接北欧合作示范城市"城市品牌，烟台市人民政府外事办公室围绕"9＋N"制造业集聚培育工程和16条重点产业链，组织"外国驻华使节走进烟台""绿色低碳之旅""智能制造论坛"等系列活动100余场，积极邀请丹麦、芬兰、冰岛、挪威等北欧国家驻华使节携企业代表团来烟考察、洽谈合作共计90余人次[⑤]。2023年8月29日，中挪国际合作中心签约及启动仪式在2023绿色低碳高质量发展大会上顺利进行，标志着中挪国际合作中心正式启动。中挪国际合作中心是烟台市人民政府携手挪威企业协会共同建设的国际合作平台，将通过打造"中国北欧国际会客厅"、举办"中欧公司领导人峰会""中挪贸易促进会""挪威CEO创新论坛"、建立"项目合作资源库"、搭建"中挪跨境贸易服务平台"等一系列举措，搭建与挪威合作的桥梁和窗口，推动中挪在更高层次更宽领域务实合作[⑥]。2024年12月，烟台因在国际传播中以文化为抓手提升海外形象美誉度的优秀表现，入选"城市（区）国际传播示范案例"。第四届城市国际传播论坛发布的《中国城市海外影响力分析报告（2024）》指

---

① 群雄聚海岛，渔号再奏响！2023长岛渔号马拉松圆满落幕．网易订阅（163.com）
② 2023中国海洋五项赛烟台站收兵．新浪网（sina.com.cn）
③ 中流击水，万亿"新秀"展雄风．齐鲁网（news.iqilu.com）
④ 烟台市国际友城情况一览表．烟台市政府门户网站（yantai.gov.cn）
⑤ 推动更高水平对外开放：烟台打造"对接北欧合作示范城市"城市品牌凤凰网山东．凤凰网（ifeng.com）
⑥ 中挪国际合作中心正式启动．烟台市政府门户网站（yantai.gov.cn）

出，烟台正致力于成为面向日韩和东北亚的门户，同时作为连接"一带一路"倡议和欧美的重要"桥头堡"①。

　　为进一步深化国际友城交流合作，2023 年以来，烟台市还先后组织参与 2023 国际青年交流大会、青年点亮友城光影——山东国际友城青年摄影展、韩国群山新万金国际马拉松赛、第 25 届原州韩纸文化节、烟台群山结好 30 周年庆祝活动、中国烟台-芬兰波里人工智能大赛、2024 中国国际石油化工大会、2024 烟台国际食品（预制菜）产业博览会、中国（烟台）-阿根廷企业洽谈交流会等活动，拓展了烟台市对外交往空间，推动了与国际友城在港口建设、文旅、教育等领域的务实合作。

---

① 国际传播与城市发展．搜狐（sohu.com）

第六章

烟台市海洋综合管理

第一节　海洋政策法规

（一）完善海洋经济发展相关政策法规

1. 强化战略规划引领作用

烟台市人民政府印发《烟台市国民经济和社会发展第十四个五年规划和 2035 年远景目标纲要》①，擘画烟台市未来十五年发展的宏伟蓝图，明确未来五年经济社会发展的总体思路和重点任务，提出建设富有特色的海洋经济大市、更具影响力的现代化国际滨海城市的主要目标，并从建设现代海洋产业体系、构建环境优美的海洋生态系统、建设国际化现代综合性港口三个方面阐述了提升经略海洋水平的举措。

以海洋高质量发展为主线，烟台市海洋发展和渔业局印发《烟台市"十四五"海洋经济发展规划》②，明确了"十四五"海洋经济发展目标与定位，提出了"一核两翼七湾"的海洋经济发展空间布局、十大重点产业任务、三大海洋经济创新工程及海洋生态文明新高地建设的构想。

烟台市委办公室、市政府办公室联合印发《关于推进海洋经济示范区建设三年行动方案》③，明确烟台海洋经济高质量发展的总体目标、工作重点和实施路径，提出通过实施优势产业示范工程、潜力产业突破工程、科技创新强基工程和生态保护固本工程等"四大工程"，构建布局合理的海洋产业体系、具有较强竞争力的海洋创新体系和陆海联动的海洋保护体系。

2. 完善海洋产业专项政策法规

完善海洋牧场相关政策法规。为保障海洋牧场建设顺利推进，烟台市密集发布相关政策法规。2019 年，相继出台《海洋牧场发展规划（2019—2025 年)》④《关于加快海

---

① 烟台市国民经济和社会发展第十四个五年规划和 2035 年远景目标纲要. 烟台市政府门户网站（yantai. gov. cn）

② 烟台市海洋发展和渔业局关于印发《烟台市"十四五"海洋经济发展规划》的通知. 烟台市政府门户网站（yantai. gov. cn）

③ 一图速览烟台建设海洋经济示范区三年行动方案. 烟台市政府门户网站（yantai. gov. cn）

④ 海洋牧场发展规划（2019—2025 年). 烟台市政府门户网站（yantai. gov. cn）

洋牧场建设的实施意见》①《烟台市现代化海洋牧场试点建设实施方案》② 等，明确了海洋牧场建设的思路目标、区域布局、重点任务及支持措施。2021 年，烟台市海洋发展和渔业局发布《关于支持海洋牧场健康发展的若干措施》③，助力海洋牧场高质量发展。2022 年，烟台市政府办公室印发《烟台市海洋牧场"百箱计划"项目三年行动方案》④，谋划了"4 带 10 点 100 箱"空间发展格局。2023 年 12 月，烟台市海洋发展和渔业局印发《烟台市国家级海洋牧场示范区监督管理规范》⑤，将国家级海洋牧场示范区从申报到建设、验收、运营等全生命周期纳入监管。

完善海水养殖相关政策法规。2020 年，中共烟台市委海洋发展委员会印发《烟台市加快推进水产养殖业绿色发展实施方案》，提出实施水产养殖业规划引领、水产种业创新支撑等六大行动。2022 年，烟台市海洋发展和渔业局印发《烟台市现代水产种业发展规划》和《关于加快现代水产种业发展的意见》，统筹全市水产种业发展科学布局。2023 年，烟台市人民政府办公室印发《烟台市海参产业高质量发展三年行动方案（2023—2025）》，提出围绕海参种业、增养殖、加工、流通、品牌打造、科技创新、质量安全等实施九大行动，培育海参优势产业集群，打造国际海参产业城。

完善海洋制造业相关政策法规。2022 年，烟台市人民政府办公室印发《烟台市海洋工程装备产业发展"十四五"规划》，提出聚焦高技术船舶、海洋能源装备、深远海渔业装备等重点领域，打造技术先进、分工专业、集约高效、具有较强国际竞争力的现代海洋工程装备产业体系。同年 12 月，中共烟台市委办公室、烟台市人民政府办公室印发《烟台市实施企业倍增计划推动先进制造业高质量发展行动方案（2022—2025 年）》，在已有优惠政策基础上为倍增计划培育的企业制定专项支持政策。2023 年 7 月，烟台市人民政府办公室印发《烟台市氢能产业中长期发展规划（2022—2030 年）》⑥，提出到 2025 年初步形成高质量氢能与燃料电池关键材料、零部件及装备研制特色产业集聚区，建成氢能产业先进制造集聚高地、多场景应用示范基地，并对氢能与海洋领域的融合发展进行了谋划设计。2023 年 12 月，烟台市人民政府办公室印发《烟台市海洋药物和生物制品业发展规划（2023—2027 年）》⑦，谋划了以"两大集群、两大基地、三类企业、三类平台、六种产品"为重点内容的"22336"海洋生物医药产业发展格局。2024 年 11 月 20 日，山东省第十四届人民代表大会常务委员会第十二次会议经审查，决定批准《烟台市数字经济促进条例》。该条例对推动海洋工程数字化转型、推动海洋领域传统基

---

① 关于加快海洋牧场建设的实施意见 . 烟台市政府门户网站（yantai. gov. cn）

② 烟台市现代化海洋牧场试点建设实施方案 . 烟台市政府门户网站（yantai. gov. cn）

③ 关于支持海洋牧场健康发展的若干措施 . 烟台市政府门户网站（yantai. gov. cn）

④ 烟台市海洋牧场"百箱计划"项目三年行动方案 . 烟台市政府门户网站（yantai. gov. cn）

⑤ 烟台市国家级海洋牧场示范区监督管理规范 . 烟台市政府门户网站（yantai. gov. cn）

⑥ 烟台市人民政府办公室关于印发《烟台市氢能产业中长期发展规划（2022—2030 年）的通知》. 烟台市政府门户网站（yantai. gov. cn）

⑦ 烟台市人民政府办公室关于印发《烟台市海洋药物和生物制品业发展规划（2023—2027 年）》的通知 . 烟台市政府门户网站（yantai. gov. cn）

础设施的数字化改造等进行了谋划①。

海洋服务业相关政策法规。2021年12月，烟台市文化和旅游局印发《烟台市"十四五"文化和旅游发展规划》②，提出实施文旅向海专项行动，推进海洋文旅项目建设，培育叫响海洋文化品牌。2022年4月，烟台市人民政府办公室印发《烟台市文化旅游产业链链长制实施方案》③，确立了由市委、市政府分管负责同志担任文化旅游产业链链长的双链长工作体系，提出构建"一带贯穿、一廊串联、三湾突破、三极崛起"的海洋文旅发展格局。

（二）完善海洋科技创新相关政策法规

推动海洋科技创新相关政策法规。2021年12月，烟台市科学技术局发布《烟台市"十四五"科技创新规划和二〇三五年远景目标纲要》④，提出充分发挥全市海洋资源富集和科技创新领先优势，开展海洋资源高效开发、利用和保护技术研究，重点突破深海探测、海洋运载作业、海洋生物资源开发、海洋环境监测与保护等共性关键技术。2022年，烟台市科学技术局发布《烟台市技术转移服务机构管理办法》《烟台市科技成果转移转化补助（奖励）资金管理实施细则》⑤，后又相继出台《烟台市科研诚信管理办法（试行）》⑥《烟台市技术创新中心建设管理办法》⑦《烟台市科技创新发展计划战略研究类项目管理办法》《烟台市科技创新发展计划政策引导类项目管理办法》⑧，鼓励企业和科研机构在海洋科技领域开展技术研发和成果转化，推进海洋创新平台建设。2024年7月，烟台市人民政府发布《关于加快推进新时代高水平科技强市建设的实施意见》⑨，提出以建设新时代高水平科技强市为目标，以培育战略科技力量为主攻方向，以科技赋能产业为实施路径，以提升企业创新主体地位为主线，进一步完善全域创新布局和技术创新体系，构建创新链产业链资金链人才链深度融合的创新生态，打造具有全国影响力的区域科创中心和面向东北亚的国际科创高地。2024年9月，烟台市科学技术局、烟台市财政局印发《关于加快推进新时代高水平科技强市建设的若干政策措施》，明确了建设高水平科技强市的若干支持措施。

---

① 《烟台市数字经济促进条例》新闻发布会文字实录．烟台市政府门户网站（yantai．gov．cn）

② 烟台市"十四五"文化和旅游发展规划．烟台市政府门户网站（yantai．gov．cn）

③ 烟台市人民政府办公室关于印发《烟台市文化旅游产业链链长制实施方案的通知》．烟台市政府门户网站（yantai．gov．cn）

④ 烟台市"十四五"科技创新规划和二〇三五年远景目标纲要．烟台市政府门户网站（yantai．gov．cn）

⑤ 烟台市科技局 科技政策·解读《烟台市技术转移服务机构管理办法》、《烟台市科技成果转移转化补助（奖励）资金管理实施细则》政策解读．烟台市科学技术局（kjj．yantai．gov．cn）

⑥ 烟台市科学技术局关于印发《烟台市科研诚信管理办法（试行）》的通知．烟台市科学技术局（kjj．yantai．gov．cn）

⑦ 烟台市技术创新中心建设管理办法．烟台市科学技术局（kjj．yantai．gov．cn）

⑧ 关于印发《烟台市科技创新发展计划战略研究类项目管理办法》《烟台市科技创新发展计划政策引导类项目管理办法》的通知．烟台市科学技术局（kjj．yantai．gov．cn）

⑨ 烟台市人民政府《关于加快推进新时代高水平科技强市建设的实施意见》．烟台市政府门户网站（yantai．gov．cn）

推动海洋领域人才集聚相关政策法规。2020 年烟台市人才工作领导小组印发《关于进一步加快人才集聚引领高质量发展的若干措施》，烟台市海洋发展和渔业局组织编制《烟台市现代海洋产业人才发展规划（2021—2025）》，2021 年发布《烟台市加快吸引集聚青年人才来烟就业创业三年行动方案》《2021"就选烟台·青春无忧"青年人才专项招引计划工作方案》，2022 年中共烟台市委、烟台市人民政府印发《烟台市"十四五"青年发展规划》①。上述政策法规为海洋领域招才引智、推动海洋人才队伍建设提供了有力保障。

（三）完善海洋生态文明建设相关政策法规

强化规划引导。2021 年，烟台市自然资源和规划局发布《烟台市自然资源保护与开发"十四五"规划》②，明确推进海洋资源高效利用的工作部署，包括统筹谋划陆域空间、海洋空间利用和海岸带经济布局；全面清理生态红线内的非法围填海及其他工程建设项目；有序发展海洋牧场、生态旅游等海洋新兴业态；因地制宜实施"海上调水"工程即海水淡化和海水直接利用工程。2022 年，烟台市印发《美丽烟台建设战略规划纲要（2021—2035 年)》③，提出了"绿＋""青＋""蓝＋""紫＋""金＋"五色战略构想，其中"蓝＋"战略旨在以长岛海洋生态文明综合试验区建设为先导，打造面向海洋的"两山"建设世界高地。同年，烟台市生态环境局相继印发《烟台市海洋生态环境保护"十四五"规划》④ 和《烟台市"十四五"水生态环境保护规划》⑤。前者明确了建设清洁、绿色、健康、安全、美丽海洋的战略构想，以及"十四五"时期烟台海洋生态环境保护的主要目标、重点任务及保障措施。后者按照"治水、护海、兴城"的思路，以"水源安全污染减排—生态扩容—流量保障—风险防控"为主线，推进全域生态治水，持续改善烟台市水生态环境质量。2023 年 5 月 6 日，烟台市人民政府印发《烟台市碳达峰工作方案》⑥，提出实施能源绿色低碳转型工程、节能降碳增效工程等碳达峰"十大工程"，围绕丁字湾"双碳"智谷、长岛国际零碳生态岛、中国海上风电国际母港等开展碳达峰试点示范行动。

完善地方性法规规章。2020 年 3 月 1 日，《烟台市海岸带保护条例》⑦ 正式施行，在明确界定海岸带范围、确立海岸带综合管理体制部门职责、海岸带保护与利用规划、明确海岸带保护措施及法律措施处罚等方面提供了法律依据，弥补了烟台在海岸带保护地方性法规方面的空白，对烟台海岸带保护具有深远意义。2021 年，《烟台市养马岛生

---

① 中共烟台市委 烟台市人民政府关于印发《烟台市"十四五"青年发展规划》的通知．烟台市政府门户网站（yantai. gov. cn）

② 烟台市"十四五"自然资源保护与开发规划．烟台市政府门户网站（yantai. gov. cn）

③ 美丽烟台建设战略规划纲要（2021—2035 年)．烟台市政府门户网站（yantai. gov. cn）

④ 烟台市海洋生态环境保护"十四五"规划．烟台市政府门户网站（yantai. gov. cn）

⑤ 烟台市"十四五"水生态环境保护规划．烟台市政府门户网站（yantai. gov. cn）

⑥ 烟台市人民政府《关于印发烟台市碳达峰工作方案的通知》．烟台市政府门户网站（yantai. gov. cn）

⑦ 烟台市海岸带保护条例．烟台市政府门户网站（yantai. gov. cn）

态环境保护条例》①和《烟台市芝罘岛生态环境保护条例》②被予以批准。2022年1月21日，山东省第十三届人民代表大会常务委员会第三十三次会议经审查，批准《烟台市海洋牧场管理条例》③，同日烟台市人大常委会发布公告予以公布。该条例共二十五条，主要对严格生态保护措施、安全发展、区域一体化发展、惩处违法行为等四个方面做出明确规定，以地方立法协同项目助力海洋牧场高质量发展。2022年9月21日，山东省第十三届人民代表大会常务委员会第三十八次会议经审查，批准《烟台市海洋生态环境保护条例》④。该条例将海洋生态环境保护工作纳入市、沿海区（市）人民政府环境保护责任目标，实行责任考核评价制度，并从监督管理、生态保护、污染防治、应急管理等方面明确了各相关部门职责。2022年3月1日，《烟台市入海排污口管理办法》⑤正式实施。这是全国首部入海排污口管理地方规章，明确了入海排污口监督管理的责任主体，提出入海排污口分类管理实施办法。

（四）完善海洋开放合作相关政策法规

2021年10月29日，烟台市商务局发布《烟台市"十四五"商务发展规划》⑥，提出拓展与区域全面经济伙伴关系协定（RCEP）成员地方经贸合作，加强与新西兰等国家在海洋经济、海洋港口、能源资源、农产品等领域合作，架起21世纪海上丝绸之路合作的桥梁纽带；加快国际招商产业园建设，以海洋生物等产业为主攻方向，打造全国领先、具有全球影响力的高端产业集聚区；鼓励龙口、招远、莱州等强市发挥产业、科技等综合优势，围绕打造具有国际竞争力的海洋经济聚集区，进一步提高高端制造业和现代服务业外资比重。为支持企业"走出去"参会参展，烟台市商务局发布年度境外市场开拓计划，如2023年2月印发的《烟台市2023年境外市场开拓计划》⑦，明确了展会安排与工作要求，拟重点安排展会项目35个，涉及海洋水产品、海洋装备等海洋领域相关项目。

日韩是烟台对外开放主要市场，围绕与日韩的海洋领域合作，2021年7月20日，烟台市工业和信息化局印发《关于进一步扩大制造业对外开放的建议》⑧，鼓励烟台企业和日韩企业开展双向投资合作，建设海洋特色产业园区。2022年3月3日，烟台市人民政府办公室印发《关于进一步深化与日韩合作的方案》⑨，明确了投资、贸易、园

---

① 烟台：坚持"生态立岛"，建设花园海岛．中国海洋发展研究中心（ouc. edu. cn）

② 烟台市芝罘岛生态环境保护条例．烟台市芝罘区人民政府（zhifu. gov. cn）

③ 烟台市海洋牧场管理条例．烟台市审计局（sjj. yantai. gov. cn）

④ 烟台市海洋生态环境保护条例．烟台市审计局（sjj. yantai. gov. cn）

⑤ 烟台市入海排污口管理办法．烟台市政府门户网站（yantai. gov. cn）

⑥ 烟台市"十四五"商务发展规划．烟台市政府门户网站（yantai. gov. cn）

⑦ 烟台市2023年境外市场开拓计划．烟台市商务局（swj. yantai. gov. cn）

⑧ 关于印发《关于进一步扩大制造业对外开放的意见》的通知．烟台市工业和信息化局（jxw. yantai. gov. cn）

⑨ 烟台市人民政府办公室印发《关于进一步深化与日韩合作的方案》的通知．烟台市政府门户网站（yantai. gov. cn）

区、科技、金融、地方等六方面深化合作重点事项，提出推动海洋经济创新中心建设，引进日韩海洋组织和海洋行业协会分支机构开展重大海洋科技项目联合攻关；鼓励烟台企业和日韩企业开展双向投资合作，建设一批海洋特色产业园区或联合创办海洋经济专区。

第二节　海洋空间治理

（一）陆海统筹谋划国土空间开发格局

2019 年 7 月，烟台市人民政府办公室印发《烟台市国土空间总体规划编制试点工作实施方案》[①]。该实施方案结合试点工作内容，提出八大板块工作任务，其中空间格局板块要求市海洋发展和渔业局、市自然资源和规划局牵头划定海洋功能分区。2021 年 9 月 17 日至 10 月 16 日，烟台市自然资源和规划局对《烟台市国土空间总体规划（2019—2035）（征求意见稿）》公开征求意见[②]。2023 年 4 月 10 日，烟台市自然资源和规划局开展《烟台市国土空间总体规划（2021—2035 年）》社会稳定风险调查工作[③]。2023 年 4 月 16 日，烟台市组织召开《烟台市国土空间总体规划（2021—2035 年）》专家评审论证会。2023 年 10 月 31 日，《烟台市国土空间总体规划（2021—2035 年）》正式获批实施[④]。

《烟台市国土空间总体规划（2021—2035 年）》规划范围为烟台市行政辖区范围内的陆域和管辖海域，其中管辖海域面积 1.16 万平方千米。规划提出建设更具影响力的现代化国际滨海城市，2035 年跃升成为环渤海地区中心城市，2050 年发展成为"一带一路"支点城市，全面建成享誉世界的现代化国际滨海强市。该规划强调要筑牢安全发展的海洋空间基础，优化海洋空间格局。该规划的实施为全面提升烟台市国土空间治理体系和治理能力现代化水平提供了有力保障。

（二）完善海洋空间管控专项规划法规

养殖水域滩涂管控。水域滩涂是海洋开发利用的前沿阵地，是渔业经济发展的重要依托和载体。2020 年，烟台市海洋发展和渔业局印发《烟台市养殖水域滩涂规划（2018—2030 年）》[⑤]，对全市养殖水域滩涂进行了分区规划，规划出禁养区、限养区和养殖区，提出打造四大水产种业集聚区和四大种业基地，对全市"海上粮仓"建设、水

---

　　① 烟台市人民政府办公室关于印发《烟台市国土空间总体规划编制试点工作实施方案》的通知．烟台市政府门户网站（yantai. gov. cn）

　　② 关于向社会公开征求《烟台市国土空间总体规划（2019—2035 年）（征求意见稿）》意见的公告．烟台市自然资源和规划局（gtj. yantai. gov. cn）

　　③ 《烟台市国土空间总体规划（2021—2035 年）》社会稳定风险评估征询意见公告．烟台市政府门户网站（yantai. gov. cn）

　　④ 山东省人民政府关于烟台市国土空间总体规划（2021—2035 年）的批复．山东省人民政府（shandong. gov. cn）

　　⑤ 烟台市养殖水域滩涂规划（2018—2030 年）．烟台市政府门户网站（yantai. gov. cn）

产养殖业转型升级和新旧动能转换具有重要意义。

海岸带保护管控。2020 年 3 月 1 日，由烟台市海洋发展和渔业局牵头起草制定的《烟台市海岸带保护条例》①正式施行，规定对海岸带实行分类保护，将海岸带划分为严格保护区、限制开发区和优化利用区，分别确定功能定位、发展方向和管控要求，确保在最大限度保护海岸带生态功能的同时，节约利用海岸带资源。

"三线一单"生态环境分区管控。2021 年 6 月 24 日，烟台市人民政府印发《烟台市"三线一单"生态环境分区管控方案》②，全市划分优先保护、重点管控和一般管控 3 类环境管控单元，实施分类管控，并建立生态环境准入清单。海域环境管控单元共计 117 个，分为 55 个优先保护单元，主要涵盖海洋生态保护红线、海洋水产种质资源保护区等重要海洋生态功能区；28 个重点管控单元，主要涵盖开发利用强度较高的海域和存在较大风险源的海域；34 个一般管控单元，涵盖除上述海域优先保护、重点管控单元以外的区域。

海域使用权管理。2022 年 9 月 14 日，烟台黄渤海新区管理委员会办公室印发《烟台黄渤海新区海域立体分层确权试点工作实施方案》，将海域空间细分为水面、水体、海床和底土，在不相互排斥的前提下对海域进行设权，包括海域水面使用权、海域水体使用权、海域海床使用权、海域底土使用权以及综合使用权，海域使用权人根据确权类别依法享有该海域使用权③，标志着烟台片区海域空间管理从"平面时代"进入"立体时代"。为规范海域使用权出让行为，保护海域使用权人合法权益，2022 年 8 月 5 日，烟台市海洋发展和渔业局、烟台市财政局印发《烟台市海域使用权招标拍卖挂牌出让管理办法》，进一步规范海域使用权出让行为，全国首创海域使用权"进场交易"模式，并成功入围中国（山东）自由贸易试验区 57 项制度创新成果，在全省复制推广④。

第三节　海洋依法治理

（一）严格执法监督

协同开展"商渔共治 2024"专项行动。强化海警、海事、公安等部门执法协作机制，开展军警民协同执法巡航行动，人防、岸巡、海查、技控高效结合，会同海事部门开展"商渔共治 2024"专项行动。

扎实开展海域海岛执法巡查。实施海域海岛执法监察网格化管理，将全市海岸线划

---

① 《烟台市海岸带保护条例》通过省人大批准．烟台市海洋发展和渔业局（hyj. yantai. gov. cn）

② 烟台市人民政府关于印发烟台市"三线一单"生态环境分区管控方案的通知．烟台市政府门户网站（yantai. gov. cn）

③ 再添全国"首"字标！自贸烟台完成首宗海域立体确权．烟台经济技术开发区（yeda. gov. cn）

④ 烟台市海洋发展和渔业工作会议召开 从"四个方面下功夫"部署 2023 年重点工作任务．烟台市海洋发展和渔业局（hyj. yantai. gov. cn）

分为33处海岸段，7处海岛片区，实行海岸分段、海岛划片、责任到人，以高压态势打击违法用海用岛行为，实现全市围填海"零发案"。加强裕龙炼化等重点用海项目和海上风电、海上光伏等海洋新兴业态执法监管，常态化无人机巡航，构建陆海空天监管网络，全年检查用海项目、重点海域（岸线）、海岛3 875个次，全市用海秩序良好。

严抓伏季休渔执法管理。为做好伏季休渔管理工作，制定《烟台市2024年海洋伏季休渔管理工作实施方案》，明确了休渔时间和范围，细化渔船停港与申报、渔船停靠备案检查执法监督等管理措施。组织开展"渔政亮剑2024"烟台市系列专项执法，持续强化海洋伏季休渔执法管理和违规禁用渔具"清网"行动，共查处休渔期违规渔船242艘，罚款339.4万元，罚没渔获物29 998.96千克，没收违规网具4 287盘（顶），清理海上非法流刺网15万米，伏季休渔管理秩序连年稳定向好。

加强渔业资源增殖放流监管。烟台市海洋发展和渔业局做好水生生物增殖放流任务分配。印发《关于进一步强化全市水生生物增殖放流监督管理工作的通知》，指导各区（市）高度重视《山东省水生生物增殖放流工作导则》宣传和贯彻，加强监管，严格落实渔业行政主管部门监管和苗种供应单位主体责任。

常态化开展水产品质量安全抽检工作。依托烟台市海洋经济研究院建立的山东省水生动物疫病防控区域中心（烟台）多次组织开展国家级、省级、市级水生动物疫病监测工作，从源头上严把水产品质量安全关。烟台市海洋发展和渔业局负责食用水产品从养殖、捕捞等环节到进入批发、零售市场或者生产加工企业前的质量安全监督管理，2024年全年安排水产品质量安全监测1 032批次，合格率99.3%。

其他执法行动。2024年，开展全市"三无"船舶整治提升年行动，查处无证各类"三无"船舶190艘。研究制定渔船重大事故隐患执法检查与重点排查事项"两张清单"，以438艘核载10人以上渔船为重点开展"过筛子"排查，2024年累计查出重大隐患7处。围绕春节两会期间、开捕前后、年终等重点时段，组织县处级领导干部包联督查，积极查改问题隐患，为重点时段安全生产提供坚实保障。

（二）强化法治教育

推动执法队伍知识化、专业化、正规化建设。2024年，烟台市举办全市海洋与渔业行政执法培训班和"队伍大练兵、素质大提升"国防教育训练。其中，执法培训班以推进海洋与渔业行政执法队伍高效能建设、规范化管理、廉政建设为主题，围绕《中华人民共和国行政处罚法》解读、渔政执法管理实务、执法案卷制作、渔业安全生产事故接报与应急处置工作程序、海域海岛执法检查等方面开展专题培训。国防教育训练内容涵盖了队列训练、体能训练、总体国家安全观教育、爱国主义教育等，是着眼于海洋与渔业执法工作大局和干部队伍建设实际作出的重要安排。

积极开展海洋普法活动。2024年5月，烟台市海洋与渔业监督监察支队组织沿海区（市）广泛开展《海域使用管理法》《山东省海域使用管理条例》等法律法规宣传，通告海域使用人不得擅自改变宗海形状。6月，烟台市"海上党旗红"党建联盟主题党日暨 2024 全国放鱼日、世界海洋日、海岸带活动周系列活动在莱山区"耕海 1 号"海上平台举行，扎实开展海洋防灾、普惠保障、安全应急等普法宣传，积极打造海上安全管理服务的"平安港"，法制民主和谐的"幸福港"，共树海洋文明新风尚。11 月，烟台市海洋与渔业监督监察支队在蓬莱区举办"2024 年烟台市水生野生动物保护科普宣传月"活动，广泛宣传《野生动物保护法》，提高广大渔民群众保护野生动物的意识。

第四节　海洋安全治理

（一）强抓海上安全源头治理

强化异地停靠渔船管理。深化以港管船管安全，建立实施船籍港与靠泊港双管机制，为全市渔船逐艘明确母港，实现船港一一对应。结合伏季休渔期管理，要求异地作业渔船归港，落实船舶检验。履行靠泊港监管职责，外省市籍渔船从进港开始纳入辖区渔船防风等安全管理，及时通知天气预警信息并落实防范措施，与辽宁锦州等地市签署执法协作备忘录。根据《烟台市渔船包保责任制实施办法》，建立渔船三级包保责任制，采取定人包船模式，定期与在外停靠渔船联系，督促渔船依法经营。

强化船籍港船舶监管与进出港船舶安全保障。建立健全船籍港船舶管理体系，完善船舶分类分级和信用管理机制。鼓励船舶配备北斗、AIS 等安全设备。加大渔船通导、消防救生设备等安全设施配备力度，推进保暖定位救生衣等配备更新，提升渔船安全适航水平。

加大渔业安全执法检查力度。针对"老破小"渔船，严格渔船检验及安全检查，提升渔船安全水平。组织多部门联合开展"三无"船舶集中整治行动，截至 2024 年底，累计查扣各类"三无"船舶 3 800 余艘，实现"动态清零"。强化伏季休渔期间安全执法监管，严厉打击违规出海捕捞和运输、销售非法渔获物行为。

深入开展渔业安全培训教育。严格落实渔业船员考试发证和持证上岗制度，以安全操作、商渔避碰、警示教育为重点，持续开展渔业船员安全生产培训，2024 年共开展渔业船员培训班 122 期，审核发证 4 636 人。开展"商渔共治 2024"专项行动，严查渔船不遵守避碰规则、"多船一码"、"一码多船"等行为。制作发放各类安全隐患自查项目宣传手册 4 000 余册，督促船东船长对渔船安全进行全面自查，做到"不安全不出海"。

（二）推进海上安全智慧治理

推进烟台市渔船渔港信息化管控平台建设与应用。烟台强力推动渔船渔港信息化管控平台建设，整合港口静态数据和监控、人员、车辆、渔船等动态数据，并加以分析应用，可以为禁渔期管控、违规作业管控、渔船回港调度等提供有效技术支持。在保障渔船及人员安全方面，平台基于海上渔船历史航行数据、渔港地理位置信息和气象轨迹数据，通过多维分析，可以为渔船指挥调度、海上救援等提供决策支撑。

第五节　海洋防灾减灾

（一）完善海洋灾害应急救援预案

海洋灾害总体应急救援预案。为提高全市海洋灾害风险防范与应急处置能力，2022 年 7 月 19 日，烟台市人民政府办公室印发《烟台市海洋灾害应急救援预案》①，确立了由市指挥部指导开展海洋灾害应急处置工作的组织体系，明确了综合协调组、应急救援组等工作组的职责，以及市委宣传部、市发展改革委等 26 个成员单位的职责。预案提出，根据对海洋灾害的评级，经市政府同意，由市指挥部分别启动 I 级、II 级、III 级响应；市应急管理局初判达到一般海洋灾害等级，启动 IV 级响应。之后，各区（市）亦因地制宜修订了本区（市）海洋灾害应急救援预案。

专项海洋灾害应急救援预案。2022 年 7 月，烟台市海洋发展和渔业局相继发布《烟台市赤潮灾害应急预案》② 和《烟台市风暴潮、海浪、海啸和海冰灾害应急预案》③，明确了应急响应标准、启动条件和规范处置流程。2023 年 6 月，烟台市政府印发《烟台市赤潮绿潮综合处置工作方案》，成立市级工作机制，明确了预警监测、综合研判、应急启动机制流程，统一调度协调赤潮绿潮综合处置工作。2024 年，烟台市海洋发展和渔业局编制《2024 年烟台市赤潮、绿潮专项海洋生态预警监测工作方案》④，建立省、市、区（市）联动的灾害预警报告机制。

（二）强化海洋灾害预警监测与信息发布

完善海洋生态灾害预警监测机制。2024 年，烟台市对年度工作目标、工作内容、组织实施、技术支撑、站位布设、监测指标、分析方法、监测频次和信息产品等内容进行部署和安排，建立了省、市、区（市）三级联动的海洋灾害报告机制。

开展赤潮、绿潮专项海洋生态预警监测。2024 年 4 月，烟台市开展了全市赤潮、绿潮海洋生态预警监测工作，共布设海上监测站位 23 个，取得各类监测数据 3 万余组，获取遥感监测信息 22 期，编制赤潮月报 6 期、烟台市市区海域绿藻预警监测情况简报 12 期，圆满完成了全市年度赤潮、绿潮专项海洋生态预警监测任务。

做好海洋预报信息发布。2024 年，通过电视台、广播电台等 8 个渠道做好"烟台市海洋预报"每日信息和海洋灾害警报发布工作。全年共发布海洋预报 366 期，海洋警报信息 118 期，其中发布海冰冰情预报 10 期，海浪警报 86 期，风暴潮警报 22 期，全年海洋预警预报信息发布零误报、零漏报，发布科学，及时准确，为有效应对海洋灾

---

① 烟台市海洋灾害应急救援预案（2022 年修订版）. 烟台市政府门户网站（yantai.gov.cn）
② 烟台市赤潮灾害应急预案. 烟台市政府门户网站（yantai.gov.cn）
③ 烟台市风暴潮、海浪、海啸和海冰灾害应急预案. 烟台市政府门户网站（yantai.gov.cn）
④ 烟台市海洋发展和渔业局 2024 年第一季度政府工作报告重点工作进展情况. 烟台市政府门户网站（yantai.gov.cn）

害，保障烟台海洋强市建设提供了有力的技术支撑。为服务"和美海岛"发展，创新开展"烟台国家级'和美海岛'海洋预报"工作。该项工作是国内首个为"和美海岛"精准定制的海洋预报产品，自然资源部、山东省海洋局均对该工作进行了宣传推广，市委海洋发展委员会、市政府新闻发布会推广了相关经验做法。

（三）科学应用海洋灾害风险普查成果

烟台市聚焦"海洋灾害隐患排查治理，风险监测预警等常态化灾害防治"，推动全市海洋灾害风险普查成果应用实现两个"率先"。2023 年 4 月，《中国自然资源报》刊发题为《烟台推进海洋灾害风险普查成果应用》的文章，对烟台市海洋灾害风险普查成果应用的经验做法进行了宣传推广[①]。

率先将普查成果纳入海洋灾害防治规划编制工作。将普查工作与海洋灾害防治规划编制同步部署、一体推进，整体提升全市海洋防灾减灾规划工作的科学性与全面性。确定了"建成与海洋强市目标相适应，具有烟台特色的海洋灾害防治体系"的总体目标，以及 7 项具体目标和 6 项重点任务。根据普查风险评估成果和全市管辖海域实际，对海洋灾害主要灾种和重要承灾体分区、分级、分类，划定市级风暴潮灾害重点防御区。

率先将普查成果运用至赤潮、绿潮等海洋生态预警监测工作。在省内率先将海洋灾害重点隐患调查中四大类承灾体调查分布数据资料灵活运用至赤潮、绿潮等灾种的海洋生态预警监测中，为全面掌握全市沿海地区赤潮和北部海域绿潮承灾体分布状况，合理选划赤潮高风险区和北部海域绿潮预警监测区，科学研判赤潮、绿潮对海水养殖区、滨海旅游度假区的影响提供了数据支撑和决策依据。

（四）普及海洋防灾减灾知识技能

发挥全国海洋意识教育基地作用，结合世界海洋日等主题宣传日，开展进校园、进社区、进渔村系列科普宣传活动，自然资源部网站等各级媒体给予宣传报道。联合市融媒体中心拍摄完成《"海好有你"——海的脾气我知道》宣传视频，对全市海洋观测预报工作进行全面呈现，在"学习强国"等媒体平台发布，引导社会群众关心海洋、爱护海洋。全年在《自然资源报》《烟台日报》等媒体平台发布新闻宣传稿 10 余篇。

---

① 烟台市海洋发展和渔业局推进海洋灾害风险普查成果应用．烟台市海洋发展和渔业局（hyj. yantai. gov. cn）

第七章

烟台各区（市）海洋发展实践

第一节 芝罘区

芝罘区位于烟台东北部，北部与东部濒临黄海，与辽宁省大连市隔海相望，是渤海之门户。东南与烟台市莱山区接壤，西、西南与福山区，西北与烟台经济技术开发区毗邻，拥有套子湾和芝罘湾两个天然海湾，崆峒岛等41个海岛[①]。全区海岸线长约59.45千米，海域面积约624平方千米。《芝罘区"十四五"海洋经济发展规划》明确了海洋经济高质量发展的总体思路和战略定位。"十四五"期间，通过拓展优化海洋经济空间布局、推动海洋产业高质量发展、实施海洋经济创新工程、打造海洋生态文明新高地等一系列措施，全区海洋事业发展再上新台阶。

（一）海洋经济发展

1. 优化提升传统海洋产业

大力推进水产种业提升项目。组织烟台市崆峒岛实业有限公司申报山东省水产种业领军企业并获得批复，积极推进山东省水产种业领军企业基础设施提升项目和烟台市水产种业提升项目，争取上级资金1 160万元，用于新品种选育、育种车间改建、保种池塘升级改建、生产设施设备和实验室仪器设备配套。项目建设有助于完善育种基地建设，提升育种设施水平和创新能力，促进新品种的选育和研究。目前，烟台市崆峒岛实业有限公司拥有育苗水体3 000立方米，苗种年生产能力在1.2亿尾以上。

进一步升级水产加工业。烟台市海洋发展和渔业局批复了烟台海裕食品有限公司等多家企业申报的水产品初加工和冷藏保鲜设施设备建设项目，争取资金1 500万元，用于设备升级改造。海裕食品有限公司纳入农业国际贸易高质量发展基地管理体系名单。同时，引导水产品加工业集聚发展，推进总投资1.4亿元的海和海洋产业研发科技园项目建设，着力打造集海洋生物博物馆、现代化观光生产车间、科技研发中心、深海产品展示销售中心和冷链物流基地于一体的海洋食品科技产业园[②]。

---

① 自然环境．烟台市芝罘区人民政府（zhifu. gov. cn）
② 聚焦海洋项目招引 担当海洋发展使命．烟台市芝罘区人民政府（zhifu. gov. cn）

提升海洋旅游业品质，构建"两带一核多轴"的滨海旅游发展新格局。围绕北部滨海黄金海岸带，加速海上世界项目文旅板块开发进程与"火车站—烟台山—月亮湾"滨海休闲步道贯通，丰富太平湾沿线海上休闲运动、水上娱乐项目及海上旅游线路，串联崆峒胜境，构建集"船、港、城、游、购、娱"于一体的文商旅集聚区。围绕夹河东岸生态景观带，打造 Blues 幸福湾文商旅综合体和烟台海滨飞翔公园两个新晋网红打卡地，其中 Blues 幸福湾项目主要包括太空舱轻奢营地、滨海娱乐区、沉浸式网红商业区三大主题功能区域，融合了特色民宿、艺术策展、活力运动、网红商业等多元业态。飞翔公园则将航空体育、旅游休闲、文化娱乐三种业态相结合，为游客带来全新的旅游体验。围绕城市发展内核，布局"朝阳街—所城里"城市历史文化中轴与环山路工业遗产带，推动文化、旅游、商业等业态融合发展，点亮芝罘文旅核心夜经济。2024 年，朝阳街、所城里接待游客突破 1 280 万人次，芝罘仙境获评全市唯一省级试点智慧商圈①。

2. 发展壮大海洋新兴产业

打造海洋工程装备产业集群。"十四五"以来，芝罘区海洋工程装备制造业取得了长足发展，已初步形成了以烟台中集来福士海洋工程有限公司为"链主"，以烟台打捞局船厂、烟台宏远氧业有限公司、烟台北海海洋工程技术有限公司等企业为骨干，120 余家企业为配套的高端海洋工程装备产业链。2023 年，烟台中集来福士"深远海上风机安装设施开发""海上浮式能源装备试验场关键技术研发与工程示范"等项目，获得省、市立项支持。2024 年，第四代自升自航式风电安装船"铁建风电 2000"在中集来福士烟台建造基地正式交付，满足了海上风电行业深远海、大兆瓦的趋势，实现了该领域"国船国造国用"的目标②。

推进芝罘湾海洋金融创新实验区项目建设。根据烟台"十四五"发展规划及 2021 烟台金融与产业融合发展大会精神，烟台市委、市政府提出规划建设环芝罘湾金融中心，深化金融供给侧结构性改革，优化金融发展环境，助力实体经济发展。根据烟台市发布的《关于振兴县（区）域经济三年行动方案》，芝罘区是烟台市唯一确定的以现代金融商贸为主导产业的区（市）。在此背景下，芝罘湾海洋金融创新实验区项目正式开工并于 2024 年完成主体封顶，落户国泰人寿、东营银行等金融及类金融机构 13 家，新设立投资基金 10 家，新增基金认缴规模 5 亿元，"一湾一带一中心"金融集聚格局初步形成，金融业增加值占全市比重近 30%，有力推动烟台乃至更广泛区域的金融产业转型和高质量发展，为我国沿海城市海洋金融发展提供范例参考③。

（二）海洋科技创新

搭建海洋科技创新平台。芝罘区高度重视海洋科技创新与成果转化，出台了《芝罘

---

① 烟台市芝罘区人民政府 2024 年政府工作报告（全文）. 烟台市芝罘区人民政府（zhifu. gov. cn）
② 新一代海上风电安装船在山东烟台交付. 央视网（cctv. com）
③ 烟台市芝罘区人民政府 2025 年政府工作报告（全文）. 烟台市芝罘区人民政府（zhifu. gov. cn）

区"十四五"科技创新规划和二〇三五年远景目标纲要》①。在规划指导下，芝罘区相继成立了烟台宏远载人压力舱工程技术研究院、中集来福士海洋工程有限公司技术创新中心、益生种畜禽股份有限公司技术创新中心以及烟台新旧功能转换研究院众创空间等研发机构与技术创新中心，极大促进了全区海洋科技创新与成果转化。

强化海洋人才引进与培养。芝罘区通过制定优惠政策、提供良好工作环境等措施，吸引了大批高层次海洋科技人才来区创新创业。加强与高校、科研院所间的交流合作，与烟台大学、鲁东大学等合作共建海洋人才培养基地和实训基地，为海洋科技人才提供实践锻炼和成长的机会。通过组织各类培训、交流活动等方式，提升区内海洋科技人才业务水平、综合素质和创新能力。

（三）海洋生态文明建设

推动港口绿色转型。烟台港以能源供应零碳化、能源消费电气化、作业模式智能化、运输方式绿色化、资源利用集约化为突破点，统筹生态环保和绿色低碳，加快推进绿色港口"1＋3＋5＋8＋N"85个项目，全力打造"源网荷储"、低碳零碳、生态园林三大示范港，已成为国内首个客滚船舶岸电常态化应用且接电量过千万千瓦时的港口。2024年，"烟台港商品车滚装码头"入选世界一流专业化码头，"商品车转运水平运输自动驾驶"入选交通运输部智能交通先导应用试点，客滚码头成为全国首个岸电接电量超过1 000万千瓦时的港口。烟台港已发展成为我国最大的对非贸易口岸、最大的原油混兑基地、最大的国际商品车中转港及铝矾土进口第一港。

做好海洋生态环境保护顶层设计。"十四五"以来，芝罘区相继出台《烟台市芝罘岛生态环境保护条例》《烟台市芝罘区省级生态文明建设示范区规划（2022—2030年）》等生态环境保护相关政策、法规，为全区海洋生态文明建设和海洋生态环境保护提供指导。2023年，区湾长制办公室制定《烟台市芝罘区2023年"净滩行动"实施方案》，致力于提高海洋综合治理能力、促进人海和谐共处。

第二节　福　山　区

福山区位于烟台市区西部，北临经济技术开发区，南临牟平区，东与芝罘、莱山接壤，西与栖霞、蓬莱毗邻。"十四五"以来，福山区紧紧抓住烟台海洋强市建设战略机遇，依托自身区位优势和产业基础，主动融入海洋开发格局，在海洋科技创新、海洋生态文明建设等领域做出了积极贡献。

（一）海洋经济发展

发展海洋运输业。依托烟台港的港口优势，福山区积极发展海洋运输和物流业，优

---

① 芝罘区"十四五"科技创新规划和二〇三五年远景目标纲要（草案）. 烟台市芝罘区人民政府（zhifu. gov. cn）

化港口布局和功能定位，提升港口服务能力和水平。

加强物流基础设施建设。福山区不断完善物流服务体系，提高物流效率，降低物流成本，为海洋经济发展提供有力的物流保障。

培育海洋新兴产业。依托自身资源优势和产业基础，福山区积极培育海洋生物医药等新兴产业，推动海洋产业结构的优化升级。

打造特色海洋旅游品牌。充分利用福山区的海洋旅游资源，开发特色海洋旅游产品，提升旅游品质和服务水平，打造具有地方特色的海洋旅游品牌。

（二）海洋科技创新

将科技创新视为推动海洋经济发展的核心引擎，通过打造国际招商产业园、临港工业园等高端平台，配套出台系列优惠扶持政策，成功吸引了众多涉海高新技术企业落户。同时，福山区深入实施服务企业专员制度，构建政府与企业之间的桥梁，确保政策红利精准送达，助力企业快速成长。先后与烟台新大洋水产食品有限公司、福宝食品有限公司和嘉特生物技术有限公司等数十家行业领军企业建立了紧密合作，带动区内涉海企业产品结构不断升级，激发了企业自主创新活力，推动了先进生产工艺的广泛应用和科技成果的高效转化。2023 年，福山区成功申报海洋经济示范城市创新发展项目 1 项。

（三）海洋生态文明建设

强化执法监督。通过加强渔业巡查和执法力度，实现对河湖环境的全方位管控，有效遏制了各类破坏生态环境的行为。特别是针对涉渔"三无"船舶，福山区开展清理整治行动，多次组织联合执法，有效维护了渔业生产秩序。

实施生态修复工程。通过增殖放流等措施，逐步恢复生态系统服务功能和生物多样性。2023 年，以"放鱼养水、保护水源"为主题的增殖放流活动在门楼水库成功举办，投放优质鱼苗数十万尾。

加强环保法律法规的宣传和普及工作。2023 年，福山区利用"世界水日""中国水周"等重要节点开展宣传工作，累计发放宣传材料、明白纸 1 000 多份，宣传群众5 000 余人次，居民环保意识得到了显著提升。

第三节　莱 山 区

莱山区位于烟台市中部，黄海之滨，地理位置优越，全区海岸线长 10.5 千米，海域面积 33.33 平方千米，海洋资源得天独厚。《莱山区"十四五"海洋经济发展规划（2021—2025）》提出建成产业结构优化、区域布局合理、海洋科技进步、经济实力强大、竞争能力突出等海洋经济强区建设目标，明确了海洋产业转型跨越、科技创新引领等攻坚任务。在规划引领下，莱山区致力于构建特色鲜明、结构合理的海洋经济产业体系，提高海洋经济创新发展水平，保护海洋生态环境，各项工作取得明显成效。

（一）海洋经济发展

重点发展现代海洋渔业、海洋工程装备制造业、海洋文化旅游业、海洋生物产业、海洋新兴服务业等五大海洋产业，推动海洋产业转型升级和价值链提升。

积极探索海洋渔业、海洋工程装备、海洋生物医药、海洋文化旅游等海洋产业融合发展示范场景。借助烟台海洋品牌，莱山区成功举办 2024 世界海参产业（烟台）博览会暨海洋食材展，展会 3 天时间吸引了 2.75 万人观展，其中专业采购商人数超过 6 000 人，达成意向成交额 3.37 亿元[①]，极大推动了当地海洋渔业发展。以"耕海 1 号"为依托，成功开创"蓝色粮仓＋蓝色文旅"海洋牧场发展新模式，为全国海洋牧场绿色、低碳、融合发展开辟了一条可复制、可推广的新路径。"耕海 1 号"是一个集渔业养殖、海上观光、休闲垂钓等功能于一体的海洋牧场综合体平台。项目总投资 4.2 亿元，分为两期，项目一期投资约 6 700 万元，于 2020 年 7 月正式投入运营。项目二期投资约 3.53 亿元，于 2023 年 4 月 28 日投入运营。平台遵循一二三产业融合发展的运营思路，将渔业养殖、智慧渔业、休闲渔业、科技研发、科普教育等功能有机结合，形成了装备型海洋牧场发展新模式。2024 年，"耕海 1 号"海洋牧场入选第九批国家级海洋牧场和全省旅游公共服务十佳案例，为下一步高水平建设海洋牧场打下坚实的基础。

积极推动海洋经济管理模式创新。首创海洋牧场"一个专班、一项制度、一批规范、一套预案"的管理模式，为全国海洋牧场的科学管理提供了良好的示范样本[②]。

2024 年，因地制宜发展海洋节会等特色活动，举办音雄联盟超级演唱会、沙滩音乐节等多场大型演艺活动，极大促进当地海洋文旅产业发展。

（二）海洋科技创新

深入实施科技兴海战略，积极推动海洋生物医药、海水综合利用等领域技术创新和产学研合作，提升全区海洋科技创新能力。一是建立海洋经济创新示范项目库，积极为创新型企业争取上级资金支持。例如，为山东耕海海洋科技有限公司争取中央绿色发展专项资金，用于海洋牧场项目建设。2023 年，辖区内烟台杰瑞石油装备技术有限公司"海洋升沉补偿主动控制技术与装备研发及产业化项目"、烟台金正环保科技有限公司"金正环保水环境产业园项目" 2 个项目成功入选海洋强省建设重点项目库[③]。2024 年，烟台杰瑞石油装备荣获省长质量奖。二是不遗余力推动产学研合作。莱山区积极加强与中国科学院烟台海岸带研究所、山东省海洋环境与资源研究院、中国农业大学、烟台大学等驻烟科研机构和高校的合作，围绕海洋经济重点领域开展科研攻关，培育具有自主知识产权的科技成果。推动杰瑞环保科技有限公司与烟台大学环境与材料学院联合成立

---

① 2024 世界海参产业（烟台）博览会落幕 达成意向成交额 3.37 亿元. 烟台市商务局（swj. yantai. gov. cn）

② 行走先行区｜"蓝色粮仓" ＋ "蓝色文旅"，"耕海 1 号"打造海洋牧场新模式. 鲁网（baijiahao. baidu. com）

③ 莱山区 2 个项目纳入海洋强省建设重点项目. 莱山区政府网站（ytlaishan. gov. cn）

固废产业研究院，在人才引进培养、新技术拓展、实验平台共享等领域达成全面合作；推动山东恒辉节能技术集团有限公司等骨干企业与中国核工业集团有限公司、中国广核集团有限公司等实现战略合作，共同推进清洁能源和节能环保项目。

（三）海洋生态文明建设

积极探索海洋产业绿色发展模式。莱山区首创海洋牧场"一个专班、一项制度、一批规范、一套预案"管理模式，建成完善的污水处理装置、油污"零排放"和海上风能、太阳能发电模组，打造生产安全、低碳环保的"蓝色车间"①。

大力推动蓝碳先行区建设。蓝碳先行区是莱山区在海洋发展中的一项重要战略举措，旨在通过推动蓝碳增汇技术和产业发展，实现海洋经济绿色低碳转型。2023年6月，蓝碳增汇示范与评估联合研究中心揭牌成立，加快了莱山区蓝碳先行区建设步伐。蓝碳增汇示范与评估联合研究中心由中国海洋大学与山东高速海洋科技有限公司共同成立，致力于在莱山区海域开展海藻生境重建蓝碳增汇工程试点示范建设，通过海藻等海洋生物的固碳作用，提高海洋生态系统的碳汇能力。同时，探究典型海洋生态系统储碳能力测算方法，逐步建立符合蓝碳市场交易平台要求的蓝碳标准计量体系。

第四节　牟　平　区

牟平区位于山东半岛东北部，北临黄海，海岸线长约84.89千米，其中大陆海岸线总长度为61.96千米，岛岸线总长度22.93千米，海域面积约712平方千米，沿海有养马岛、小象岛、獐岛3个岛屿，拥有丰富的海洋资源和得天独厚的自然条件②。《牟平区"十四五"海洋经济发展规划》明确了建设海洋经济强区、仙境海岸文化旅游区的发展定位，提出了加快推进全区海洋领域新旧动能转换、海洋经济规模持续扩大、海洋经济综合实力稳步提升、海洋科技创新能力明显增强等发展目标。在规划指导下，牟平区积极实施海洋经济创新工程，打造海洋生态文明高地，推动海洋经济高质量发展。

（一）海洋经济发展

1. 优化提升传统海洋产业

开展渔业基础设施升级改造。加大对水产品加工和冷藏设施设备、渔船停泊点基础设施、养马岛中心渔港基础设施等投资力度。2024年，投资1 058.9万元推进桁架类大型养殖装备项目，年内已完成20个重力式深水网箱建设。

推动渔港经济区项目建设。推动烟台市首个国家级渔港经济区——牟平国家级沿

① 莱山区首创"4个1"多元监管机制 护航海洋经济高质量发展. 烟台海洋（mp. weixin. qq. com）
② 牟平概况. 牟平区政府网站（muping. gov. cn）

海渔港经济区项目建设，该项目以养马岛中心渔港为承载空间和协同发展纽带，通过实施"四个建设"（智慧渔港、平安渔港、产业渔港、绿色渔港），建成集渔业全产业链和第三产业于一体的现代渔港经济区。项目总投资约 11.06 亿元，其中申请中央财政资金 2 亿元，地方财政配套和社会投资 9.06 亿元。截至 2024 年，项目已投入 12 600 万元，完成了智慧渔港监管平台、西护岸改造、孙家疃休闲渔业码头等主体工程的建设。

推动以海洋牧场为中心的产业融合发展。以海洋牧场高标准建设为抓手，带动旅游、餐饮等产业融合发展。2023 年，山东省养马岛东部海域孔记国家级海洋牧场示范区、山东省烟台养马岛海域银礁国家级海洋牧场示范区入选第八批国家级海洋牧场示范区，为全国海洋牧场建设提供了宝贵经验。孔记国家级海洋牧场示范区是一个集生态保护、资源养护、渔业生产、休闲观光等多种功能于一体的综合性海洋开发区域。该示范区依托烟台养马岛独特的地理位置和丰富的海洋资源，通过科学规划和管理，旨在实现海洋渔业可持续发展和生态环境良性循环。示范区将生态保护放在首位，通过实施严格的海洋生态保护措施，保护海洋生物多样性，维护海洋生态平衡。同时，利用人工鱼礁、海藻场等生态修复手段，为海洋生物提供栖息地和繁殖场所，促进渔业资源自然恢复和增殖。在保护生态环境的前提下，合理布局养殖区域，采用绿色生态养殖模式，提高渔业生产效率和产品质量。此外，示范区结合养马岛的旅游资源，发展海洋牧场休闲观光产业，为游客提供亲近海洋、体验渔文化的场所。

积极推动渔业品牌建设。牟平区开展优质农产品评选工作，确定了刺参、扇贝丁、牡蛎、单环刺螠 4 个优质水产品，积极为烟台经海海洋渔业有限公司金山上寨虹鳟鱼苗种基地项目争取省级财政资金 3 500 万元[①]，在农民丰收节上进行宣传推介。"十四五"以来，积极组织辖区内企业参加在深圳、广州、重庆、长沙、西安等地举办的"好品山东"品牌推介会[②]。组织企业参加 2024 世界海参产业（烟台）博览会，面向国内国际推介区内渔业品牌，打造牟平区特色渔业名片。

2. 培育壮大海洋新兴产业

将生物医药产业作为"一号产业"予以支持，加强生物医药技术研发和成果转化，推动产业向高端化、集群化方向发展。成功举办 2024 医药创新与发展国际会议，现场签约生物医药产业项目 16 个，总投资额达 87.8 亿元，为医药产业发展注入强大动力。牟平新城·国际生命科学城健步成城，成功列为全市生物医药产业链领建园区，已培育涉药企业 505 家。占地 3.2 万平方米、建设总投资 43 亿元的蓝色药谷·生命岛生物医药产业园区快速推进，厂房意向出租率达到 70%，满员满产后可实现产值 260 亿元、利税 46 亿元[③]。截至 2024 年，绿叶制药集团肺癌新药芦比替定获批上市，蓝色药库建

---

① 依海而生 向海而兴 . 烟台日报
② 我区举办 2023 年"农民丰收节"暨牟平优品推介会 . 牟平区政府网站（muping.gov.cn）
③ 牟平区：打造千亿级生物医药产业新引擎 . 大小新闻网（ytcutv.com）

设取得积极进展。

2024 年，山东省首个深远海上风电项目——华能山东半岛北 L 场址海上风电项目启动建设，该项目是目前国内水深最深的海上风电项目，也是山东省离岸最远、单机容量最大的海上风电项目。投产后，预计每年将发出绿电 17 亿千瓦时、节约标煤 49 万吨、减少二氧化碳 135 万吨，增加地方税收 7 000 万元，具有显著的经济、社会和生态环保效益[①]。

（二）海洋科技创新

鼓励海洋科技创新与成果转化。牟平区先后出台一系列政策措施，围绕新一代信息技术、高端装备、先进制造、新能源、新材料、现代高效农业、医养健康、绿色化工、食品深加工等产业，鼓励企业自主或联合高校、科研院所开展重大关键共性技术研发或技术成果引进，提升科技研发能力和水平。围绕生物医药产业人才队伍建设，制定《加快集聚生物医药产业人才的若干措施》，创新医药健康产业人才工作机制，通过探索成立区级人才科技发展集团、率先出台"带编入企"政策、铺设高学历青年人才"一轨双向"成长路径等，集聚高端人才，为生物医药"千亿级"产业培育提供智力支撑。

（三）海洋生态文明建设

着力实施海洋生态修复工程。通过建设人工鱼礁、恢复湿地、增殖放流等方式，积极保护近岸海域生态环境。2021 年以来，牟平区不断加强增殖放流工作监管，确保放流实效，共放流对虾、梭子蟹、褐牙鲆等水生生物苗种近 12.3 亿单位，助力补充和恢复水生生物资源，维护海洋生态平衡。同时，深入推进"互联网＋监管"模式，融合沿海岸边视频监控系统和渔船北斗定位监控系统，对辖区海岸线和海域开展动态监控，对非法占压生态红线和非法占用海域行为进行有效管控，进一步提升辖区海域海岛执法监管效能。对三峡、上海电气、华能等新兴海上风电项目以及养马岛环岛路拓宽改造工程项目、烟霞大街跨海桥梁工程建设项目等重点项目用海进行动态监管巡查，科学开展全过程"提醒式"执法监管工作方式，宣传解读海域管理法律法规和最新用海政策，避免出现违法用海行为。

第五节　蓬　莱　区

蓬莱位于胶东半岛最北端，濒临黄海、渤海，全区海岸线长 73.85 千米，海域面积402.68 平方千米，拥有得天独厚的海洋资源和优越的地理位置，是山东省海洋经济发

---

① 山东首个！电力巨头在烟台再落一子，目标是深远海．凤凰网山东（sd.ifeng.com）

展的重要区域①。"十四五"以来，蓬莱区在海洋经济发展、海洋科技创新、海洋生态文明建设等方面集中发力，全面塑造海洋发展新优势。

（一）海洋经济发展

1. 优化提升传统海洋产业

积极引导海洋渔业向深远海拓展，向绿色高效转型，推动海洋种质、育苗、智慧渔场、休闲渔业、水产品加工贸易等全产业链发展，高水平建设"蓝色粮仓"。聚焦海参产业规范提升，蓬莱区深入实施蓬莱海参地理标志农产品保护工程，2023年组织6家海参企业开展核心生产基地建设，拍摄"蓬莱海参"宣传片，开展"蓬莱海参"品牌推广，推进"蓬莱海参"全产业链标准体系建设，打响"蓬莱海参"品牌。依托蓬莱京鲁渔业有限公司等区内2家远洋渔业企业，逐步形成了远洋渔船建造、远洋捕捞、水产品加工出口全产业链条。2024年蓬莱远洋渔业总产量达1.3万吨，总产值3.15亿元，成为全区海洋渔业经济的重要组成部分。

整合文旅资源，构筑滨海旅游大格局。蓬莱区将丰富的旅游资源与当地特色文化相结合，致力于打造特色鲜明的滨海旅游业。2023年，围绕"东方仙境源地"特色定位，蓬莱区首次提出"大湾区"概念，对标法国戛纳、法国尼斯等著名湾区，旨在打造别具魅力的蓬莱湾②。蓬莱区将滨海近5千米海岸线、4.2平方千米文旅资源进行整合，将蓬莱湾划分为东、中、西三区。其中"中区"以蓬莱阁景区为核心，构建"仙境蓬莱大景区"，"西区"打造"红酒小镇""神仙小镇"，"东区"则延伸至海市公园，形成"三区一体、整体发展"的格局。为进一步吸引游客，蓬莱区打破国有、民营界限，联动蓬莱阁、海洋极地世界、八仙过海、三仙山、欧乐堡梦幻世界等五大景区，设计推出"两天一夜""三天两夜"蓬莱湾景区联票，为游客带来全新的休闲度假体验。2024年，八仙过海旅游区入选国家级夜间文旅消费集聚区，蓬莱阁获评国家文化产业示范基地，全年共接待游客1400万人次，比上年增长7.4%；实现综合收入112亿元，比上年增长3.7%。蓬莱区积极发展当地文化事业，栾家口村入选2024年全国"夏季村晚"示范展示点，成功承办中华文化促进会"八仙传说·全国剪纸艺术精品展"。全年共开展群众文化活动800余场次，公共文化馆年接待72.3万人次③。

2. 培育壮大海洋新兴产业

依托海洋工程装备制造产业基础与地理区位优势，大力发展海上风电产业，以中国北方海上风电国际母港为核心制造先导区打造蓬莱海工产业园。园区遵循"一链三基地"产业规划布局，旨在建设全省首个集风电主机、叶片、塔筒、检验检测、安装运维于一体的风电装备制造全产业链园区，吸引了东方电气风电（山东）有限公司、烟台中

---

① 蓬莱概况. 蓬莱区政府（penglai. gov. cn）
② 对标世界三大湾区 我区致力打造别具魅力的蓬莱湾. 蓬莱区政府（penglai. gov. cn）
③ 关于烟台市蓬莱区2024年国民经济和社会发展计划执行情况与2025年计划草案的报告. 蓬莱区政府（penglai. gov. cn）

集来福士海洋工程有限公司等龙头企业相继落户。园区先后引进韩国现代重工集团、山东送变电工程有限公司海缆基地项目、华能山东半岛北 K 场址海上风电项目等企业或项目；新引进上海电气风电主机、中国钢研海工互联网平台项目，逐步构建起风电产业垂直生态体系。目前园区共有世界 500 强企业 6 家、国企央企 5 家、上市公司 4 家，配套关联企业多达 130 家，覆盖海洋工程、船舶、风电、制氢等多个领域，在 2024 年度山东省特色产业集群综合评价中位列第 8 位。

2024 年，蓬莱区海洋高端化工实现重大突破，总投资 1 260 亿元的万华新材料低碳产业园一期建成投产，是集石化、精细化学品及新材料于一体的全国首个零碳绿色化工园区，成为推动烟台化工产业高端化、绿色化、集群化转型的重要支撑①。

（二）海洋科技创新

围绕海洋工程装备、海上风电、新材料等产业，大力扶持创新型企业发展，推动规模以上企业研发平台建设，引育高层次人才。蓬莱区先后与西安交通大学、中国海洋大学、齐鲁工业大学、四川大学等高校和科研院所对接，引导开展关键领域协同创新与成果转化，全区海洋科技创新能力进一步提升。

（三）海洋生态文明建设

秉持绿色发展理念，推动海洋生态文明建设。2024 年，蓬莱区强化海水养殖污染防治，清理非法养殖设施 159 公顷，升级改造海上养殖环保浮球 20 万个。深化渔港环境综合治理，争取上级资金 400 万元，开展刘家旺停泊点环境整治工程建设。开展增殖放流行动，放流各类苗种 3 172 万单位。强化海洋监察，累计开展海域、海岸线巡查 82 处。扎实开展海洋生态环境监测、海洋生态预警监测、赤潮绿潮综合处置、外来入侵水生动物普查等工作，为海洋可持续发展提供了坚实保障。

第六节　海 阳 市

海阳市位于山东半岛东南部，东邻威海乳山市、牟平区，西接莱阳市，北连栖霞市，南濒黄海，西南隔丁字湾与青岛即墨区相望。全市海岸线长 216 千米，海域面积 1 829 平方千米。《海阳市国民经济和社会发展第十四个五年规划和 2035 年远景目标纲要》中明确提出，要坚定不移地实施进军蓝海战略，全面提升经略海洋水平②。"十四五"期间，全市积极构建现代海洋产业体系，推动海洋科技创新与绿色可持续海洋生态环境建设，经略海洋能力显著提升。

---

① 逐绿向新，烟台三大千亿级绿色化工园区正崛起 . 腾讯新闻（news. qq. com）
② 海阳市国民经济和社会发展第十四个五年规划和 2035 年远景目标纲要 . 海阳市政府（haiyang. gov. cn）

（一）海洋经济发展

1. 优化提升传统海洋产业

一是以海阳牡蛎这一特色水产品为依托，推动海洋渔业高质量发展。2023 年 6 月 21 日，出台《海阳市牡蛎产业高质量发展工作方案》，提出以创建"海阳牡蛎"品牌、提升品牌竞争力为目标，大力推动牡蛎产业新旧动能转换，开展"生产＋加工＋科技＋营销"全产业链开发，实现产业绿色发展和产业深度融合[①]。二是致力于打造生态型海洋牧场，持续推进海洋牧场提档升级。全市已建成省级以上海洋牧场 5 处，其中国家级 2 处、省级 3 处，利用海域面积 3 311 公顷。三是深入实施水产种业提升工程，推进种业提升项目建设，围绕水产种质保护、良种选育、病害防控等关键技术，加强技术合作，形成"育繁推"一体化体系。

2. 培育壮大新兴海洋产业

第一，大力发展清洁能源产业。加速推进海上风电、核电、光伏等清洁能源项目建设，2024 年全市清洁能源发电总装机容量达 541 万千瓦，形成了显著的先发优势和规模优势，其中核电、风电等清洁能源发电装机分别达到 250 万千瓦、193. 26 万千瓦。海上风电方面，主要建成山东半岛南 3 号、4 号风电项目和 V 场址 500 兆瓦项目，总投资 176 亿元，均实现了当年开工、当年投产。截至 2024 年年底，我市海上风电总装机量达 110.32 万千瓦，成为海阳市能源绿色低碳转型的重要推力和构建能源保障网的重要支撑[②]。华能半岛南 4 号海上风电项目于 2021 年 12 月成功全容量并网发电。同时，海阳市积极打造中国北方海上风电装备研发制造高地，成功招引远景能源集团、山东创先新能源重工有限公司、中国中车集团有限公司等先进企业，积极推动本地企业接入产业链，风机、塔筒、钢管架等海上风电装备制造产业链基本形成。

核电方面，2022 年 7 月，海阳核电二期项目正式开工，目前 3、4 号机正在快速建设，计划于 2027 年全面建设投产。作为山东省"十四五"首个开工的核电项目，海阳核电二期项目对改善区域能源结构、保障能源安全、推进山东省核能高质量发展具有重要意义。2023 年，采用具有完全自主知识产权的核能零碳供热技术的"暖核一号"正式投运。2024 年，该工程正式启动第 6 个核能供热季，供热面积近 1 300 万平方米，总供应清洁热量 531 万吉焦。"暖核一号"通过核电机组发电余热的高效利用，将原本排向环境的热量转化为民生所用，能源利用率大幅提升，实现高质量发展与高水平保护统筹推进。2024 年供暖季"暖核一号"节约原煤消耗 48 万吨，减排二氧化碳 88 万吨、二氧化硫 5 676 吨、氮氧化物 5 366 吨，相当于 500 万棵树一年的清洁效益。

渔光互补方面，海阳市在建渔光互补项目 3 个，分别是华能辛安 20 万千瓦渔光互补、锐阳 20 万千瓦渔光互补、融进 20 万千瓦渔光互补项目，目前 3 个项目已并网发电

---

① 海阳市人民政府关于印发海阳市牡蛎产业高质量发展工作方案的通知 . 海阳市政府（haiyang. gov. cn）
② 国家电投山东半岛南 V 场址 500 兆瓦海上风电项目全容量并网 . 中国发展网（china development. com. cn）

36.93 万千瓦。

第二，探索核电与海水淡化融合发展模式。目前，海阳市已建成海水淡化工程项目1 个，为山东核电海水淡化一期工程，采用技术路线成熟可靠的反渗透工艺。一期第一批工程已经投产，规划产能 8 400 吨/天，可满足 1、2 号机组淡水需求。一期第二批工程，同样采用反渗透工艺，规划产能 8 400 吨/天，可满足 3、4 号机组淡水需求。目前，一期第二批海水淡化工程随着核电 3、4 号机组建设正在持续推进。

第三，打造以东方航天港为代表的航空航天产业集群。2021 年 12 月 10 日，九天行歌火箭贮箱产业基地、东方空间"引力一号"商业固体运载火箭总装测试中心、星河动力商业固体运载火箭创新研发制造基地三大项目同步启动，标志着海阳航空航天产业进入快速发展阶段。经过近几年的不断发展，海阳市在海上发射、卫星控制以及火箭制造等方面取得了巨大成绩。2022 年 10 月 7 日，长征十一号固体运载火箭在海阳南部黄海海域成功发射，将两颗试验卫星送入预定轨道，至此，海阳成为国内唯一的海上发射观礼目的地。2024 年，联手李德仁院士团队共建东方航天港研究院，海上卫星发射再创新高。2024 年 12 月 19 日，由东方航天港总装出厂的"谷神星一号"海射型遥四运载火箭，以"一箭四星"方式将天启星座 04 组卫星顺利送入预定轨道。截至 2024 年年底，东方航天港已成功保障我国 14 次海上发射任务，累计将 79 颗卫星送入太空，初步具备常态化海上发射能力。同时，海阳市将航天文化与文旅产业相结合，2023 年 7 月国内单体最大的沉浸式航天科普体验馆正式对外开放。目前，海阳市积极建设国内首个集发射观礼、科普教育、研学营地于一体的大型航天文旅综合体，打造集火箭链、卫星链和文旅链于一体的航空航天产业集群[①]。

（二）海洋科技创新

积极引进和培养海洋科技创新人才。2024 年，海阳市累计推荐 40 余人申报省级以上人才工程，1 人入选国家级重点人才工程，3 人入选省级重点人才工程，实现连续3 年入选国家级、省级重点人才工程，1 家高层次人才创业企业签约落地；累计引进青年人才 3 000 余人，其中硕士及以上学历青年人才 200 余人，引进国际人才 30 余人。

积极推动海洋科技创新载体建设。2024 年，海阳市新增国家级专精特新"小巨人"企业 1 家，省级专精特新中小企业 19 家，目前已累计培育 8 家国家级专精特新"小巨人"企业，省级专精特新中小企业 55 家。山东核电设备制造有限公司荣获第 24 届中国专利优秀奖；山东核电有限公司、海阳文化旅游发展集团入选省级支持高质量发展奖励企业名单。

（三）海洋生态文明建设

高度重视海洋生态环境保护工作。近年来，海阳市相继实施了一系列海洋生态修复

---

① 文旅新探｜山东海阳：航天寻梦之旅．山东新华网（sd. xinhuanet. com）

工程，海洋生态环境质量得到有效改善。2023 年 10 月，以海阳为载体申请的 2024 年烟台市海洋生态保护修复工程申报成功，争取中央财政资金 3 亿元。项目计划完成生态修复面积 137.4 公顷，岸线整治修复长度 20.6 千米。该项目以恢复潟湖湿地和砂质海岸的生态系统结构和功能为主要目标，将以"一湖、两滩、三湾"为总体架构，通过构建连续完整的多层次立体生态屏障，增加区域生态系统的稳定性，提升固碳增汇能力和自然岸线保有率，促进海岸带区域生态、减灾协同增效，实现"水清、岸绿、滩净、湾美"的海洋生态文明建设目标。

第七节　莱　阳　市

莱阳市地处胶东半岛腹地，东临海阳市，西接莱西市，南邻青岛即墨区，北毗栖霞市和招远市，地理位置优越，交通便利，是连接胶东半岛与内陆地区的重要节点[①]。全市海岸线长 30.62 千米，海域面积 17.32 平方千米。"十四五"期间，莱阳市积极推进海洋产业高质量发展，实施海洋经济创新工程，打造生态文明新高地，推动海洋经济成为全市经济社会发展的新动能。

（一）海洋经济发展

1. 优化提升传统海洋产业

加大对海洋渔业、滨海旅游业等传统海洋产业改造升级力度，通过科技创新与模式创新，提高产业附加值和市场竞争力。在水产育苗方面，莱阳市围绕石斑鱼等优良品种苗种培育开展重点攻关，组织山东海洋现代渔业公司等重点苗种企业开展南方优质品种选育和培育，攻关南鱼北养技术。

在海洋文旅方面，莱阳市将当地恐龙古生物资源与数字技术结合，成立史前世界（山东）文旅产业发展集团，建立白垩盛世数字文旅创新产业新城，打造中国首个数字视觉工业体验园和史前世界全数据输出中心，形成"科技＋人文"的特色海洋旅游业态。截至 2024 年，白垩盛世数字文旅创新产业城主博物馆主体部分已建造完成。莱阳市成立文旅产业发展联盟，系统整合景区、餐饮酒店、民宿文创等旅游资源，构建"产业链＋产业集团＋发展联盟"的文旅发展格局，实现了莱阳文化与海洋旅游的跨界融合，打造具有莱阳特色的海洋旅游业[②]。

2. 培育壮大海洋新兴产业

以产业园区建设为载体，推动生物医药产业集聚式发展。2022 年，启动烟台舜康生物科技有限公司医药产业园项目，改善医药产业基础设施条件，目前，项目一期已建设完成。同时，莱阳市积极推动山东盛华新材料科技股份有限公司、烟台中瑞化工有限

---

① 走进莱阳．莱阳市政府门户网站（laiyang.gov.cn）
② 莱阳市举行白垩盛世数字文旅创新产业新城项目新闻发布会．莱阳市政府门户网站（laiyang.gov.cn）

公司等企业创新升级，打造高端原料药绿色承载区和精细化工产业聚集区。

（二）海洋科技创新

采取"走出去＋请进来"的方式，积极推进产学研合作。中国科学院兰州化学物理研究所、山东省农业科学院、烟台中科先进材料与绿色化工产业技术研究院等先后在莱阳开展科技项目攻关。2023年，全市新增产学研合作项目9项，较去年同期增长50%。同时，莱阳积极实施蓝色人才聚集工程，强化海洋科技人才队伍建设，积极引进海洋科技人才，助力当地海洋产业发展。

（三）海洋生态文明建设

坚持绿色发展理念，实施严格的海洋环保政策。近年来，莱阳市注重加强海洋生态环境保护与治理。2023年，开展全市227个海水养殖入海排污口整治质量现场检查，现场检查入海排污口24个，严厉打击海洋污染行为。同时，推进莱阳市连片池塘标准化和尾水升级改造项目建设，助力海洋生态健康发展。

积极开展水生生物资源养护，持续实施增殖放流。2023年，莱阳市放流中国对虾、日本对虾、三疣梭子蟹、海蜇苗种2亿余单位；积极开展水源地、水库和城市水系淡水"放鱼养水"，净化水源地水质，放流鲢鳙、草鱼50万尾。

第八节　栖　霞　市

栖霞市位于胶东半岛腹地，东临牟平区、海阳市，西襟招远市、龙口市，南与莱阳市毗邻，北与福山区、蓬莱区接壤，是烟台市唯一不靠海的内陆县级市。"十四五"以来，栖霞市积极融入烟台海洋强市建设战略，大力发展海洋产业，推动海洋经济实现稳步增长。

（一）海洋经济发展

积极推动渔业现代化发展。一是积极引进并推广先进养殖技术和设备，提高渔业生产效率和产品附加值。二是通过实施水产绿色健康养殖技术推广"五大行动"，以及发展大水面生态养殖、中小水面健康养殖，合理布局渔业生产，促进渔业绿色、健康、高质量发展。三是大力发展淡水种业，培育出官道花园、杨础鹭翔、龙门口水库3家淡水种业基地。2023年，栖霞市协助杨础鹭翔苗种厂引进抗病鱼苗10万尾、抗病草鱼寸片8万尾等养殖新品种进行池塘培育，助力当地淡水种业发展。四是充分发挥栖霞长春湖休闲渔业公园辐射带动作用，积极培育休闲垂钓基地，拓展休闲渔业产业，挖掘新的经济增长点。

（二）海洋生态文明建设

秉持"以鱼净水、以鱼养水"理念，扎实推进渔业资源养护修复工作。除了向从业者推广绿色养殖理念外，栖霞市定期组织实施增殖放流工作，促进养殖水域生态环境持续改善。2023 年，全市向庵里水库、龙门口水库投放大规格草鱼、鲢鳙鱼种 108.71 万尾，极大促进了水域生态环境修复。

第九节　龙 口 市

龙口市位于胶东半岛西北部、渤海湾南岸，毗邻莱州湾、渤海湾、辽东湾和渤海中心渔场。全市海岸线长 90.99 千米，海域面积 1 146 平方千米。"十四五"时期，龙口市全面推进海洋经济转型升级，加强海洋科技创新和海洋生态保护，全市海洋事业发展再上新台阶。

（一）海洋经济发展

1. 优化提升传统海洋产业

海洋牧场建设助力海洋渔业转型升级。龙口市拥有国家级海洋牧场示范创建企业 2个、省级海洋牧场示范创建企业 4 个，人工鱼礁建设单位 3 家，形成了底层海参螺类、中层鱼类、表层扇贝牡蛎的立体化养殖模式，推动了龙口渔业产业由低端养殖向高端增殖方向提升。2024 年，推动海洋牧场升级建设，启动人工鱼礁建设，完成材料运输及礁体制作准备，累计投放 3 万空方礁体。

构建海洋渔业全产业链发展模式。龙口市依托牡蛎协会，实施"牡蛎＋"产业链战略，推动单一牡蛎养殖产业向集养殖、加工、销售、废弃物利用、文化旅游等于一体的全产业链模式迈进。依托龙口佳宝水产食品有限公司、龙口三明水产食品有限公司等渔业企业，做强水产品精深加工产业，帮助企业升级改造冷藏保鲜设备设施，改进水产品加工工艺，提升高附加值产品研发制造能力，推动海洋水产品加工产业链、价值链实现跃升。

2. 培育壮大海洋新兴产业

龙口市聚焦海洋工程装备、海洋生物医药、海洋新材料等战略性新兴产业，加快培育创新能力强、市场活跃度高、配套带动性强的全产业链集群。海洋工程装备领域，2022 年，龙口市中集来福士海洋工程有限公司高级汽车运输船项目正式启动，项目采用绿色清洁的液化天然气作为燃料，能够显著减少污染物排放。2024 年，由中集来福士设计制造的全国首艘电动汽车专用海上运输船——"比亚迪探索者一号"正式交付运营，标志着新能源汽车海上运输新篇章的开启。海洋生物医药领域，2023 年，山东健顺中药饮片有限公司与山东金色海洋生物科技有限公司成功签约[①]，实现了龙口市海洋中药产业发展"零"的突破。海洋化工领域，2024 年，山东省单体投资规模最大的工业项目——裕龙岛炼化一体项目一期建成投产。据估计，年销售收入可达 1 166 亿元，利税 26 亿元。项目全部建成后将实现全省主要污染物排放总量下降，烟台区域内排放

---

① 市海渔局拼招商抢跑"春天里". 龙口市政府（longkou. gov. cn）

总量不增加，助力烟台打造世界一流高端石化化工产业集群。海水淡化领域，2024年全省单体最大的裕龙岛海水淡化工程建成投产。该工程利用裕龙岛炼化项目所产生的余热和电能，制取淡水用于炼化生产用水，实现了工业余热资源化、梯级化再利用。海洋新能源领域，龙口市正加快建成国家石油天然气管网集团有限公司液化天然气（LNG）、中国石化集团公司LNG、华能半岛北海上风电等项目，布局风电、光伏、储能、LNG综合利用等新型业态，打造海洋新能源绿色发展新引擎。此外，龙口市还积极推动齐鲁卫星、华为工业互联网创新中心等项目运行，筹划数字赋能中心、欣博电子视频AI芯片等在谈项目，以数字赋能产业转型升级。

（二）海洋科技创新

强化创新平台等载体建设。龙口市积极推进龙口科学技术创新中心、赛迪科创成果转化中心、北京化工大学烟台研究院等创新平台建设，促进海洋科技创新与成果转化。加强与高校、知名孵化器和科技领军企业合作，推动产业链、创新链的深度融合。2023年，以龙口海洋高新技术产业开发区获批成立为契机，积极打造高端海洋产业协作发展集聚区、特色海洋科技创新引领区。同时，进一步加强科技型企业梯队培育，鼓励企业加大研发投入、开展联合攻关。2024年，新培育涉海高新技术企业及科技型中小企业5家，引进域外海洋科技企业1家，在谈合作1家。

实施蓝色人才集聚工程。龙口市加快实施领军人才、海外人才、基础支撑人才等人才集聚工程，落实泰山学者蓝色产业领军人才团队支撑计划。通过"助才成龙"计划，推动青年发展友好型城市建设，加快龙口国际科创人才港、人力资源产业园建设，吸引更多高层次人才投身海洋事业发展。

（三）海洋生态文明建设

坚持生态优先、绿色发展理念，推动海洋资源与海域空间高效利用。积极开展增殖放流，有效补偿渔业资源。2024年，龙口市累计放流中国对虾1.76多亿尾、三疣梭子蟹2 800多万只、海蜇5 300多万粒，其他褐牙鲆、许氏平鲉、黑鲷等各类鱼类苗种590多万尾。2024年，扎实开展"三无"船舶、违规网具、非法养殖集中清理、伏季休渔、碍航整治等活动，累计没收、拍卖非法渔获物1 800余千克，以扎实有力的执法工作确保海洋生态良好发展。2024年，龙口岸段成功入选省级美丽海湾公示名单，海洋生态文明建设水平持续提升。

第十节　招　远　市

招远市位于山东半岛西北部，东接栖霞市，西靠莱州市，南与莱阳、青岛莱西市接壤，北以龙口为邻，西北濒临渤海，海岸线长14.98千米，浅海（15米等深线以内）面积210平方千米。"十四五"以来，招远市依托海洋资源和地理区位优势，全面推进海洋经济高质量发展、海洋科技创新和海洋生态文明建设。

（一）海洋经济发展

1. 优化提升传统海洋产业

加大对海洋渔业等传统海洋产业的改造升级力度，通过技术创新和模式创新，转换渔业生产方式，提升渔业产业附加值。2023 年，招远市完成了市内大户庄园数字渔业项目，建立了绿色养殖示范基地和数字渔业系统，提高了渔业生产效率，保障了水产品品质与安全性。截至 2023 年底，该项目已放养鲢鱼、草鱼 12 万尾，建设钓位 80 个，并配套了垂钓管理房及相关设备。

强化渔业新品种开发与品牌建设。2023 年，膨腹海马在招远首次试养成功，填补了市内水产养殖空白。招远干贝和盐渍海参 2 个水产品品牌成功入选农业农村部全国名特优新农产品名录，打响了本地水产品品牌，增强了水产品市场竞争力①。

2. 培育壮大海洋新兴产业

依托山东招金膜天有限责任公司、凯米斯物联传感科技有限公司和中国广核集团等龙头企业，招远市积极发展海水淡化、海洋电力等新兴产业。第一，突破海水淡化"卡脖子"技术。2023 年，山东招金膜天有限公司通过产业化关键技术集成开发突破"卡脖子"技术，实现了应用于百万平米级脱盐膜的智能化、连续化生产，建设完成一条精密程度高、信息化功能配套完善、具有行业示范作用的脱盐膜生产线，成功解决了我国海水淡化和分离膜产业的"卡脖子"问题，推动了行业进步。2024 年，持续推进招金膜天脱盐膜环保装置产业化项目，争取中央专项资金 500 万元，助力海水淡化产业链延伸。第二，大力发展海洋环境监测设备生产。持续推进凯米斯物联网智能传感器及海洋监测设备研发生产项目，主要生产包括智慧城市环境感知传感器和大型海洋环境监测集成设备，2023 年生产了各类环境感知传感器 8 万支，生产集成监测设备 1.2 万套和大型海洋监测浮标 200 套。第三，海上发电项目取得快速发展。中广核烟台招远 400 兆瓦海上光伏项目于 2023 年正式开工，是中国首个大规模近海桩基固定式海上光伏项目，2024 年首批 1.2 万千瓦并网发电。该项目在建设过程中取得多项技术突破，一是使用的光伏组件采用国内首款具有完全自主知识产权、适应海洋特殊环境的双面双玻高效单晶异质结组件，发电效率提高 5%以上，技术性能达到国际先进水平；二是配套研发并建造了国内首艘先进智能化海装工程船——"电建海装 001 号"，桩作业施工效率提高 3～4 倍，形成了我国近海光伏建设全新工艺体系。该项目完全建成后预计年平均发电 6.9 亿千瓦时，等效年减少标准煤耗约 2.7 万吨，减排二氧化碳 53.2 万吨，将有效疏解区域环境压力②。该项目的成功实施，标志着我国在海上光伏技术领域取得了重要突

---

① 全省首位，招远市"招远盐渍海参""招远干贝"水产品品牌入选农业农村部全国名特优新农产品名录．齐鲁网（iqilu.com）

② 中交一航局承建的山东招远 400 兆瓦海上光伏项目一标段主体完工．中华建设网（zhjsw.cn）

破，为我国未来大规模海上光伏项目建设提供了可借鉴的经验和技术方案。

（二）海洋科技创新

支持创新主体开展海洋科技创新活动。招远市为山东招金膜天股份有限责任公司等区域内企业从事的海洋科技创新活动提供了有力支持。2023 年，成功帮助招金膜天的科技成果转移转化类项目——"基于'核—壳'石墨烯材料的高通量海水淡化反渗透膜的产业化"，成功入选山东省中央引导地方科技发展资金项目。积极推动产学研合作，支持山东金汇膜科技股份有限公司与哈尔滨工程大学合作开展"海水提铀用 PAN 中空纤维膜的研制开发"等项目。

出台一系列人才政策，促进海洋高端人才集聚。实施"载体培育工程""产业链引才工程""人才服务工程"等，为海洋高质量发展提供坚实的智力支持和人才支撑。

（三）海洋生态文明建设

强化海洋生态保护，持续开展"净滩行动"。招远市通过海上垃圾打捞、滩涂垃圾清理、上岸垃圾处理等，持续改善海洋生态环境质量。

持续加强海洋保护区建设。加快推进招远砂质黄金海岸国家级海洋公园规范管理能力提升，在保护区边界设置界碑 2 座，界桩 8 个，建设 80 余平方米监控中心一处，建立并完善了以海、陆巡查为基础，岸基高空监控监视为辅助的监督监察体系。

积极开展海洋生态修复。2024 年，完成 2 740.38 万头海蜇苗、1 009.353 6 万只三疣梭子蟹稚蟹、10.83 万尾半滑舌鳎苗种的放流，助力海洋生态修复。

第十一节　莱　州　市

莱州位于胶州半岛西北部，西邻渤海莱州湾，全市海岸线长 108 千米，海域面积1 900 平方千米，具有丰富的文化遗产与旅游资源①。"十四五"期间，莱州市将海洋经济作为高质量发展的核心引擎，持续优化海洋经济结构，推动海洋科技创新与海洋生态文明建设，推动海洋事业迈向新台阶。

（一）海洋经济发展

1. 优化提升传统海洋产业

加大水产良种选育和推广应用力度，建设我国北方重要的水产健康苗种供应基地。2022 年 2 月 17 日，山东海洋集团与莱州明波水产有限公司共同投资建设的中国北方海洋种业繁育基地正式成立，项目投资 10 亿元，用于建设数字型工厂化育养车间，实现

---

① 走进莱州．莱州市政府（laizhou.gov.cn）

海水鱼、海参、蛤蜊育繁养全产业链发展①。2023年，莱州市引进山东种业海之春贝类全产业链项目，建设现代化贝类育种育苗基地和藻类培育车间，全面提升贝类新品种培育和扩繁能力，推动贝类养殖业健康发展。2024年，全省渔业高质量发展现场会在莱州召开，为未来渔业发展指明了方向。

支持莱州港做大做强，持续完善港口基础设施建设，提升综合服务能力，积极推进港产城融合发展。"十四五"以来，完成莱州港5♯、6♯泊位改造工程，增加了集装箱装卸业务；推进13♯泊位陆域形成工程开工，为7万吨级泊位建设奠定基础；顺利实施4.8万立方米化工品储罐工程建设，增加仓储规模；完成散货堆场围堰工程，增加土地储备约120亩；拟投资5.7亿元，新建烟台港莱州港区疏港铁路项目，以丰富港口集疏运功能，降低疏港成本，提升莱州港综合竞争能力。此外，莱州市推动"以港兴城、以港兴产"融合发展，为临港临电产业园的高质量发展提供了强有力的港口枢纽支撑。

2. 培育壮大海洋新兴产业

积极融入烟台打造"中国海工装备名城"战略。近些年，莱州市加强与国内外知名企业、研发机构的合作，重点发展大功率船舶高性能配件、电力及井下作业装备等海洋工程装备产业，提升产业整体竞争力。依托明波水产有限公司的"蓝钻一号"和"蓝钻二号"生态围栏，布局深水网箱，实施管桩围网技术输出，正在努力将明波国家级海洋牧场打造成为国家级海工装备海洋牧场。

积极探索海洋牧场与海上风电融合发展模式。2022年，全国首个"海上风电＋海洋牧场"融合发展项目在莱州正式并网发电，成为我国"蓝色能源＋海上粮仓"的模式典范，为集中集约用海提供了新的发展模式②。该项目利用海上风电与海洋生物养殖的资源互补性实现海域的立体式开发，在海上风电设施下方和周围区域布置网箱、人工礁石等海洋牧场设施，实现海洋利用和生态修复的双重目标。目前，该项目已实现海上发电、海参养殖等业务，后续将开发海肠养殖及海产品加工、海水淡化、制氢等全产业链发展模式。

（二）海洋科技创新

通过强化产学研合作、引进国内外行业领军企业和高成长性企业、培育创新载体等，莱州市实现了创新驱动多点开花，海洋科技创新能力不断增强。

积极推动产学研合作。2023年，莱州市新成立"中国海洋大学牡蛎科技小院（国家级）""山东省海洋资源与环境研究科研基地"等多个产学研合作平台，搭建"引人才、聚人才、用人才、培人才"载体。举办"情系莱州共谋发展"高端专家人才莱州行——海洋种业产业研讨会，邀请来自全国范围科研院所及企业的30余名专家开展技术交流和产学研对接，为莱州持续发展海洋种业优势提供了智力保障。

---

① 莱州市现代渔业产业园：打造全国最大水产种苗繁育中心. 烟台日报（ytcutv.com）
② 我国首个"海上风电＋海洋牧场"全年上网电量将超10亿千瓦时. 新华网（xinhuanet.com）

强化创新平台和载体建设。截至 2024 年，莱州共有国家专精特新"小巨人"企业 13 家、国家知识产权示范企业 1 家、国家高新技术企业 124 家，新增省级专精特新企业 45 家（其中新申报 37 家，复核 8 家）、瞪羚企业 11 家（其中新申报 10 家，复核 1 家）、创新型中小企业 75 家，培育省级"一企一技术"研发中心、企业技术中心 5 家，成立全省首家县级知识产权服务业协会工作站。

（三）海洋生态文明建设

推动能源绿色转型。2023 年，莱州大型盐碱滩涂光储一体化项目正式开工，为海洋资源的开发与保护提供了良好范例。作为集光伏发电、储能技术于一体的创新能源项目，该项目旨在利用盐碱滩涂地资源，推动新能源产业发展。项目采用分块发电、集中并网方案，以及光储融合技术，可有效提升新能源项目参与电网的调峰能力。同时，该项目探索出了水上光伏发电、水面蒸发制卤、水下水产养殖的"盐光互补"新型复合产业模式，实现了生态产品价值的最大化。2024 年，该项目首批 300 兆瓦正式并网发电。项目全容量并网发电后，预计每年可为电网提供清洁电能 10.04 亿千瓦时，等效减少标准煤耗约 31.59 万吨、减排二氧化碳约 56.61 万吨、减排二氧化硫约 160.57 吨，减排氮氧化物约 179.63 吨，同时可节约用水，减少灰渣等废弃物排放，节能减排效益显著[①]。加强三山岛渔业资源保护区、莱州梭子蟹种质资源保护区建设，实施渔业资源增殖放流行动。2023 年，莱州共争取上级资金 1 400 万元，放流中国对虾、海蜇、梭子蟹、斑石鲷、黄姑鱼、许氏平鲉、黑鲷等苗种 5.2 亿尾，海洋生态承载力和资源可持续利用能力显著增强。2024 年，莱州成功获批国家海洋生态保护修复项目，争取中央财政资金 3 亿元。

第十二节　黄渤海新区

烟台黄渤海新区（以下简称"新区"）是山东省四个省级新区之一，位于黄渤海交界处，陆域面积近 500 平方千米，海域面积 948.68 平方千米。作为国家级经开区、自贸试验区等战略的叠加区域，新区致力于打造面向东北亚的高水平开放战略枢纽、海洋强省示范区和国家高端装备制造基地，是烟台市乃至山东省经济发展的重要引擎。自 2021 年 12 月新区成立以来，作为海洋经济发展的前沿阵地，新区积极把握时代机遇，以创新驱动为核心，以绿色发展为导向，全面推进海洋经济转型升级。

（一）海洋经济发展

1. 优化提升传统海洋产业

推动传统海洋渔业现代化、生态化、智能化转型。新区积极响应《烟台市海洋牧

---

① 这个"盐光互补"项目，并网发电. 腾讯新闻（news.qq.com）

场"百箱计划"项目三年行动方案》，支持深远海智能网箱、大型养殖工船等现代化养殖设施建设。2023 年，烟台经海海洋渔业有限公司投入运营智能养殖网箱 8 座，目前已建成 1 艘亚洲最大饲料船、3 艘国内最先进的活鱼运输船、1 个陆基配套中转基地、20 个标粗联排网箱与 8 个大网箱配合联动，形成了"一粒卵、一条鱼、一个网箱、一支全产业链"的陆海统筹模式，实现了批量稳定出鱼，引领了全国深远海养殖浪潮。

大力发展蓝色种业。2022 年，新区出台《烟台八角湾海洋经济创新区规划》，提出打造全国首家以蓝色种业为特色、以海洋科创为引擎、以海洋新兴产业为主攻方向的国家级海洋经济高质量发展示范区。在规划指引下，新区积极采取措施，助力区内水产种业优化布局与转型升级。2023 年，新区积极推进山东自贸试验区烟台片区与海南三亚崖州湾科技城合作，打造"南鱼北育"高质量发展服务体系，重点攻关刺参、石斑鱼、海湾扇贝等适宜区域性养殖、具有高经济价值及附加值的水产优良品种。先后组织两批次赴海南崖州湾科技城考察，推动双方水产种业合作和海洋领域联动创新，深化"南繁北育"种业创新格局。同时，谋划启动中国海水鱼（北方）活体种质资源库，助力新区水产种业高质量发展。2024 年区内企业成功培育出国家级水产新品种海参"安源 2号"，进一步擦亮"烟台海参"金字招牌。

2. 培育壮大海洋新兴产业

新区成立以来，聚焦海洋生物医药、海洋高端装备等新兴产业，引进和培育一批具有核心竞争力的企业，形成了新的经济增长点。

推动海洋生物医药产业集群化创新发展。2021 年以来，新区规划并推进烟台国际生物药谷等项目入园发展，按照"协同联动、集约集聚、特色发展"的布局原则，采用特色"园中园"模式，引导荣昌生物制药（烟台）有限公司、烟台东诚药业集团股份有限公司、烟台正海生物科技股份有限公司等多家生物医药企业形成集群效应。截至2023 年，新区已构建起"孵化—研发—服务—加速—产业化"全产业链模式，包括卡力（烟台）农业发展有限公司、宝源生物有限公司等在内的一大批海洋生物企业正在快速成长，医药研发能力不断提升[①]。

提升海洋工程装备制造产业集群发展水平。海洋工程装备制造产业是新区现代海洋产业体系的重要组成部分，目前已形成了以中集来福士、中柏京鲁船业、巨涛重工、大金重工等企业为龙头的极具竞争力的产业集群。2022 年，包括烟台冰轮低碳能源装备产业园项目、美瑞新材料年产 20 万吨弹性体一体化项目等多个海工装备重点项目启动[②]。同年，空天海装备智造项目规划启动，集中布局智能装备制造能力中心、大型构件制造及总装产业园等公共服务中心，形成了完整的产业链和生态体系[③]。2023 年，山

---

① 强信心 稳经济 促发展 | 生物医药"园中园"释放集群效应.烟台经济技术开发区（yeda.gov.cn）
② 收官 2023，冲刺 2024！烟台黄渤海新区重点项目加速推进中.烟台经济技术开发区（yeda.gov.cn）
③ 聚焦"空天海"，烟台黄渤海新区"三航产业"蓄势待发！.澎湃新闻（thepaper.cn）

东海洋集团"蓝鲲01"1 500吨全新一代自升自航式一体化海上风电安装平台顺利完成航行试验，新区海洋工程装备制造实力不断增强。

（二）海洋科技创新

通过搭建研究开放平台、建立海洋科技创新中心、支持企业与高校开展产学研合作等方式，新区积极推动区内海洋科技创新，促进科技成果向现实生产力转化。2021年以来，新区积极搭建烟台经海蓝色种业研究院、安源海参产业研究院等开放式研发平台。2023年，新区与中国水产科学院黄海水产研究所在渔业领域开展了全面战略合作。2023年，顺利推进海头科创中心项目施工，项目8栋单体于2月15日全部封顶。2024年，中国海水鱼（北方）活体种质资源库等重点项目落地，助力海洋科技创新。构建全方位、多层次的科技创新生态体系，联合中国科学院、北京大学、清华大学、哈尔滨工程大学等高校共建重大科研平台46家[①]。2024年，北京大学—万华化学联合研究中心科研大楼顺利投用，北大石墨烯应用实验室正式入驻，多个科研项目加快推进，推动产学研合作取得新进展。中国教育集团黄渤海科教园区项目于2023年正式开工，预计建成投用后可入驻学生20 000名、教师员工约1 100名。

（三）海洋生态文明建设

围绕海洋生物资源养护、生态修复、产业绿色转型等，新区采取有力措施，推动海洋生态环境可持续发展。

创新海洋生物资源养护模式。全国首创海洋生物资源"生态链式"养护模式，《多方联动构筑海洋生物资源"大养护"格局》作为全省唯一案例入选国务院自由贸易试验区部际联席会议第四批"最佳实践案例"。先后成功举办中韩联合增殖放流、第六届烟台海洋放鱼日等公益活动。主动对标《全面与进步跨太平洋伙伴关系协定》CPTPP等国际最高标准，在全国率先探索推行海洋渔业非法捕捞"一体化"管控机制，形成了全口径防范和打击非法捕捞的有效模式。

海洋生态修复成效显著。2023年，新区通过开展蓝色海湾整治修复工程、滨海湿地生态修复项目等，整治修复岸线9 700米、新增修复海滨护岸4 000米、木栈道3 362米。2023年，八角湾入选"全国美丽海湾"优秀案例，并获评国家级旅游度假区。

积极推动海洋产业绿色低碳转型。新区首创大气污染物排放和碳排放一体化清单，实现了"三线一单"和"减污降碳"的有机结合，推动区内企业低碳发展。作为区内高端化工新材料产业的龙头企业，万华化工秉持"绿色化工"理念，打造"三不见"的绿色生态化工园区，积极运用低碳环保技术改进生产工艺，降低能源消耗与污染物排放强度，推出能源清洁低碳利用的"万华模式"，促进化工产业绿色低碳转型。

---

① 北大！万华！联合科研大楼正式启用. 搜狐（sohu.com）

第十三节　烟台市高新区

烟台市高新技术产业开发区（以下简称"高新区"）成立于 1990 年，初期与莱山区合署，2008 年 12 月单独设区，2010 年 9 月升级为国家级高新区，涵盖核心区和莱山凤凰园、芝罘卧龙园、芝罘只楚园、福山高新园"一区四园"。它拥有诸多国家级和省级荣誉称号，是山东半岛国家自主创新示范区等的核心载体之一。其海岸线长约 13 千米，管辖海域面积 47.78 平方千米。

（一）聚焦总部引进，提升海洋经济竞争力

烟台市高新区出台鼓励总部经济发展扶持政策，积极引进具有引领性的海洋总部经济项目。烟台中集来福士海洋科技集团由中集集团联合烟台国丰集团合资成立，在全球布局多个研发设计院、建造基地和海外办事处，业务涵盖六大领域，交付了众多知名海洋工程装备，作为"链主"吸引了大批上下游企业，带动了烟台和全省海工装备产业产值增长。山东海洋现代渔业有限公司是省属大型国有企业全资子公司，布局多个海洋经济领域，建有协同创新中心，拥有多个海洋牧场示范区和荣誉称号，其打造的"耕海1 号"开创了"蓝色粮仓＋蓝色文旅"发展模式。

（二）深耕海洋科技创新，筑牢海洋经济核心竞争力

积极引进与培育涉海科研机构和创新平台。2023 年，高新区建设"中俄海工增材制造产业技术创新中心"等联合创新平台 3 个，举办船舶新能源动力技术论坛等学术交流活动 6 场。在高新区管委的促成下，区内企业与俄罗斯专家签订院士工作站合作协议，进一步加强在天然植物染色等方面的项目合作与技术攻关。2024 年，全区新增市级以上科技企业孵化载体 3 家，其中国家级 1 家、省级 2 家。在成果转化与人才培养引进方面，2023 年依托山东海洋工程装备及材料创新创业共同体，完成成果引进和转化3 项；引进院士 1 人，依托项目培养引进高技术人才 3 人，成为推动高新区海洋经济发展的重要力量。截至 2024 年，高新区先后被认定为国家创新人才培养示范基地、国家专利质押融资试点园区、国家知识产权示范园区、国家知识产权强国建设试点园区、国家"海智计划"工作基地、省级双创示范基地、省级创新创业区域试点、省专利技术转移转化试点园区、省人才工作先进单位、省专家服务基地。

（三）打造三大载体，培育海洋经济新质生产力

聚焦海洋生物医药、海洋渔业、海洋新能源等产业赛道，打造"孵化、数智、实证"三大载体，加快形成新质生产力，培育海洋经济发展新动能。一是聚焦海洋生物医药赛道，打造"山东国际生物科技园"孵化载体。《烟台高新区国民经济和社会发展第十四个五年规划和 2035 年远景目标纲要》明确指出，全力打造"生物医药和大健康、

航空航天和电子信息、智能制造和海洋经济"三大特色主导产业,加快发展以数字经济为重点的现代服务业,形成高新区"3+1"现代产业体系。在规划指导下,高新区将生物医药产业作为特色产业予以强力推动,与绿叶生命科学集团合作打造的山东国际生物科技园,政企联合投资建设公共技术服务平台,开放共享仪器设备,帮助企业开展临床前药物研发检测分析。区内集聚了中国科学院上海药物研究所烟台分所、山东国际生物科技园、烟台医药与健康公共技术服务平台等创新创业平台,培育了绿叶制药、赛纯生物、派诺生物等 20 余家骨干企业,在研品种 30 余个,形成了丰富的产业体系,孵化出的企业研发出填补国内空白的产品。2023 年 8 月,高新区 IVD 医疗器械产业园正式开工建设,致力于打造专注体外诊断医疗设备生产研发的百亿级专业园区。二是聚焦海洋渔业赛道,打造"九仙云海洋渔业数据服务平台"数智载体。依托海洋牧场设备传感器远程采集数据,存储数据达 50TB,实现大数据计算,并推进新一代信息技术应用,为多领域提供服务,推动数据要素转化。三是聚焦海上新能源赛道,打造全国首个海上浮式光伏实证基地。全国首个海上浮式光伏实证基地,由中集集光海洋科技烟台有限公司与国家太阳能光伏产品质量检验检测中心共同创建,可对多项数据和关键因素进行综合论证。国内首个 500 兆瓦海上浮式光伏实证平台正式投用,可以克服风、浪、流的循环载荷和高盐雾复杂海上工况,可对水位、结构受力等数十项数据和光伏平台项目的发电效率、新材料防腐性等关键因素进行综合论证,标志着我国在海上光伏实证领域实现了"从无到有"的重要突破,为国内海上漂浮式光伏发电提供技术示范和行业标准。

（四）布局三大平台,激发海洋经济创新源动力

发挥国家高新区创新资源富集的优势,打造科技创新、产权交易、人才培育三大平台,打通"产学研用"全过程创新生态链,全面提升海洋科技创新能力、企业创新主体地位和创新人才集聚度,加快创建海洋经济科技创新高地。一是布局创新平台,打造山东省海洋工程装备及材料创新创业共同体。由中集海洋工程研究院牵头,联合 56 家单位组建,围绕海工装备等领域开展攻关,已取得多项成果,建设多个产业创新平台。由中集海洋工程研究院牵头,联合省内外 56 家"政产研学金服用"要素单位共同组建,以海工装备产业为载体,构建以政策为指导、以产学研为核心、以技术创新为牵引、以金融资本为促进的产业发展共同体,打造全国海洋工程装备及材料产业创新制高点和技术策源地。2022 年 12 月正式获批以来,已围绕海洋工程装备研发、关键设备及系统研制、海工用新材料开发及应用等开展攻关,启动项目 4 个,孵化科技型企业 2 家,实现重大成果转化及产业化 3 项,建设产业创新平台 4 个,另有 5 个项目正在进行技术层面攻关。二是布局产权交易平台,引进山东海洋产权交易中心。该中心是经山东省人民政府批复、由省海洋局牵头成立的全国首家省级海洋产权交易机构,在全国首创海域使用权"进场交易"模式,海域交易规模全国领先,作为起草单位制定了全国首个省级海洋产权交易服务地方标准——《海域使用权交易服务规范》,填补了海域使用权交易标准化建设方面的空白,在服务海洋管理体制创新、推进海洋资源市场化配置等方面发挥了

重要作用。截至目前，已完成烟台、威海、东营、滨州、青岛等多个沿海地市 700 余宗、总面积 180 余万亩的海域使用权市场化出让项目，为各级财政实现增收 1.7 亿多元，有力推动了山东省海域市场化配置专项改革任务落地，挖掘出海域作为稀缺资源的真正价值。三是布局人才培育平台，组建烟台市海洋工程产教融合共同体。联合国家"双高计划"院校烟台职业学院、中集来福士，组建烟台高新区产教联合体和烟台市海洋工程产教融合共同体，并以此为基础，同步成立烟台市海洋工程产业学院，打造山东省海洋工程技能人才培养基地，搭建起合作交流的高位平台，在更深层次上推动教育和产业互补互融、共生共长，构建起"产业赋能教育、教育培养人才、人才支撑产业"的海洋经济产教融合循环生态链。同时，成功获批开展船舶与海洋工程装备技术工程技术人才职称评审资格，成为山东省首批、烟台市唯一获得授权组织开展特色专业职称评审工作的单位，有效引导优秀专业技术人才向海洋经济流动，目前集聚海洋领域高层次人才 1 000 余人，为烟台市乃至全省海洋经济发展提供强大的智力支持。

（五）守护三大防线，增强海洋生态文明建设力

秉持"生态优先，绿色发展"理念，强化海洋污染防治与海洋生态保护，推动海洋可持续发展。一是严守海洋资源可持续利用防线。严格落实相关文件要求，印发《烟台高新区全面实行湾长制工作方案》，完善湾长制体系，开展滩涂垃圾清理、上岸垃圾处理等工作，各级湾长累计巡湾 900 多千米，整改问题 40 余处，促进重点海域环境整治。二是筑牢海洋污染防治防线。加强入海排污口溯源整治，扎实做好入海排污口排查整治工作，对全区入海排污口按照排口类型、污染物属性、责任主体等要素，分级分类动态管理。印发净滩行动方案，开展"仙境海岸·海好有你"等主题净滩行动。烟台高新区自然岸线保有率达到 73%，近岸海域水质优良面积比例为 100%，海湾洁净状况为清洁，入海排污口整治完成率为 100%，入海河流断面水质达标率为 100%，工作扎实，成效显著，为成功入选"亲海怡人"型省级美丽海湾（烟台四十里湾）打下坚实基础。三是巩固海洋生态系统保护防线。烟台高新区自启动渔业资源修复行动以来，累计开展增殖放流活动 30 余次，增殖各类鱼苗 1 114.87 万尾，有效改善了辖区水域生态环境。

第十四节　长岛综试区

长岛海洋生态文明综合试验区（简称"长岛综试区"）于 2018 年正式设立，位于胶东、辽东半岛之间，包括长岛 151 个岛屿和所属海域。长岛综试区地处环渤海经济圈的连接带，100 多个岛屿南北纵列于渤海海峡，南距蓬莱 7 千米，北距旅顺 42 千米，海域面积 3 290.89 平方千米。"十四五"期间，长岛综试区按照"陆海统筹、生态优先、错位发展、区域协同"的发展思路，努力构建"一核引领、两翼突破、七湾联动"的海洋高质量发展新格局。

（一）海洋经济发展

发展深远海养殖业，建设海上粮仓。2021年以来，长岛综试区积极实施"百箱计划"，引进烟台经海海洋渔业有限公司与本地企业进行良性竞争，推出"牧场＋渔户"接力养殖链模式，开展从个体小网箱到"经海系列"智能大网箱的接力养殖。截至2024年，长岛综试区陆续投放包括"经海"系列网箱在内的深海智能网箱13座、海洋牧场多功能平台5座，下水首座5G全景海洋牧场应用深远海智能网箱，建设了集多种养殖类型于一体的深远海养殖渔场，创造出"陆海接力""大渔带小渔"等模式。2024年，长岛南北隍城海域经海海洋牧场成功入选第九批国家级海洋牧场。2023年12月17日，山东省政府正式批复设立山东长岛"蓝色粮仓"海洋经济开发区，标志着全国首个海上经济开发区正式成立。长岛"蓝色粮仓"海洋经济开发区按照"1＋N"进行产业布局，旨在依托行业优质企业，建立种苗繁育基地、加工物流基地、养殖装备制造基地，带动形成海工装备制造及水产加工、水产种业及科创等产业聚集区，打造种苗培育、养殖生产、加工流通、装备制造、海上旅游等全产业生态，推动海洋经济转型升级。其中，"1"即海上养殖区，"N"即种苗繁育、加工物流、养殖装备制造等多个产业配套基地。长岛"蓝色粮仓"海洋经济开发区的设立，将引领长岛综试区海洋渔业向规模化、工程化、智慧化、绿色化和高值化发展。

创新旅游产品，推动旅游产业应势突破、强劲复苏。长岛综试区将海岛旅游产业作为提振消费、复苏经济的增长点，精心策划、创新产品、丰富活动。2020年以来，长岛综试区全力推进"渔家乐·民宿"提升，通过发放奖补资金、提供贴息贷款等方式，成功打造200余户独具海岛特色、硬件设施一流的精品示范户和2个省级旅游民宿集聚区。同时，通过整合海上优质资源，推出首艘胶东"红船"和国内首个"渤海列岛游"海上观光产品。2023年，加强顶层设计，加快推进旅游岛链建设，在继续提升南北长山旅游服务能力的同时，加快推进"北五岛"和"西三岛"旅游开发，全力把长岛建设成为烟台市海洋旅游发展先行区和新时代"海上仙山·生态长岛"。先后推出南长山街道"渔歌唱晚"乡村游项目、大钦岛乡海带文化游项目、北隍城乡艺术奇礁文化游项目、砣矶石韵文化游项目、北隍城乡乡村记忆文化游项目等8条精品旅游线路，举办"梦寻仙山"行浸式夜游项目、"长岛渔号"非遗演艺项目、"万鸟岛·海上鸥游"活动、"2023长岛渔号马拉松"活动、北方海岛音乐节等数十场文旅体活动，全力推动文旅产业融合发展。

（二）海洋科技创新

积极实施创新驱动发展战略，加强海洋科技创新平台建设。依托烟台市海洋经济研究院、海洋牧场产业技术创新战略联盟等科研创新平台，长岛综试区在岛礁渔业环境监测、水产病害疫情监控、碳汇研发等多领域不断加强与高校、科研院所的合作交流，推动产学研深度融合。2022年5月，长岛综试区与山东高速海洋科技有限公司、中国海洋大学水产学院共同成立长岛海洋碳汇创新研发实验基地，旨在加快零碳生态岛建设、海洋资源、贝类碳汇、渔业碳汇、零碳旅游、绿色能源、蓝碳交易等方面的研究突破[①]。

（三）海洋生态文明建设

海洋生态保护与修复取得阶段性成就。长岛综试区始终坚持生态优先、绿色发展理念，加强海洋生态保护修复工作。截至 2023 年，海洋生态保护修复项目建设完工，累计修复海草床、海藻场 11.68 公顷，整治修复岸线 2.26 千米，修复受损岛体 11.59 万平方米，岛体植被修复面积 18.87 万平方米，修复海岛 8 个，切实改善区内海洋生态环境质量。长岛综试区注重发挥人工鱼礁的生态修复效能，努力改善海域生态环境。2023 年山东省烟台砣矶岛东部海域天安国家级海洋牧场示范区人工鱼礁建设项目正式获批，现已投放梯形鱼礁 170 个，立体钢混礁 680 个。2023 年，南长山和北长山岛、大黑山岛、砣矶岛荣获全国首批"和美海岛"称号[②]。

大力推进长岛国际零碳岛建设。2021 年，烟台市提出打造"长岛国际零碳岛"的战略目标，积极实施海草床和海藻场生态修复工程，通过种植海草和海藻，增强海洋碳汇能力。2022 年，黑山岛成为全国首个负碳超过 2 000 吨二氧化碳当量的"负碳海岛"，标志着长岛综试区在零碳岛建设方面取得了重要突破。自长岛国际零碳岛研究工作启动以来，减碳增汇、清洁能源低碳、减污降碳、零碳旅游等 8 个领域研究报告全面完成，5 项研究成果在"2023 绿色低碳高质量发展大会"上集中发布。在打造零碳岛过程中，长岛综试区探索出了"金融＋生态修复＋碳汇"的全新发展模式，推动"摸不着看不见"的海洋蓝碳成功转化为"真金白银"。

---

① 畅享零碳！长岛海洋碳汇研发实验基地正式挂牌成立．烟台市政府门户网站（yantai. gov. cn）
② 塑造环渤海地区中心城市和绿色低碳高质量发展示范城市海洋新优势．山东省海洋局（hyj. shandong. gov. cn）

第八章
烟台海洋高质量发展战略设计

第一节　总体思路

以习近平新时代中国特色社会主义思想为指导，全面贯彻落实党的二十大和二十届二中、三中全会精神，立足新发展阶段，完整准确全面贯彻新发展理念，积极构建新发展格局，锚定"走在前、开新局"的总遵循，高标准推动新一轮海洋强市建设，深入实施新质生产力"入海"工程，大力培育海洋领域新质生产力，着力提升海洋科技创新能力，构建现代海洋产业新体系，提升海洋生态环境治理体系和治理能力现代化水平，推动形成海洋经济高质量发展、海洋资源高效率利用、海洋生态高标准保护、公众高品质生活、对外高水平开放的良好局面，为建设海上新烟台、加快打造绿色低碳高质量发展领军城市、2035年跃升成为环渤海地区中心城市，谱写中国式现代化的烟台篇章，贡献海洋力量。

第二节　发展定位

（一）总体定位

打造"海上新烟台"。紧抓经略海洋"天时"之机，用好丰饶海域"地利"之便，激发闯海弄潮"人和"之势，深耕蔚蓝国土，以大海洋意识加速隆起战略高地，高标准打造海上粮仓、海上新能源开发利用基地、海上卫星发射基地、海上旅游运动体验基地，推动海上业态融合集群建设，塑造烟台海上竞争新优势，打造"海上新烟台"。

（二）具体定位

1. 海洋绿色低碳高质量发展引领城市

实施海洋碳汇行动，开展双碳发展战略及路径研究，制定双碳规划和行动方案，高标准打造长岛国际零碳岛。实施浩海电力行动，推进千万千瓦级核电基地、千万千瓦级风电基地、千万千瓦级海上光伏基地、千万吨级LNG基地建设，构建清洁低碳安全高效的能源体系。着力推进海洋产业绿色转型，推动海洋资源环境要素高质利用、高效配置。

2. 国家"蓝色粮仓"建设引领区

实施"耕海牧渔"提升行动，加快深远海进军步伐，依托长岛"蓝色粮仓"海洋经济开发区等重点区域，高标准推进"百箱计划"和"万吨三文鱼计划"等重大项目，持续推进深海鱼全产业链提质增效试点城市建设。攻坚水产种业"中国芯"，打造北方种谷、北繁基地。

3. 中国海工装备名城

实施"瀚海利器"攻坚行动，依托中国海上风电国际母港、海工研发及总装基地、海工装备配套产业园等重点项目，打造海洋装备全产业链体系，推动海洋装备向高端设计前端和制造服务后端双向延伸，联合青岛、威海，共建国内领先、具有国际影响力的船舶与海工装备产业集群。

4. 烟台港口型国家物流枢纽

实施"海上丝路"合作行动，以建设世界一流的现代化强港为目标，发挥港口核心战略资源优势，提升海陆联运物流效率，打造绿色可持续的港口集疏运体系，推动烟台港由货物中转港向综合服务港和国际贸易港转型，加快构建港产联动、港城融合发展新格局。

5. 国内一流海洋文化旅游目的地

实施"滨海逸景"打造行动，擦亮"仙境海岸·品重烟台"品牌，统筹布局海上世界、马山寨世界设计公园等文旅项目，打造千里海岸观光廊道；构建养马岛—崆峒岛—芝罘岛—长岛的近海旅游岛链；拓展海上旅游新业态、新产品，积蓄海洋文化旅游发展新动能。

6. 国家商业航天海上发射母港

实施"碧海星辰"探索行动，依托东方航天港建设，拓展与各类科研机构合作，提升近海发射能力。加快"东方慧眼"星座、卫星数据应用中心等项目实施，积极探索航天文旅主题活动，积极争取纳入国家商业航天发展规划，形成规模化、常态化海上发射局面。

第三节　重点任务

（一）构建现代海洋产业新体系

1. 优化提升传统海洋产业，推动海洋产业体系存量"焕新"

强化现代科学技术对传统海洋产业的升级改造力度，通过产业基础再造与流程重组、管理理念创新、产品结构转换、产业链条延伸、产业绿色转型、产业数字升级等，推动海洋渔业、海洋化工、海洋矿业、海洋交通运输、海洋旅游等传统海洋产业向高端化、智能化、绿色化发展跃升。

（1）海洋渔业

高质量建设中国水产种业烟台"北繁基地"。以水产种业产业化、市场化、专业化、集约化、国际化等"五化"为目标，打造中国水产种业烟台"北繁基地"。依托国家级水产种质资源保护区，重点建设刺参、皱纹盘鲍、牙鲆、黄盖鲽、许氏平鲉等中国北方水产种质资源保护基地，探索构建以基因、细胞、微生物和活体等为支撑的海洋渔业生物资源库。依托省级以上水产原良种场，建设国家级水产原良种繁育基地，稳步构建市场导向、企业主体、产学研协同的特色种业创新体系，扩大水产原良种生产规模。依托自贸区烟台片区，强化与海南、福建、山东青岛等海水种苗优势区域企业和科研院所合作，建设水产种业科创基地和全球水产种质资源引进中转基地，解决全市个别品种严重依赖进口问题，打造集科研、生产、销售、科技交流、成果转化为一体的服务全国的水产种业科创平台。充分发挥水产种质资源丰富、水产种业产业基础好、水产特色品种多等优势，坚持差异化建设原则，重点打造东、西、南、北、中五大水产种业集聚区，加快建设中国水产种业烟台"北繁基地"。

优化提升水产养殖业态。大力推动养殖产品结构优化，围绕鲈形目鱼类、鲽形目鱼类、对虾、牡蛎、扇贝、海带、海参等七大优势种类强化"大单品"产业链建设，实现优势种类产品质优量升；大力发展以三文鱼、绿鳍马面鲀、海肠、海胆等高价值、高品质种类为代表的新兴产业链，培育形成产业新增长点。优化养殖空间布局，依照养殖水域滩涂规划，科学划定禁止养殖区、限制养殖区和允许养殖区，严格限制其他海洋活动对养殖水域滩涂的占用；实施海水养殖区容量评估，科学评价水域滩涂承载能力，合理确定养殖容量，以长岛综试区、黄渤海新区、牟平区为试点，探索推行养殖配额管理；稳固陆基养殖空间，拓展近岸浅海碳汇渔业，积极开发 20 米以深设施化深远海养殖空间。转变养殖方式，推广"藻—贝—参—鱼"海上多营养层次综合养殖模式，探索海水养殖绿色发展新路径；加快推进自动投饵机、自动化控制等智能技术装备的应用，提升水产养殖智慧化水平；鼓励发展桁架式、船型移动式大型设施养殖项目，进一步扩大深远海养殖规模，打造中国北方重要的深远海养殖基地；进一步提升海洋牧场生态与经济效益，围绕海洋牧场建设、运营中的技术与服务需求，探索海洋牧场技术服务供给机制，积极推动"牧场医院"建设。

海洋捕捞限近拓远、减量增效。进一步控制近海捕捞强度，严格执行海洋渔船"双控"制度，强化渔船属地管理，实施渔船渔港动态监控，完善捕捞作业方式限制措施，深入开展违规渔具清理整治。严格实施海洋伏季休渔制度，加强伏季休渔管理和执法。进一步完善海洋捕捞限额管理，实施海洋捕捞总量控制制度，探索开展分种类限额捕捞。持续增强远洋捕捞能力，推进远洋渔船及船用装备更新改造，鼓励新材料、新船型应用，推广节能环保装备技术和先进通讯导航、视频监控等信息化设备，提高远洋渔业信息化、智慧化管理水平；鼓励京鲁渔业等远洋渔业龙头企业延伸产业链条，加强现代企业制度建设，提高规模化、组织化、集约化经营水平；加大对远洋渔业及上下游行业领军企业招引力度，促进产业集聚发展。

水产品加工提质增效。以高质量发展为导向，巩固冻品、干品、罐制品、腌制品、熏制品、鱼糜制品等六大类大宗水产品加工规模。以自动化、智能化为导向，支持水产加工企业改造生产技术，提高生产效率。以水产品高值化加工、精深加工以及副产物综合利用为重点，鼓励企业加快研发加工新技术、新工艺，提升资源开发利用水平。支持企业面向新需求、新场景，开发即食产品、调理食品、休闲食品、微波炉速食产品、预制菜品等新兴加工品，提高产品附加值，拓展潜在消费市场。优化水产加工产业布局，以黄渤海新区为核心，以莱山、龙口、海阳等区（市）为重要节点，打造海洋水产品加工集聚区。鼓励水产品加工企业退城入园，打造形成若干产业集聚度高、辐射能力强、配套条件好的现代特色水产加工示范园区。引导水产品加工园区专业化、特色化发展，鼓励园区围绕各地优势特色产品，推出园区"明星加工品类"，增强园区竞争力。

（2）海洋化工业

以高端化、链条化、集聚化、绿色化发展为目标，深入实施蓝海晶华行动，依托裕龙石化、万华化学等龙头企业，发挥裕龙石化产业园、烟台化工产业园等千亿级园区及化工重点监控点载体作用，做优做强乙烯、丙烯、碳四、芳烃-聚氨酯等核心产业链，优化提升化工新材料和精细化学品产业集群，打造具有行业领先水平的石化和化工新材料产业基地。

做强优势化工产业链。发挥裕龙石化、万华化学等链主企业带动作用，高起点发展乙烯产业链，以乙烯为基础原料，发展聚乙烯、聚氯乙烯、乙丙橡胶、苯乙烯、环氧乙烷及其衍生物，不断优化产品结构。依托裕龙石化、万华化学等企业，以丙烯为基础原料，生产丙烯腈、环氧丙烷、异丙苯、丙烯酸、丙烯醇、环氧氯丙烷、异丙醇等多种重要有机化工原料和下游合成材料。积极拓展化工新材料及专用化学品方向，重点发展甲基丙烯酸甲酯等高端新材料，破解生产技术长期被国外控制、全球供应寡头垄断、国内高度依赖进口的局面。以万华化学、巨力精细化工等为链主企业，探索开发高端差异化化工品，并根据市场需求适时发展 PX-PTA-聚酯产业链，补齐炼化项目产业链短板。依托卤水资源优势，加快海水化学资源和卤水资源综合开发利用技术研发，扩大钾、溴、镁等产品深加工规模，开发新型阻燃材料、药用中间体、电子材料等产品。面向海洋重大工程和装备，重点发展防腐防污涂料、海洋工程材料、海洋环保材料、海洋检测试剂等化工新产品，巩固在集装箱涂料、国内船舶涂料、工业防护漆等领域主导地位，打造高端海洋化工产业链。

提升海洋化工产业园发展能级。鼓励烟台化工产业园、裕龙石化产业园，以及蓬莱、莱阳、莱州、牟平化工园区，对标国际一流化工园区，不断完善园区发展规划，明确园区发展定位，完善园区基础设施，创新园区管理服务，优化园区产业生态，做强园区发展主业，提升园区绿色化、智能化发展水平。

（3）海洋矿业

以提升海洋矿业发展能级为目标，以矿业产业链延伸为抓手，坚持安全、绿色、可持续发展原则，构建更具影响力、更具集聚力的现代化海洋矿业产业体系。

优化提升海洋矿业采选业。依托山东省地质矿产勘查开发局第三地质大队、第六地质大队、核工业二七三地质大队等驻烟地质勘查单位，加大成矿带地质研究与矿产资源勘探力度，为矿产资源开发与资源可持续利用提供强有力支撑。强化采矿方法研究，攻克深部采矿涉及的采矿、通风、提升、地热地压等技术难题。提升智能化采矿装备及工艺技术推广与应用力度，提高采矿生产率。

延伸矿产加工产业链条。进一步增强矿产加工制造能力，提升精深加工水平。进一步拓展黄金等矿产品加工应用领域，重点研发芯片、通信、3D 打印等高端材料。支持恒邦股份化工产业园推进稀贵金属深加工、高纯新材料研发及产业化项目、招金精炼3D 打印材料及设备的研发与应用。支持烟台贵金属材料研究所加快推进贵金属研发与产业化平台建设，推进黄金新材料、钌复合材料、雷尼镍等研发及产业化步伐，拓宽黄金纳米复合材料在化学催化、新能源电池、医用靶向材料、航天材料等领域的应用。

（4）海洋交通运输业

发挥烟台黄河流域门户城市、港口型国家物流枢纽承载城市、"一带一路"倡议支点城市优势，强化港口物流新型基础设施与集疏运体系建设，延伸港口物流服务业态，推动港口物流降本增效与绿色化、智慧化、服务化转型。

深化港口物流通道建设。一是畅通海向港口物流大通道。加密对日、对韩航线，与东京、大阪、仁川、平泽等港口联动，打造东北亚物流通道。持续巩固烟台港非洲班轮第一港、全球最大的铝土矿中转基地地位，打造中非物流通道。深化渤海湾南北岸港口战略合作机制，巩固拓展环渤海内贸集装箱中转业务，推动"港—港""园—园""港—园"联动发展，打造面向东北三省的烟台—大连黄金水道。依托小清河，引导适水货源"弃路走水"，打造龙口港—河口港—小清河沿线港口物流链。二是畅通陆向港口物流大通道。发挥蓝烟铁路、德龙烟铁路、中铁渤海轮渡、铁路专用线作用，完善港口集疏运体系、换装转运体系，织密陆向多式联运物流网。放大区域全面经济伙伴关系协定（RCEP）区域内"贸易创造"效应，扩大与东盟进出口贸易，打造以 RCEP 区域全面经济伙伴国物流贸易为主的东盟物流通道。依托德龙烟铁路，加快推进莱州港区、龙口港区和蓬莱东港区铁路专用线建设，推进铁路专用线"进港入园"。推动港口与全国铁路网连接，加密中欧班列开行频次，拓展中欧班列业务范围。

突破发展金融与保税物流。金融物流方面，聚焦"港强航弱"发展现状，瞄准海事保险、海事仲裁、航运交易、航运价格衍生品、船舶登记、航运经纪、保险公估等航运服务业态实施精准招商，鼓励企业开展物流供应链金融业务，发挥物流企业在质押物监管及价值保全、资产变现、市场动态监测等方面优势，加强与银行、保险机构的合作，创新物流供应链金融平台，全面提升港口物流服务能级。突破发展保税物流，发挥"港口＋自贸＋保税"政策叠加效应，争取水果、黄金及其制品、种苗和冰鲜水产品等进境资质。支持申请期货保税交割、跨境电商药品和医疗器械进口等试点。做大做强金、铜、铁、油等保税混配分拨业务，加快推动银、煤保税混配业务，着力打造大宗商品分拨基地和全球矿产品保税混配中心。支持在大型物流园区和骨干企业设立海关保税监管场所。充分利用烟台汽车产业基地优势和港口整车物流优势，积极争取二手车出口试点城市资格，建设全国二手车出口基地和商品车国际中转枢纽。

（5）海洋旅游业

依托得天独厚的海洋文化旅游资源，聚焦国际化"仙境海岸"和国内一流海洋文化旅游目的地建设，坚持山海岛滩城统筹联动，全面升级滨海游、海上游、海岛游，切实提升海洋文化旅游发展质量。

优化海洋文化旅游空间格局。构建"一带贯穿、一廊串联、三湾突破、三极崛起"海洋文化旅游发展格局。"一带"，即打造养马岛至三山岛仙境海岸旅游带，串联海岛、A级景区、省级及以上度假区、五星级酒店、文博场馆等要素，构建烟台文化旅游目的地要素聚集带。"一廊"，即沿养马岛至三山岛海岸线、海阳莱阳海岸线，串联海岸、海岛、海洋牧场、垂钓基地、潜水基地等节点，打造海上旅游新体验，拓展海上旅游新空间。"三湾"，即积极融入"12335"格局，集中力量突破芝罘湾区、八角湾区、蓬莱湾区三个湾区，打造海洋文化旅游创新发展、聚集辐射的引领区。"三极"，即以秦马文化、温泉养生、蓝色智谷为引领，构建东部生态发展极，突破养马岛、崐龙温泉、滨海休闲旅游等项目发展，打造北方国际滨海休闲度假基地、滨海生态科技新城；以海阳国家级度假区、丁字湾省级度假区为引领，构建南部沿海突破发展极，突破连理岛海上运动、沙滩体育示范基地、航天旅游、丁字湾运动娱乐等板块，打造滨海运动旅游目的地；以龙口南山、莱州滨海、罗山黄金三大度假区、龙口南山5A级景区为引领，构建西部湾区融合发展极，突破龙口滨海度假、东海文化创意、招远温泉康养等板块，打造文化旅游融合发展基地。

全面升级滨海游、海上游、海岛游、文化游。围绕滨海游升级，深化海岸打卡、海岛度假、葡酒品鉴、慢享田园、文化体验、都市休闲、研学科普、康体养生、沙滩特色运动、马拉松等主题项目建设，培育滨海旅游品牌。围绕海上游升级，积极培育发展芝罘湾夜游、芝罘湾海上看城游、崆峒岛环岛游、长岛观鸟游、长岛海豹游、长岛"海上景区"之旅、仙境蓬莱—"神秘史前岛"之旅等海上游品牌线路。依托"耕海1号"、清泉海洋、长岛佳益、牟平东宇、海阳富瀚等海洋牧场旅游品牌，创新"蓝色粮仓＋蓝色旅游"发展模式，打造海上住宿、会议、餐饮、娱乐、垂钓、研学、海产品采捕等多功能旅游新业态。围绕海岛游升级，加快长岛、养马岛、崆峒岛等海岛旅游开发，坚持"一岛一主题"差异化定位，打造海岛旅游集群。围绕文化游升级，发挥国家历史文化名城优势，深刻挖掘海洋文化内涵，讲好海洋文化故事，打造葡萄酒文化游、海防文化游、八仙文化游、妈祖文化游、海神祭祀游、道家文化游、文化演艺游等文化旅游产品。

2. 培育壮大新兴海洋产业，推动海洋产业体系增量"换乘"

海洋工程装备制造、海洋新能源开发、海水综合利用、海洋生物医药等海洋战略性新兴产业具备知识技术密集、物质资源消耗少、成长潜力大、综合效益好等特征，代表海洋经济发展方向，也是海洋领域新质生产力培育和发展的重要载体。

（1）海洋工程装备制造业

坚持面向国家战略需求、面向海洋强国发展主战场，瞄准深海、绿色、智能发展方向，立足核心装备和关键材料国产化，着力攻克一批满足国家战略需求的"国之重器"和"卡脖子"技术装备，打造结构合理、特色鲜明、配套完善的新型海工装备产业体系。

打造特色鲜明的海工装备产业集群。推动海洋工程装备产业集群提档升级，进一步聚集国内外优势创新资源，强化产业链上下游协作，打造全球领先的综合性海洋工程装备总装运维基地。依托黄渤海新区政策、港口和产业基础优势，打造蓬莱海工装备产业园、中集零碳智造产业园。发挥产业基础和政策优势，以空天海装备智造城为主战场，集中招引头部企业、科研院所、高端人才，加速推进海工装备领域重点项目落地。海阳市着力发展火箭海上发射，建设东方航天港。龙口市着力发展双燃料汽车运输船。莱州市着力发展高效低排发动机关键零部件、柔性软管及配套产业。高新区、莱山区着力发展海洋油气装备研发设计及相关配套产业。

完善高端海工装备产品体系。瞄准高技术、高可靠性、高附加值船舶，大力发展特色高端船型，进一步提升船型开发、设计与建造能力，巩固远洋渔船、大型散货船、高端客滚船、高性能执法船等产品优势，加快发展大型集装箱船、半潜船、多功能救援船，突破发展极地船舶、大洋钻探船、深远海采矿船和多用途医疗船等高端船型产品。大力发展海洋能源装备，巩固提升深水半潜式平台、极地冰区平台、液化天然气浮式生产储卸装置（FLNG）、浮式生产储卸油装置（FPSO）等设计建造能力，加快新型坐底式/半潜式风力发电平台、海上风电安装船、运维船、升压站、换流站等海上风电装备研发制造。大力发展深远海养殖装备，推动深远海智能养殖网箱、大型养殖工船等深远海养殖装备研制和示范应用，重点开展深远海养殖装备大型支撑结构设计、网衣系统安全设计及选型、智能化养殖系统搭建、平台安全监控体系建立和高精度建造技术等研究，研发配备智能感知、网衣自动提升、自动投饵、水下监测、网衣清洗、成鱼起捕等智能化装备和生产管理系统。积极开展新型海工装备前沿技术开发研究，加快大洋钻探船、科考船等研制。

（2）海洋新能源开发业

提升新能源供给能力。聚焦核电、风电、氢能等重点产业，光伏、海洋能等潜力产业，提升新能源供给能力，推动能源品种多元化。在核电领域，依托烟台核电产业优势，持续加强与国家电投集团、中核集团、中国广核集团等央企国企合作，推进核电产业布局和工程建设，提升核电装机容量。稳步实施核能供暖、工业供汽等核能综合利用，建设国家核能综合开发利用示范城市。在风电领域，继续推进半岛南、半岛北和渤中海上风电开发建设。依托风电骨干企业，推动7兆瓦及以上大功率风电机组、塔筒、管桩、叶片、海上升压站、大型铸件制造、大型传动装置、高端电气设备制造等上下游企业集群式发展，建设中国北方风电母港。围绕海上风电场勘察设计、检测认证、运输安装、运行维护等关键环节，拓展产业链条，打造海上风电全产业链生态圈。在氢能领域，积极开展核电、风电、光伏等新能源制氢，拓展多元化氢源渠道，打造中国北方氢能主产区。科学推动盐碱滩涂地光伏、海上光伏等开发利用，探索发展潮汐能、波浪能等海洋新能源，构建多元化清洁能源产业体系。

推动产业集聚发展。提升丁字湾"双碳"智谷、烟台"3060"创新区、北方海风电母港等海上新能源主承载区发展能级与带动能力，引导海阳和莱山核电产业园区、蓬莱和海阳风电产业园、海上能源城、中船氢能智慧产业园等专业化园区特色化、差异化发展。鼓励各园区梳理产业链短板清单，建立重点招引企业名录，制定产业招商地图，创新"以电招商""组团招商"等招商模式，精准招引行业领军企业、三类500强企业及优质项目。

拓展新能源综合利用场景。积极拓展新能源下游应用场景，探索多元化储能技术路径，以及核电、海上风能、太阳能、海洋能及氢能等多种能源、资源集成的海洋综合开发利用模式。搭建工业领域应用场景，推动清洁能源与生物医药、高端化工、汽车制造等行业融合发展。开展氢燃料电池分布式发电、船舶氢能应用系统等示范应用。探索"清洁能源＋海洋牧场"发展模式，开展"渔风互补""渔光互补"等项目建设，带动风电、渔业、旅游业融合发展。

（3）海水淡化与综合利用业

因地制宜推进海水淡化规模化、多场景利用。围绕水资源安全，实施海上调水行动，依托海岛、城市、工业园区加快提升海水淡化产能。实施民生供水保障工程，进一步维护和改造一批中小型海水淡化项目，满足海岛日常及应急用水需求。鼓励沿海电力、石化、冶金等行业采用海水冷却技术，扩大海水直接利用规模。

提升海水淡化装备制造能力。依托海水淡化龙头企业，推进膜及高分子材料、防腐材料、海水淡化集成系统等关键材料、关键部件及关键设备研发，突破自主设计、建造、运营关键环节。重点突破海水淡化反渗透膜组件、高压泵、能量回收装置等核心部件，突破大型反渗透海水淡化工艺集成技术，研发低温多效蒸馏海水淡化蒸汽喷射泵等核心设备。鼓励开发海岛、舰船用小型移动式应急淡化设备，打造烟台海水淡化装备与配套产品研发制造产业链。

（4）海洋药物和生物制品业

聚焦国民日益增长的健康需求，瞄准国际海洋生物医药产业前沿，以建链、延链、补链、强链为重点，实施"蓝海问药"行动，突破医用同位素与放射性药物、生物创新药、细胞与基因治疗等领域，推进精深加工食品、保健品等高端海洋生物制品开发，在引进高端实验室、头部企业、生物医药孵化企业等方向持续发力，在自贸区特色制度创新方面持续发力，打造国际生命科学城。

打造海洋药物与生物制品制造高地。支持现有生物医药企业利用技术、平台、人才、市场等优势资源向海发展，开发海洋药物和生物制品，拓展丰富产品类型，提升产业总体规模。推动产品结构优化升级，支持开发海洋糖类肽类药物、小分子药物、现代中药、医用生物材料等具有自主知识产权且市场前景广阔的新剂型和新产品，着力提高海洋药物和高附加值生物制品占比，提升产业整体发展能级。加快海洋功能（特医、保健、美容）产品、医疗器械产品技术研发和产业转化，推动海洋生物酶制剂、海藻肥产品、硫酸软骨素原料药等优势产品提质升级，支持海洋中药资源高值化和资源化综合利用。支持发展硫酸软骨素原料药、注射用芦比替定、全新靶点抗凝创新药 DCP118、鱼皮医疗器械产品、金枪鱼系列深加工产品，以及 PN、PDRN 高等级原料等地标产品。

强化海洋生物医药源头创新与成果转化。瞄准世界科技前沿，发挥高等院校与科研院所源头创新作用，建立科技促进海洋生物医药产业发展的长效机制，深入开展海洋生物活性物质提取分离和结构修饰研究、海洋活性先导化合物活性筛选和机制研究、海洋活性分子全合成和半合成研究、海洋生物药用基因表达系统构建研究、海洋基因工程药物技术研究、海洋微生物开发利用研究等关键技术攻关，争取在前瞻性基础研究、关键核心共性技术研究等方面取得重大突破。完善海洋生物医药产业协同创新机制，建立高校、科研院所和企业的对接机制，明确市场需求，确定科研方向。强化海洋生物医药企业创新主体地位，鼓励企业建设关键技术平台，加大对企业人才引进、设备更新改造以及科研成果转化等方面的扶持力度，支持企业与国内外科研院所和企业合作，共建实验室和创新中心，通过专利许可、共享权益等方式引入合作项目，提升协同研发能力。

3. 谋划布局未来海洋产业，积蓄海洋经济发展新优势新动能

依托海工装备制造优势谋划布局深海矿产资源开发装备研发制造。依托"蓝鲸1号""蓝鲸2号"等可燃冰开发"国之重器"制造基础和研发优势，加大可燃冰开发技术装备支持力度，积极引进可燃冰开发主导企业和相关科研院所，为可燃冰开发技术体系形成和产业培育作出烟台贡献。密切关注深海采矿产业化进展，以高校、科研院所、海工装备企业为载体，加强与五矿集团、中车集团等优势企业的联系，争取相关装备设计、制造企业在烟台落地生根。

打造商业航天全产业链生态圈。依托优越的地理位置和港口条件，充分发挥航天、海工等工业制造基础优势，统筹推进东方航天港高标准建设，打造国内首个以海上发射为牵引，集海上发射、星箭产研、配套集成、卫星应用、航天文旅于一体的商业航天高科技产业集群。坚持"补短板""锻长板"，围绕产业链薄弱环节实施定向招商、协同创新、要素集成，全面构建商业航天全产业链生态圈，打造商业航天新高地。

（二）提升海洋科技创新能力

加强区域创新平台建设。进一步加强区域内海洋领域重点实验室，以及海洋综合试验场等海洋公共平台建设，并依托上述科技力量布局一批具有战略性、全局性、前瞻性的重大研究项目，为海洋产业创新发展提供强有力支撑。支持海洋生物医药、海水淡化、海上风电以及海洋高端装备制造领域骨干企业与科研机构联合组建新型海洋技术研发平台、创新孵化基地、产业创新联盟等海洋科技产业化载体，积极建设亚欧现代海洋产业技术及装备研究院，创建国家级风电叶片检测实验中心，投用海上浮式光伏实证基地，打造海洋产业技术创新策源地。

围绕产业链部署创新链。鼓励核心企业牵头，与高等院校、科研院所等组建联合实验室或研发中心、联合技术中心、综合服务中心、科教产教园区和实习实训基地等不同形式的创新联合体，打造统一开放、竞争有序的产学研协同创新网络。积极探索政府引导与市场化联动的协同创新路径和创新机制，鼓励采取研发众包、"互联网＋平台"、大企业内部创业和构建企业生态圈等模式，促进区域内、产业链上下游企业间的创新业务协作、资源共享和系统集成，形成良好的产业链协同创新机制，聚焦海洋工程、海洋装备、海洋材料、海洋生物、深海探测与开发等领域，突破一批"卡脖子"技术。

强化企业创新主体地位。探索建立以链主企业、领军企业为核心的原始创新和长效攻关机制，建立核心企业研发投入增长机制，加大核心企业在创新资源配置中的主导权，以及在技术创新决策、科研组织和成果转化应用方面的主体作用。打造涉海企业创新梯队，梯次培育更多"单项冠军""瞪羚""独角兽"企业，加大对创新型中小微企业技术创新和专业化发展的支持力度，支持研发专精特新产品，推动创新型中小微企业成长为重要的创新发源地。

完善区域创新服务体系。加快集技术研发、项目中试、成果转化、孵化投资、创业服务、人才培养等功能于一体，独立核算、自主经营、独立法人的新型机构建设，为海洋科技创新和成果转化提供全方位服务。鼓励发展天使投资、创业投资，支持银行、保险等金融机构设立科技金融专营机构，推出知识产权质押融资、科技保险等创新品种。创新财政投入方式，更多以股权投资方式支持科技项目实施。健全技术经纪人、科技成果常态化路演等制度，持续推进涉海知识产权交易市场建设，完善知识产权交易制度，为知识产权的转移和应用提供保障。鼓励核心企业参与建设低成本、便利化、全要素、开放式的众创平台，培育以创客空间、网上创新工场、虚拟创新社区、数智工坊等为代表的创新创业孵化新业态，满足海洋科技创新成果的转移转化需要。

（三）推动海洋生态文明建设

高起点建设长岛国际零碳生态岛。以净零、先行、活力、普惠为遵循，以蓝色经济增长、绿色能源供应、零碳旅游开发、蓝碳固碳增汇等为突破口，统筹保护和发展、陆地和海洋、国内和国外、当前和长远，协同推进降碳、减污、扩绿、增长，努力实现温室气体净零排放，将长岛建设成为蓝色产业提质增绿的示范区、新型能源自主供应的实验田、零碳旅游生态研学的引领地、固碳增汇先行先试的策源地、建设管理智慧韧性的样板区、体制机制改革创新的新高地，打造集蓝岛、绿岛、知岛、智岛特色于一体，综合优势突出的国际一流零碳岛，为全球应对气候变化和可持续发展提供先进典型借鉴。

大力发展海洋生态系统碳汇。开展海洋生态系统碳汇分布状况调查，完善海洋碳汇监测系统。实施海洋生态保护修复行动，推进丁字湾、莱州湾海域生态环境陆海统筹治理，恢复河口海湾湿地植被及近海海底海藻、海草生态系统。推动绿色低碳为导向的海洋牧场建设，推行贝藻鱼兼养、上中下水层综合开发的生态养殖模式，合理配置海水养殖种类和养殖容量，提高海洋渔业碳汇能力。持续开展增殖放流、藻类种植、海草床及海藻场恢复，进一步强化海洋碳汇功能。以长岛综试区为试点，推动建设海洋碳汇监测站，提升基础碳汇研究能力。加强与科研院所合作，探索开发近海海洋储碳技术，建立蓝碳生态模型。探索将"碳汇渔业"纳入碳排放交易体系，以碳汇流转形式增加水产养殖行业经济效益。

深化陆海污染精准治理。以近岸海湾为重点，强化精准治污，分区分类实施陆海污染源头治理，持续改善近岸海域环境质量。强化入海排污口溯源整治与规范管理，减少陆源污染入海通量，推进重点河流总氮浓度削减，推动重点入海河流总氮控制。围绕陆海衔接区入海污染控制，实施港口船舶污染综合整治，防治修造船、海洋垃圾污染。进一步加强海水养殖等海上污染分类防治，强化海洋工程、海洋倾废环境监管。

加强海洋生态保护和修复。坚持整体保护、系统修复、综合治理原则，提升海洋生态系统质量和稳定性，促进人与自然和谐共生。依据国土空间规划保护海洋生态空间，严格落实生态保护红线制度，实施自然岸线保有率目标控制，完善以国家公园为核心、海洋特别保护区为主体、渔业种质资源保护区和海洋地质公园为补充的海洋保护地体系，保障海洋生态安全。实施滨海湿地面积总量管控制度，强化滨海湿地保护修复，推动岸线岸滩、海岛整治修复，构建由整岛保护与局部区域保护相结合的海岛保护体系。加强海洋生物栖息地和迁徙地保护，维护海洋生物多样性。健全海洋生态灾害预警体系，加强绿潮、赤潮、水母、海星灾害监测，强化海上溢油风险防控，争设北方海洋环境应急处置中心。

（四）扩大高水平海洋开放合作

深度拓展国际市场。积极组织涉海企业"走出去"，鼓励企业建设海外商品展示、仓储物流、批发零售、售后维修等国际营销服务网络。加强"烟台制造""烟台服务"及城市品牌建设和宣传力度，整体提升烟台城市形象及产品品牌影响力。进一步巩固提升日韩、欧美市场，深度融入"一带一路"建设，挖掘RCEP、中东等市场潜力，提高新兴市场占有率。围绕北极航道开发、港口航线建设、海洋捕捞等领域，拓展与俄罗斯的交流合作，推动烟台对俄合作领域向深向远。研究开辟衔接东北亚、连接黄河流域的多式联运出海大通道，培育发展烟台港海铁联运业务，积极拓展跨境集装箱多式联运，打造东北亚现代物流枢纽中心。

提升开放合作平台发展能级。持续推动开发区各项业务改革创新，深化市场化运营、企业化管理，推动开发区股份制招商公司高效运行。推动山东自贸区烟台片区先行先试更高水平的国际经贸规则，持续推进投资和贸易便利化。对标国内先进综合保税区，健全关地协同机制，扩大综合保税区跨境电商、保税混配等政策叠加优势，争取整车进口口岸和保税混金混银试点，打造全球矿产品保税混配中心、全国对日韩消费品集散中心、水产品国际交易中心。高标准推进中韩烟台产业园、中日产业园、中德新材料产业园、国际招商产业园及各类海洋特色产业园区建设，打造全国领先、具有全球影响力的高端产业集聚区和对外交流合作高地。

高质量开展"双招双引"。改革招商体制机制，充实完善"双招双引"工作体系，面向全球招聘、遴选优秀招商人才。理顺国有招商公司管理体制，增强市级招商公司造血功能，提高项目招引、跟投等能力。支持有条件的区（市）、园区组建市场化招商公司和境外招商中心。大力开展产业链招商，重点围绕海洋绿色化工、海洋高端装备制造、海洋新材料、海洋药物与生物制品、海洋新能源、海洋文化旅游、海洋现代服务等，加强与全球先进技术、高端产品、国际资本、顶尖人才、多元市场对接，加快引进培育一批全球知名跨国企业和行业领军企业。强化重点招商区域、招商对象调查研究工作，精心筹办各种形式的招商推介活动，宣讲烟台市招商优惠政策。建立市级、区县级重点招商项目库，实行动态管理，深入实施"要素跟着项目走"机制，创新"全过程一体化"项目统筹机制，为项目引进和落地实施提供要素等全方位保障。

加强区域协同发展。聚焦建设环渤海地区中心城市，深度融入黄河流域生态保护和高质量发展、东北全面振兴、京津冀协同发展等重大战略。强化烟台作为山东新旧动能转换综合试验区核心城市的功能，在空间格局上加强与青岛、威海的协作，促进烟威同城化发展。推动生态环境共保，与潍坊、青岛、威海等城市，打造跨行政区域的通山达海生态廊道，实施重点流域上下游跨区域综合整治，加强近岸海域污染联防联控联治。推动海洋工程装备等产业分工协作，共同打造国际一流海洋高端装备制造业集群，形成资源共享、分工明确、精准匹配、紧密协作的跨区域产业体系和海洋产业生态圈。促进区域交通设施互联互通，充分发挥烟台港在区域格局中的作用。

谋划实施"双半岛"战略。胶东半岛和辽东半岛一衣带水、环渤相望，两地文化同根，族缘同宗，依托渤海轮渡开展了密切往来。依托"双半岛"纵深腹地和海洋资源，以及内、外长山岛链，谋划实施"双半岛"战略，精心打造以大连、烟台为"两极"，营口、丹东、威海、潍坊为"两翼"的现代蓝色经济示范区，构筑环渤海经济圈的"新核心"，使之成为促进辽鲁协同发展、推动东北经济区振兴的新载体，以及推动中国区域经济发展的新引擎。

第四节　保障措施

（一）加强组织领导

将新一轮海洋强市建设列入全市重要议事日程，采取措施强力推进，确保各项任务落到实处。科学编制"十五五"海洋经济发展、海洋生态环境保护、海洋科技创新等专项发展规划，强化规划引领作用。发挥市委海洋发展委员会牵头抓总、统筹协调作用，研究重大问题、建立政策体系、推动重大工程、落实分工责任，推动完成相关工作任务。充分发挥专家委员会等海洋智库和产业联盟等行业组织的作用，动态评估工作进展，发现存在的问题并进行适时调整。各区（市）结合本区域资源禀赋、产业布局、发展阶段等，提出符合实际、切实可行的工作时间表、路线图，统筹兼顾，协调联动，强力推进。

（二）创新体制机制

动态调整海洋重点项目库，针对重大项目用海需求，通过开通绿色审批通道，协调争取国家、省主管部门支持，加快项目审查进度等，深化用海要素保障。针对省重大项目、新旧动能转换优选项目和非经营性交通基础设施、教学、科研、渔港、人工鱼礁等公益事业用海项目，依规减免海域使用金。探索海洋要素配置市场化新机制，完善海域使用权"招、拍、挂"的市场机制，完善配套制度建设。在此基础上，进一步完善海洋资源价值市场化实现机制，推动从海洋资源向海洋资产的转变。总结海域使用权市场化配置经验，研究探索海洋排污权、生态权、资源权、许可证、捕捞配额等各类海洋权益的市场化配置和交易机制。完善政银企合作机制，每年向银行、基金公司等定期推送由相关行业主管部门认定或推荐的优质海洋产业项目。支持保险机构创新航运、渔业、海洋科技等领域险种研发和推广。

（三）优化发展环境

进一步深化"放管服"改革，提升服务专业化水平，为涉海企业发展提供良好营商环境。创新行业引导机制，发挥涉海行业协会、产业联盟等组织优势，建立企业与政府间的高效沟通和政策反馈机制。进一步梳理涉海管理政策、规制及政务审批规定，取消不合理规定，并继续完善"全链条、一站式"审批机制，提高行政审批效率。强化数字政府和智慧政务建设，在完善渔业、港航、海事、气象、环境、资源、监测等各部门信息化平台基础上，构建综合性海洋大数据平台，依托平台实现管理及服务的精准化、精简化和敏捷化，助推"放管服"和"一次办好"等改革落实。整合海洋经济和企业数据，建立海洋经济大数据库，依托其实现经济监测、评价、预警、预测、规划等管理职能。

附录　海洋发展案例与经验借鉴

附录 1　海洋产业发展案例与经验

（一）现代渔业

1. 水产种业

筑牢"蓝色粮仓"，渔业良种是关键。近年来，海南省聚焦"三鱼一虾一螺"（石斑鱼、金鲳鱼、罗非鱼、南美白对虾、东风螺）做大做强水产特色种业，培育壮大水产种业主体规模，依托科研力量和"南繁硅谷"等科研平台开展水产种业科技创新和联合攻关，实现了黄鳍金枪鱼国内首次人工养殖、苏眉鱼和红瓜子斑全国首次人工繁育、国内首次建立东星斑全人工家系技术等多个创新突破，全省水产种业市场地位和核心竞争力得到进一步提升。目前全省拥有各类苗种繁育主体近千家，规模企业 138 家，相继引进了正大、渤海、明波、恒兴等一批国内外知名种业企业，年平均生产各类优质水产苗种 2 000 亿尾以上，销售对虾亲虾 30 万对以上；国家级和省级水产原良种场达 40 多家，拥有全球家系最全的罗非鱼种质资源库和全国唯一的国家级石斑鱼水产原良种场，石斑鱼亲本保有量占全国的 95%，金鲳鱼亲本保有量占全国的 85%[①]。

推动现代水产种业基地建设。2023 年 3 月 8 日，海南省人民政府办公厅印发《加快渔业转型升级 促进海南渔业高质量发展三年行动方案（2023—2025 年）》，提出实施现代水产种业基地建设行动，推动文昌冯家湾水产种苗产业园、万宁海水种苗选育基地、东方南美白对虾种质资源场、东方石斑鱼种苗产业园、三亚水产种苗南繁生态产业园、乐东海洋南繁种质产业园等一批种业基地建设，以及国家级、省级水产原良种场创建和改造升级。支持国家水产种业阵型企业发展和创建。同时，鼓励水产种业企业通过兼并重组等方式做大做强，打造"育繁推服"一体化水产种业龙头企业或种业联合体。支持引导"科研机构＋种业企业＋养殖基地"联合建设特色高值品种繁育基地[②]。

鼓励水产种业技术创新与品种创新。《加快渔业转型升级 促进海南渔业高质量发展三年行动方案（2023—2025 年）》提出实施渔业技术创新行动与渔业品种创新行动。其中涉及水产种业部分，提出大力推进南海热带鱼类国家级种质资源库、海南渔业创新研究中心等科技创新平台建设，鼓励科研机构和渔业企业联合打造水产种业创新公共平台。大力推动分子育种、基因育种技术应用。支持国内渔业科研院所和高校与海南渔业

---

① 海南坚定渔业"三个走"战略方向，以科创赋能渔业转型升级和高质量发展 . 海南省人民政府网（hainan. gov. cn）

② 加快渔业转型升级 促进海南渔业高质量发展三年行动方案（2023—2025 年）. 海南省人民政府网（hainan. gov. cn）

企业合作，联合开展"三鱼一虾一螺"新品种选育。推广"晨海1号"、凡纳滨对虾"渤海1号"等2个海南新品种。组织申报罗非鱼"倍速罗"、凡纳滨对虾"海景洲1号"新品种认定。鼓励校企联合开展东星斑、老鼠斑、波纹龙虾、黄鳍金枪鱼、黄鲥鱼、象鼻螺等高值品种的驯化养殖和人工繁育①。

强化水产种业支持力度。2023年3月7日，海南省人民政府办公厅印发《加快渔业转型升级促进海南渔业高质量发展若干措施》，提出对入选现代种业提升工程、符合种业强国战略的水产种业实体项目，包括水产良种种质资源库（场）、对虾联合育种平台、水产种业育繁推一体化示范、品种测试站、繁种基地等，若未获得国家资金支持的，省级财政按照项目总投资的30％给予补助，每个项目最高不超过500万元。对2022年1月1日后经海南省申报并通过国家新品种审定公布的，给予申报主体200万元一次性奖励。对2022年1月1日后海南省企业评定为国家级水产原良种场的，给予200万元一次性奖励，评定为省级水产原良种场的，给予120万元一次性奖励。对海南省企业遴选评定为国家水产种业阵型企业的，给予200万元一次性奖励。对驯化繁育水族观赏品种，且水族观赏品种年度营业收入超过1 000万元的海南省企业，给予50万元一次性奖励。推进水产种业制度集成创新。2023年4月16日，海南省出台我国首部支持促进种业发展的地方性法规《海南自由贸易港促进种业发展若干规定》，围绕境外引种通关便利等领域加大创新实践②。2023年12月20日，海南省财政厅、海南省农业农村厅出台《海南省支持种业高质量发展的若干措施》，明确了海南省支持种质资源保护与利用、支持新品种选育、支持南繁科技成果转化、支持南繁种业合同研发组织（CRO）主体发展、激励种业企业营收上规模、支持种业企业信用资质提升、支持种业企业加大研发投入、支持种业企业降低成本和风险、支持构建种业发展多元投融资机制、支持种业企业开展并购重组等的具体政策。如为支持种业企业开展并购重组，提出在并购具有种业核心技术或自主知识产权的产业链企业时，对首次达到绝对控股权（股权占比超过50％）且并购交易额在3 000万元（含）以上的种业企业，按照交易额的10％给予最高不超过100万元奖励。积极探索亲鱼保护育种。2024年7月31日，海南省自然资源和规划厅、海南省财政厅发布《关于进一步加强用海用岛要素保障的通知》，提出根据亲鱼安放、育种活动需要，可在生态保护红线内自然保护地核心保护区外，统一组织选划论证用海区域，并统一报省政府出具生态保护红线内允许有限人为活动认定意见，作为在选划用海区域内审批新增亲鱼安放、育种活动（围海养殖除外）的依据③，为破解亲鱼保种用海瓶颈进行了有效探索。

2. 大西洋鲑养殖业

大西洋鲑（*Salmo salar*）养殖是全球资本支持度最高、技术最先进的水产养殖行

---

① 加快渔业转型升级 促进海南渔业高质量发展三年行动方案（2023—2025年）. 海南省人民政府网（hainan. gov. cn）

② 海南自由贸易港促进种业发展若干规定. 海南省人民政府网（hainan. gov. cn）

③ 海南省财政厅关于进一步加强用海用岛要素保障的通知. 海南省自然资源和规划厅（lr. hainan. gov. cn）

业之一①，发展前景广阔。挪威是全球最重要的大西洋鲑生产和出口国。2022 年全球大西洋鲑产量超 250 万吨，而挪威以 136.5 万吨稳居产量第一，占比 54.6%。挪威大西洋鲑产品远销全球 140 多个国家和地区，成为挪威渔业发展和出口创汇的重要增长点。2023 年，挪威向中国市场出口三文鱼 41 747 吨，出口额为 51.8 亿挪威克朗（约合人民币 40 亿元），出口额比上年增长 65%②。挪威大西洋鲑养殖以陆海接力工业化养殖等模式为主，形成了从鱼种培育、鱼苗孵化到商品鱼养成的完善的产业链条，覆盖了远海捕捞、苗种繁育、成鱼养殖、营养与饲料、海上服务、营销、物流、屠宰加工和增值产品等各环节。挪威发展大西洋鲑养殖产业的系列措施对中国海水养殖业可持续健康发展具有借鉴意义。

完善的渔业行政管理体系设置。1900 年，挪威设立了专门的渔业管理机构——挪威渔业局。1946 年，挪威成立皇家渔业和海岸事务部（The Royal Norwegian Ministry of Fisheries and Coastal Affairs），负责捕捞、水产养殖相关事务和法律的制定，以及港口、海洋运输等基础设施管理。挪威渔业局被纳入其中，成为其下属部门之一，其他与渔业相关的部门还有国家沿海行政管理局（Norwegian Coastal Administration）、挪威海产局（Norway Seafood Council）、海洋研究所（Institute of Marine Research）等。2013 年，挪威成立贸易、工业与渔业部（Ministry of Trade Industry and Fisheries），前述部门隶属其中。挪威渔业管理机构间分工细致，为大西洋鲑养殖以及挪威渔业发展提供了全方位的管理与服务。如挪威渔业局承担全国海洋捕捞、水产养殖、渔业资源保护、海岸安全、海洋科研、鱼品质量、出口贸易、渔业立法以及渔业资金等渔业活动方方面面的具体管理职责，确保挪威渔业资源能够得到有效的管理和保护，同时促进渔业发展和渔民福利。挪威海产局承担在全球市场为挪威水产品树立品牌和推广营销的责任③。

规范有序的水产养殖管理制度设计。挪威对大西洋鲑养殖实行严格的许可证制度，设立养殖、育苗、亲本、技术研发四类许可证，获得政府许可后，才能开展相应业务活动。针对养殖规模扩大所带来的养殖环境恶化、饲料利用不完全、抗生素滥用、养殖个体逃逸等问题，也为维护全球市场声誉和更好地开拓国际市场，挪威积极引进和采用国际广泛认可的生态养殖标准，如全球良好水产养殖规范（global good aquaculture practice，GLOBAL GAP）、水产养殖管理委员会（Aquaculture Stewardship Council，ASC）认证、最佳水产养殖规范（best aquaculture practice，BAP）认证等。这些养殖标准涵盖食品安全、质量和可追溯性、社会和环境影响等，覆盖大西洋鲑养殖全生产链，为大西洋鲑养殖企业提供了严格而完善的养殖规范遵循，推动大西洋鲑养殖产业规范化、可持续发展。

---

① The State of world fisheries and aquaculture 2020，sustainability in action. ScienceOpen（scienceopen. com）

② 2023 年中国三文鱼消费全球增量第一，进口量创新高，激发市场潜能．和讯网（hexun. com）

③ 刘狲，刘晃，刘兴国，等．挪威大西洋鲑养殖业可持续发展对中国水产养殖产业的借鉴［J］．渔业信息与战略，2021，36（3）：208－216.

居全球领先地位的种质资源研究与应用水平。20世纪70年代初，挪威国家水产遗传育种研究所[①]发起了大西洋鲑国家选择性育种计划。经过近50年的连续筛选和培育，挪威大西洋鲑养殖品种的生长速率、繁殖力、抗病能力、脂肪含量、脂肪分布和肉色等性状得到明显改进[②]，其中生长速率较20世纪70年代的养殖种群提高了115%，饵料系数下降了23%[③]。在此期间，挪威改进水产育种方法，由畜牧界普遍采用的最佳线性无偏预测育种技术逐渐转向基因组选择育种，即利用覆盖全基因组的高密度单核苷酸多态性标记，结合表型数据和系谱记录对个体育种值进行估计，从而有效缩短了选育周期，提高了育种效率与精度[②]。

持续创新的养殖装备。基于挪威海洋与峡湾的地理条件，低成本高效益的开放式网箱养殖成为挪威大西洋鲑养殖的主要方式。随着养殖产量的不断增加，环境压力和海虱治理带来的生产成本也不断提升，开放式网箱养殖方式受到挑战。为了应对环境和疾病压力，挪威政府对环境和产业可持续发展政策进行了调整，在短期内，近海开放式网箱还会是大西洋鲑的主要养殖方式。但与此同时，挪威也在不断尝试发展新型养殖模式来面对可持续发展的挑战，如陆基循环水养殖、全封闭式养殖和离岸设施养殖等[②]。

强化饲料配方优化与鱼病防治。1996年，挪威政府为了控制大西洋鲑与养殖产量的快速增长以保证出口大西洋鲑的市场价格，开始推行大西洋鲑养殖的"饲料配额"制度，规定大西洋鲑养殖场每年使用的饲料数量。这一举措不但成功维持住了大西洋鲑的出口价格，还间接地促进了饲料业的创新，使挪威研究机构和饲料公司开始将研究重点集中在提高饲料利用率和开发高能量饲料上。此外，挪威非常注重海洋资源的保护，在保证养殖鱼类健康和福利的情况下，饲料行业开始关注非海洋动物蛋白的研发与使用，通过设立研究项目，对藻类、磷虾、小鱼、桡足类、酵母、细菌以及动物和蔬菜加工的副产品等应用于水产养殖饲料的可能性进行评估。海虱是大西洋鲑养殖中最严重的寄生虫病害。挪威法律规定养殖大西洋鲑身上允许寄生的最大海虱数量为每尾成体含雌性海虱不超过0.5～1只，并对春季和其他季节分别定义了不同的最大感染阈值，每周对所有大西洋鲑或虹鳟养殖场的海虱数量进行监测和报告。为了降低海虱对野生大西洋鲑的影响，并根据实际情况增加养殖大西洋鲑的产量，2017年，挪威颁布"环境信号灯规则"。该法规将大西洋鲑养殖海岸线分为13个区，并根据海虱的数量将每个区域给予绿色、琥珀色和红色的颜色信号灯标识，绿灯代表可以增加产量，琥珀色灯代表维持现状，而红灯则代表需要减产。此外，挪威还努力通过研究药品和疫苗，采用遗传学理论和育种技术、功能饲料、机械和生物等方法去除海虱[②]。

强有力的水产品全球推介和营销网络。作为隶属于挪威贸易、工业与渔业部的上市

---

① 现已并入 Nofima 研究集团。

② 刘翀，刘晃，刘兴国，等. 挪威大西洋鲑养殖业可持续发展对中国水产养殖产业的借鉴 [J]. 渔业信息与战略，2021，36（3）：208-216.

③ GJEDREM T，ROBINSON N，RYE M. The importance of selective breeding in aquaculture to meet future demands for animal protein：A review [J]. Aquaculture，2012，350-353：117-129.

公司，挪威海产局承担在全球市场为挪威水产品树立品牌和推广营销的责任。挪威海产局在美国、英国、日本、巴西和中国等十几个国家设有代表处，每年在世界各地举办展会和推广活动，积极推广挪威水产品，并通过市场数据开展消费者行为分析等，帮助挪威水产企业了解市场情况，调整生产营销策略[①]。2023年，挪威海产局与29个市场的56家不同公司合作，共同资助了191个营销项目。在2023年11月5日至10日召开的第六届中国国际进口博览会上，作为境外组展机构，挪威海产局携挪威12家海产企业以更大展台规模二度参展。挪威海产局针对不同国家的情况，包括市场增长潜力、规模、海鲜品类销售地位、竞争情况、成本水平和市场结构等制定相应的营销预算。2024年挪威海产局预计投资4.83亿挪威克朗，在全球28个国家推广挪威海产品，该投资水平较2023年提高了2%。其中大西洋鲑和虹鳟将获得最多的投资，约2.7亿挪威克朗[②]。

（二）海洋药物与生物制品业

青岛海洋药物与生物制品产业发展历史悠久。"十四五"时期，青岛大力支持海洋生物医药科技创新，全力推进"蓝色药库"开发计划实施，奋力打造海洋药物与生物制品产业创新与发展高地。全市拥有青岛海洋生物医药研究院（下称海药院）、中国水产科学研究院黄海水产研究所（下称黄海所）等代表性科研机构，以及正大制药、明月海藻、蔚蓝生物、逢时、博益特、海利尔等代表性企业，构建了西海岸海洋高新区海洋生物产业园、崂山海洋生物特色产业园、高新区蓝色生物医药科技园等以海洋生物为主导产业的特色园区和产业集群，海洋药物与生物制品产业创新和制造能力位列全国第一梯队。

强化"蓝色药库"计划顶层设计。青岛市围绕产业发展、项目建设的关键环节持续完善海洋生物医药领域政策体系，支持"蓝色药库"开发，先后出台《关于支持"蓝色药库"开发计划的实施意见》《关于支持生物医药产业高质量发展若干政策措施的通知》，充分发挥政策导向性作用，加速海洋生物医药产业集聚成势。《中共青岛市委关于制定青岛市国民经济和社会发展第十四个五年规划和2035年远景目标的建议》，明确提出实施"蓝色药库"大科学计划。2023年12月，接续发布《关于进一步支持生物医药产业高质量发展若干政策》，提出支持"蓝色药库"项目研发、支持新药研发、支持医疗器械研发、支持创新成果转化、推动服务平台建设、鼓励开展资质认证、推动企业开拓市场等七大类具体支持措施和资金支持额度。目前，"蓝色药库"开发计划已列入科技部《国家海洋领域中长期科技发展规划战略研究》，并纳入山东省大科学计划。

创设海洋生物医药新型研发机构。海药院成立于2013年7月，是由中国海洋大学

① 刘翀，刘晃，刘兴国，等.挪威大西洋鲑养殖业可持续发展对中国水产养殖产业的借鉴［J］.渔业信息与战略，2021，36（3）：208-216.
② 挪威海产局2024年全球海产营销投资额再增加2%.中国国际渔业博览会（seafare.com.cn）

在国家海洋药物工程技术研究中心和中国海洋大学医药学院的基础上创办，按现代企业制度管理，具有独立法人资质的海洋药物协同创新基地，也是新型研发机构的典型范例。一方面，新型研发机构依托事业单位身份的公共属性、公益属性获得政府背书，与各类产学研机构形成合作，集聚优势资源推动成果产出；另一方面，其企业身份带来了资金使用、人员考核和流动等方面的灵活性，有助于面向市场促进技术落地，搭建起海洋药物研究、孵化和转化的桥梁。

探索"政产学研金服用"一体化发展模式。在强化"蓝色药库"顶层设计基础上，推动崂山实验室、中国海洋大学、海药院等耦合协同发展，打造服务于"蓝色药库"开发的综合研创平台，支持功能性原料 50 吨级产业化基地、功能性食品产业化基地、医疗器械产业化基地等"蓝色药库"产业化基地建设，并积极推进青岛国信发展（集团）有限责任公司等企业跨界挺进海洋生物医药领域；设立青岛市生物医药智库联合基金，为重点海洋生物医药项目的培育孵化创造良好条件；并创新资本引入机制，联合国有资本青岛财通集团以财政资金股权投资方式对"蓝色药库"重点新药研发项目予以"拨改投"融资支持。通过政策性引导与市场化投资的有机结合，实现创新链、资金链、产业链深度衔接。海药院发起成立"中国海洋生物医药产业联盟"，共同发起成立"国家海洋药物和生物制品产业联盟"，深度服务全国 200 多家企事业单位，覆盖山东、江苏、浙江等 20 多个省份并辐射国际。

构建"聚集开发、梯次产出"产业创新发展路径。结合海洋创新药物研发项目推进难度大、周期长、风险高、投入大等特点，青岛市坚定不移推行"聚集开发、梯次产出"模式，即瞄准一批创新性强、产业化前景好、示范效果明显、有望冲击临床准入的海洋新药重大品种，聚焦优势力量协同攻关，力争短时间内迅速催生一批海洋Ⅰ类新药进入临床试验。如海药院多管线布局"蓝色药库"新药研发，面向全球 4 万余个海洋来源活性化合物，围绕抗肿瘤、抗病毒、抗炎、免疫调节和抗心脑血管疾病，形成了"1（临床研究阶段）＋1（临床研究申请审批阶段）＋3（准备提交临床研究申请）＋5（获得候选药物）＋X（储备项目池）"项目梯队。在该模式下，海药院获得多项成果突破，联合中国海洋大学、正大制药（青岛）有限公司研发的海洋一类新药 BG136 即将进入二期临床试验，抗乙肝病毒海洋药物 LY102 进入一期临床试验，多个海洋药物正有序进入系统临床前研究，在研海洋新药和高端功能制品项目共计 40 余项[①]。

（三）海水淡化产业

作为我国北方严重缺水城市，为保障淡水供给，天津将海水淡化作为重点培育的海洋产业，积极开展技术研发和产业化，在技术研发、装备制造、工程应用和产业政策等方面取得较大进展，形成示范经验。

强化顶层设计。《天津市国民经济和社会发展第十四个五年规划和二〇三五年远景

---

① 激发"向新力"，新型研发机构怎样做．齐鲁网（iqilu.com）

目标纲要》《天津市海洋经济发展"十四五"规划》《天津市供水规划（2020—2035 年)》等，皆在海水淡化领域谋篇布局。《海水淡化利用发展行动计划（2021—2025 年)》《天津市促进海水淡化产业发展若干规定》《天津市促进海水淡化产业高质量发展实施方案》等，进一步明确了建设全国海水淡化技术创新高地、建成全国海水淡化装备制造基地和国家级海水淡化产业集群、创建全国海水淡化示范城市的发展目标与重点任务，并提出系列支持措施。如探索建立海水淡化水水价市场化形成机制，统筹海水淡化装备制造等全产业链各环节成本收益，综合核算海水淡化水价格；鼓励水电联产"以电补水"，2025 年底前，对实行两部制电价的海水淡化用电免收基本电费，支持符合条件的海水淡化企业参与电力市场交易；对海水淡化新材料新建项目，探索形成快速审批绿色通道等。

打造海水淡化技术创新高地。一是依托自然资源部天津海水淡化与综合利用研究所、天津大学、南开大学等科研院所、高校，以及膜材料与膜应用国家重点实验室、国家海水利用工程技术研究中心等"国字号"创新平台和相关企业，开展海水淡化反渗透膜、海水高压泵、能量回收装置等关键装备研发制造攻关，研发大型/超大型膜法热法海水淡化关键技术及装备成套技术、绿色环保智能化海水处理药剂技术、低能耗高值化化学资源利用技术等，集中突破海水淡化"卡脖子"技术装备，取得了一批科研成果。二是积极创建国家级创新平台，如建设大型海水淡化试验场，推动天津临港海水淡化与综合利用示范基地和大型海水淡化试验场打捆申建国家重大科技基础设施项目，推动天津市海水资源利用技术创新中心争创国家海水资源利用技术创新中心等。三是瞄准世界海水淡化科技前沿，进一步加强海水淡化有关传热传质、过程原理等方面的基础研究，提升技术原始创新能力。四是成立并依托天津海水淡化产业（人才）联盟，"立足天津，面向全国，辐射全球"，集聚海水淡化产业链各环节的优势资源，打造海水淡化创新人才高地。

打造全链条、全生命周期的海水淡化装备制造产业发展模式。天津市聚焦产业链各关键环节，在膜法/热法海水淡化产品装备、海水淡化配套产品、海水淡化工程设计服务等方面开展强链、补链工作，培育壮大海水淡化全产业生态，推动形成全链条、全生命周期的海水淡化装备制造产业发展模式，打造现代化海水淡化产业集群。具体包括，围绕打造海水淡化先进装备制造高地，重点推进中小型系列化、模块化海水淡化装置的定型，提升定制化制造能力，并做强反渗透膜组件、海水高压泵、高效能量回收装置、蒸汽喷射泵等大型热法、膜法海水淡化核心装备制造；围绕通用零部件、仪器仪表、自控系统等上下游配套环节，补短板、锻长板，开发形成多元化、高附加值的系列高端产品；针对海水淡化工程设计服务短板环节，实施精准招商，提升海水淡化工程设计、工艺集成、工程总包等软实力。

积极拓展海水淡化应用场景。天津以推进海水淡化示范工程建设为抓手，拓展海水淡化水在工业、市政等场景下的应用，并推动海水淡化水作为京津冀地区应急战略水源，实现海水淡化规模化应用。一是通过海水淡化水工业点对点供应模式为所在区域工业企业和工业园区实施供水，优先解决新增工业高纯水需求，逐步推进有条件的新增工业项目采用海水淡化水，加快海水淡化水在工业领域大规模应用。二是将海水淡化水作为滨海新区市政供水的有效补充，推动海水淡化水进入市政供水网络，构建多水源供水保障体系。三是以服务京津冀协同发展、保障区域供水安全为重点，开展海水淡化水远距离输送研究，在紧急情况下调配海水淡化产能，调蓄海水淡化水作为京津冀地区应急战略水源。

稳步开展海水淡化领域国际合作，打造中外合作项目典范。天津南港海水淡化及综合利用一体化工程项目是中国与马来西亚合作的首个大型海水淡化项目，由先达（天津）海水资源开发有限公司投资建设，以自然资源部天津海水淡化与综合利用研究所为设计和技术总牵头单位，项目一期建设 15 万吨/日规模海水淡化工程，二期增加至 30 万吨/日。值得一提的是，该项目将在 5 套系统中打造 1 套全国产化装备，对海水淡化系统的国产化测试和应用具有重要的示范意义。项目于 2022 年开工建设，目前一期已基本建设完成，并于 2024 年 1 月正式对外供水，水质及相关运行指标均达行业领先水平。

(四) 海洋交通运输业

2018 年，国家发展改革委、自然资源部联合下发关于建设海洋经济发展示范区的通知，支持全国 14 个海洋经济发展示范区建设，其中江苏连云港海洋经济发展示范区赫然在列，被赋予了"推动国际海陆物流一体化模式创新"示范任务。获批建设以来，围绕"国际海陆物流一体化模式创新"示范任务，连云港海洋经济发展示范区以加快过境转关效率为抓手，致力于推动国际班列一体化运营，完善陆海联运功能，有效提升了国际海陆联运物流效率，积累了一系列可供推广的经验。

积极参与标准制定。连云港港口集团结合创新经验，主持修订了《海铁联运列车运行与货物追踪接口》《海铁联运列车磅单报文》《海铁联运需求车提报报文》等行业标准，并作为全国首批海铁联运信息化行业标准由交通运输部印发，扩大了连云港港海铁联运品牌在世界范围内的影响力，推动了我国多式联运、海铁联运发展，降低了海铁联运信息化建设成本，也为新亚欧陆海联运通道打造成"一带一路"标杆示范提供了强有力的技术支撑。

首创中欧班列"保税＋出口"集装箱混拼模式。连云港根据企业诉求，在连云港中哈物流基地选取有混拼业务需求的一家物流企业，首次尝试中欧班列"保税＋出口"货物集装箱混拼新模式，即保税进口到国内复出境的货物与国内一般贸易出口货物混拼在同一个集装箱内进行发运，不仅有效满足了客户对小额商品过境及出口中亚地区的需求，又解决了在以往监管模式下铁路班列需凑整发运的漫长交货期，为企业节省 73% 的运输成本。

首创过境集装箱"车船直取"零等待模式。开发国际班列时效分析系统，精准记录物流全程数据。允许企业在船舶进入锚地时便开始申报流程，船舶抵港后，直接卸船分流至中哈物流基地装火车发往境外，申报、分流、审核、放行等手续办理全部电子化操作。船车（站）直取模式可省去落场、提箱、进场、等待等一系列中间环节，实现了集装箱多式联运物流全程无缝衔接和无感监管，可以帮助每个集装箱节约费用约 60%，过境时间由原来 4 天以上缩短至 1 天以内，效率提升 75%，单箱中转成本降低 60%。

创新推动一单制服务模式。连云港港口集团以"一单制"试点工作为引领，携手合作伙伴深入市场开发，优化班列运营。同时积极推进多式联运"一单制"综合物流信息平台建设与完善，平台集成订单管理、商务结算、报价发布及联运单生成等功能，通过多次系统试用与培训，已正式投入运营。"一单制"试点工作成绩斐然，其中连徐班列运输时效由原来的 30 小时缩减至 8 小时进港卸车，稳定运营频次达每周两班；合肥班列成功吸纳汽车配件、工程机械等优质货源，全程运行时间稳定在 17 小时，实现了夕发朝至的高效物流网络[①]。

（五）海上风电

盐城"风光"资源得天独厚，100 米高度年平均风速超过 7.6 米/秒，年等效满负荷小时数可达 3 000～3 600 小时，是江苏乃至全国海上风电开发建设条件最好的区域之一。盐城海上风电可开发容量超 3 000 万千瓦，其中近海约 900 万千瓦，深远海 2 400 万千瓦，占江苏规划容量的 70% 以上[②]。2016 年以来，盐城已建成海上风电场 23 个，装机容量超 554 万千瓦，规模占江苏省的 46.9%、全国的 14.9%，全球的 7.4%[③]，是名副其实的"海上风电第一城"。

以海上风电场建设引领产业集群发展。盐城加强与国有大型企业合作，先后实施了中国长江三峡集团响水近海风电项目、国电龙源大丰 200 兆瓦海上风电项目、国家电投滨海北区风电项目、大唐国信滨海 300 兆瓦海上风电项目、鲁能集团东台 200 兆瓦海上风电项目等一批海上风电场，并积极打造千万千瓦级近海和深远海海上风电示范基地，推进射阳、滨海、大丰等地百万级示范项目，实施超大功率海上风机、海上风电柔性直流等示范应用，稳妥推进深远海风电试点应用，形成海上风电规模优势。以此为基础，坚持装备制造、风场开发、港口物流等同步规划、协调推进，形成联结度高的完整产业体系。海上风电场集群的形成，为向上下游延伸产业链，联动发展关联产业打下了坚实基础。

打造完善的海上风电产业链条。依托规模化的海上风电场，坚持高起点规划、规模化发展，以海上风电装备制造、风电场建设和运营、配套服务为重点，大力实施定向招商，迅速在产业链条关键环节形成企业集聚，形成了覆盖研发设计、装备制造、资源开发、运维服务等环节的风光电全产业链。在风电场规划建设环节，引进中国华能、远景能源、西门子产业研究院、清华大学能源物联网学院等高技术企业和科研机构，打造海

---

① 创新"一单制"服务模式，连云港助力交通强国建设. 中国科技网（stdaily.com）
② 打造"海上风电第一城"！盐城崛起世界级产业集群. 中国能源网（cnenergynews.cn）
③ 江苏盐城：已建成海上风电场 23 个，装机容量超 554 万千瓦. 中国储能网（escn.com.cn）

上风电工程综合服务中心,实施风场群区域规划、海上选址优化、智能海上施工管理等高端板块;在风电装备领域,推进射阳、大丰等风电产业园建设,汇集了金风科技、远景能源、上海电气、中车等风电整机全国前五强企业中的 4 家,以及中车电机、中材科技、时代新材料等一大批零部件领军企业;在风电开发领域,国家能源、华电、华能、国投电力、三峡新能源等"五大六小"所有新能源开发央企齐聚盐城,风电产业链规模以上企业达 81 家[①]。

以技术创新夯实行业优势地位。《国家碳达峰试点(盐城)实施方案》提出,要围绕能源结构优化和能源高效利用,建立海洋可再生能源领域技术攻关目录,其中在风电领域重点研发风力发电玻纤叶片、碳纤拉挤梁叶片等可再生能源发电设备,推进智能微网风电淡化海水成套技术应用。研发智能电网关键技术,建立适应分布式能源的"源网荷储"一体化多能互补能源系统。加大对风电制氢、漂浮式风电机组、半直驱风电机组技术等风能利用技术的研发应用,实现风能技术关键材料及核心部件自主可控。

(六)海洋船舶与海洋工程装备产业

船舶与海洋工程装备产业是落实制造强国、交通强国和海洋强国战略的关键支撑,是上海建设具有全球影响力科创中心、航运中心和现代海洋城市的重要承载。上海是我国现代船舶工业的诞生地、海洋工程装备科研创新的前沿阵地,也是全国唯一一个集船舶海工研发、制造、验证试验和港机建造于一体的城市,形成了较为完整的海洋装备产业链,研发并孵化了一批具有国际竞争力的高端船舶海洋工程装备,发展经验值得借鉴。

推动海洋装备向高端设计前端和制造服务后端双向延伸。《上海市先进制造业发展"十四五"规划》指出,高端船舶和海洋工程装备将以自主设计、系统配套为重点,大力发展大型邮轮、20000 标准箱(TEU)及以上集装箱船、大型/超大型液化天然气(LNG)船、液化石油气(VLGC)船、豪华滚装船、全自动化码头作业装备、海上油气开采加工平台、海洋牧场装备等高技术高附加值产品,加快突破设计、建造等环节的关键技术,打造国内最具实力的船舶和海洋工程装备研发、设计、总承包基地[②]。

强化分工明确、特色显著的海洋先进制造基地建设。《上海船舶与海洋工程装备产业高质量发展行动计划(2023—2025 年)》提出,加快造船基地转型升级,发挥总装制造企业带动作用,建设海洋先进制造基地。崇明长兴岛加快推进重大产业项目建设,打造集研发设计、试验验证、总装制造、修理改装、技术服务于一体的高技术船舶和海洋工程装备集聚区。浦东新区、宝山区加快建设邮轮小镇和邮轮产业特色园,打造大型邮轮研发设计、总装建造和配套产业集聚区。中国(上海)自由贸易试验区临港新片区聚

---

① 打造"海上风电第一城"盐城崛起世界级产业集群.人民周刊网(peopleweekly.cn)
② 上海市人民政府办公厅关于印发《上海市先进制造业发展"十四五"规划》的通知.上海市人民政府门户网站(shanghai.gov.cn)

焦海洋创新园和动力之源特色园区，加快发展船舶动力及深远海装备，打造以海洋动力为引领的高端装备集聚区[①]。

加快创新平台体系化建设。上海海洋装备科研创新资源丰富，聚集了上海交通大学、华东师范大学、同济大学等高等院校，中船704、708、711、726等科研院所，以及海洋工程装备制造业创新中心等研发功能平台和中国智能船舶联盟等协会联盟。为充分发挥研发资源优势，上海市提出加快推进创新平台体系化，加快国家级海洋工程装备创新平台和国家技术标准创新基地建设，筹建国家级海洋工程装备制造业创新中心、船舶动力制造业创新中心，以及市级大型邮轮、水下油气制造业创新中心，构建大型船舶及低温系统等关键系统综合性能测试验证平台，将长兴海洋实验室打造成为国家战略科技力量的重要平台。瞄准深海极地装备、海上油气装备、绿色智能船舶、总装建造数字化转型以及船舶电动化等重点方向，争取国家级重点实验室、研发机构、检测机构等创新平台落户；支持龙头企业组建生态型创新联合体，联合高校和科研院所建设一批中小企业技术中心和工程中心，推进产业基础再造和重大技术创新[①]。

推动船舶海工绿色化、智能化转型。响应全球船舶海工绿色化、智能化发展趋势，围绕加强绿色设计、推动绿色制造、提升绿色配套等深入实施船舶海工绿色转型行动；围绕推进数字化贯通、推进智能化提升实施船舶海工数字升级行动[①]。

以重点工程为牵引寻求关键领域加快突破。《上海船舶与海洋工程装备产业高质量发展行动计划（2023—2025年）》提出，实施大型液化天然气船提升工程、大型邮轮创新工程、深海采矿海试工程、船舶动力突破工程、智能制造应用工程、电动船舶示范工程、港口装备提质工程、深海油气水下生产系统研制工程等八大工程，寻求关键领域加快突破[①]。

（七）航天产业

武汉国家航天产业基地是国家发展改革委批复的三大国家级航天产业基地之一，也是全国首个商业航天产业基地，重点发展商业航天运载火箭及发射服务、卫星平台及载荷、空间信息应用服务、航天地面设备及制造等四大主导产业。自2017年启动建设以来，已实现最高年产50枚火箭的能力，构建起星、箭、云和航天材料齐聚的产业主链[②]。

强化顶层谋划设计。2022年3月16日，发布《市人民政府关于加快推进我市航天产业发展的实施意见》，提出锚定"中国航天第三极"发展目标，聚焦主导产业，拓展延伸基础产业，打造引领中部的航天产业集聚区，建设成为国内一流的航天产业发展先行区和商业航天产业基地[③]。2024年7月16日，发布《市人民政府关于印发武汉市推

---

① 关于印发《上海船舶与海洋工程装备产业高质量发展行动计划（2023—2025年）》的通知. 上海市人民政府门户网站（shanghai. gov. cn）

② 武汉商业航天飞向更广空间（经济聚焦）. 人民网（paper. people. com. cn）

③ 市人民政府关于加快推进我市航天产业发展的实施意见. 武汉市人民政府门户网站（wuhan. gov. cn）

进商业航天突破性发展若干措施的通知》，围绕突破性联动错位发展、突破性营造创新生态、突破性促进产业集聚等给予强力政策支持[①]。

构建"一核两区多园"空间发展格局。武汉市按照"统筹推进、特色集聚、重点突破、协同创新"的原则，因地制宜打造商业航天产业创新聚集区，构建"一核两区多园"发展格局。其中"一核"，即武汉国家航天产业基地，重点布局新型运载火箭、卫星平台及载荷等研发、制造和发射服务，地面及终端产品制造，卫星测运控、卫星互联网、通导遥一体化等应用，打造"中国星谷"。"两区"，即支持武汉临空港经济技术开发区打造"先进制造集聚区"，重点开展运载火箭、卫星平台及载荷的核心技术攻关、重点产品和关键零部件研制；支持东湖新技术开发区建设"创新应用集聚区"，重点发展以北斗产业为核心的空间信息数据获取、处理、分发等业态，打造国家地球空间信息及应用服务创新型产业集群。"多园"，即支持武汉经济技术开发区、江岸区、黄陂区等区发挥本地基础优势，建设若干"航天＋"示范产业园，围绕航天育种、航天智能制造、航天新材料、航天新能源、航天应用服务等领域，推进特色延伸产业集聚发展[②]。

突破性营造创新生态。武汉围绕提高商业航天企业创新能力、加快商业航天科技成果转化出台强有力支持政策。对牵头承担国家科技创新2030—重大项目、国家科技重大专项、国家重点研发计划、国家外国专家项目的商业航天企业，给予国家拨付资金最高50％、单个项目最高500万元支持。以"揭榜挂帅""军令状"等方式支持可重复使用火箭研发、卫星通导遥一体化、航天配套分系统、空间信息应用等商业航天重大关键核心技术攻关，给予单个项目最高3 000万元支持，并赋予技术路线自主选择权和资金使用支配权。对新获批建设的商业航天国家产业创新中心、技术创新中心、工程研究中心等项目，给予1 000万元支持。围绕商业航天技术测试认证、真实性检验、仿真实验、空间环境建模等领域，支持建设中小企业服务、科技成果转化及其他类型公共服务平台，按照平台新设备购置或者改造费用实际发生额的20％分3年给予最高2 000万元资金支持。对符合条件的商业航天类中试平台，在综合关键大型仪器设备投入成本和中试平台对外开放频次、服务质量、产出成效的基础上，择优给予最高1 000万元支持[②]。

突破性促进产业集聚。围绕扩大商业航天场景应用开放、加速商业航天企业智能化改造数字化转型、支持商业航天企业梯次发展、加大商业航天投资促进力度、提高要素市场配置效率等出台强力政策，促进产业集聚发展。如每年遴选发布10个商业航天应用示范项目，对被确定为省级应用示范项目并获省级补贴资金的项目，市级按照1∶1比例给予配套支持。支持商业航天首台重大技术装备、首批次新材料、首版次软件、首轮次工程流片芯片市场首用，择优给予单个项目最高1 000万元支持。对市内自主研制、成功发射的运载火箭和成功入轨的各类卫星，获得省级奖励资金的，市级按照

---

① 市人民政府关于印发武汉市推进商业航天突破性发展若干措施的通知. 武汉市人民政府门户网站（wuhan. gov. cn）

② 市人民政府关于加快推进我市航天产业发展的实施意见. 武汉市人民政府门户网站（wuhan. gov. cn）

1∶1比例给予配套支持。对符合条件的商业航天产业化投资和技术改造项目，依据生产性设备购置与改造投资总额的8％给予最高不超过800万元资金支持；对符合条件的商业航天智能化改造项目，依据生产性设备投资及研发投入总额的8％给予最高不超过1 000万元资金支持。对实施技术改造后入选国家"数字领航"企业和认定为市级标杆智能（链主）工厂、市级智能化改造示范项目的企业，分别给予1 000万元、500万元、200万元一次性奖励。对实施技术改造后获批国家制造业单项冠军示范企业，给予100万元一次性奖励。对首次获批或者复核获批国家智能制造、新一代信息技术与制造业融合、工业互联网、制造业"双创"、绿色工厂等国家试点示范的企业（项目），分别给予100万元一次性奖励。对首次纳入规模以上工业企业的商业航天企业，市级财政给予20万元奖励，自进入当年起连续两年年度营业收入均增长15％（含）以上的，给予10万元一次性"稳规"奖励，各区按照市级奖励标准给予不低于1∶1配套支持。对获批专精特新"小巨人"的商业航天企业，市级财政给予50万元奖励。加快商业航天独角兽企业培育，对经认定入库并入选国内外权威机构榜单的，市级给予100万元奖励支持，并由各所在区按政策给予最高1 000万元奖励支持①。

（八）蓝色金融

以蓝色债券、蓝色保险、蓝色信贷等为代表的蓝色金融创新工具，为海洋资源保护和开发利用活动提供强有力支撑。我国沿海省（自治区、直辖市）积极探索蓝色金融产品和模式创新，形成了一些可复制、可推广的经验。

蓝色债券创新实践。2020年11月，兴业银行发行我国境内首个蓝色债券——青岛水务集团第一期绿色中期票据，发行规模3亿元，用于青岛百发海水淡化厂扩建工程项目建设②。截至2023年12月31日，境内蓝色债券共计发行27只，发行规模达172.63亿元③。2024年9月，中信证券作为承销服务机构助力山东能源集团有限公司成功定价5年期5亿美元蓝色可交换债券，这是全球首单蓝色可交换债券，也是煤炭能源类企业全球首单蓝色债券④。

蓝色保险创新实践。2013年，人保财险国内第一单海水养殖风力指数保险落地大连獐子岛。"獐子岛集团风力指数保险"是人保财险专门为獐子岛集团量身定做的以风力指数作为承保理赔依据的创新型保险产品，解决了长期以来阻碍水产养殖保险发展的难题。此保险产品为獐子岛集团在大连长海、山东荣成和山东长岛的海珍品增养殖海域提供了总额高达4亿元的风险保障⑤。2021年，首单政策性深海海水网箱养殖风灾指数

① 市人民政府关于印发武汉市推进商业航天突破性发展若干措施的通知．武汉市人民政府门户网站（wuhan. gov. cn）
② 兴业银行：为海洋保护与利用增添一抹兴业蓝．新浪财经（finance. sina. com. cn）
③ 2023年国内蓝色债券市场年报．搜狐网（sohu. com）
④ 中信证券助力山东能源集团发行5亿美元蓝色可交换债券．新浪财经（finance. sina. com. cn）
⑤ 国内首份风力指数型水产养殖保险生效．央广网（dl. cnr. cn）

保险落地广东汕头。根据该保险内容，在保险期间内，所承保区域的风力指数达到保险合同约定的起赔标准时，将视为保险事故发生，被保险人可按照保险合同的约定获得赔偿①。2022年，中华联合财险山东分公司在日照推出"海洋牧场巨灾保险"。该保险以日照市近海海域的海洋牧场为承保标的区域，当约定中的台风风灾、海水温度高温灾害等海洋灾害出现，并且使得海洋牧场养殖企业海产品产量减少或投入必要的防灾减灾费用时，公司将依据约定的海洋指标承担赔偿责任②。同年，国内首款商业性"海草床碳汇指数保险"在威海市成功落地，"牡蛎碳汇指数保险"亦随后落地。其中，海草床碳汇指数保险以海草床为保险标的，以海草床碳汇富余价值（包括固碳经济价值和修复成本）为补偿依据，以海草床因特定海洋环境变化造成的碳汇减弱事件为保险责任，充分保障海草床固碳的生态效益和经济价值③。之后，全国首单"政策性贝类海洋碳汇指数保险""牡蛎养殖气象指数保险"等亦相继推出。2023年，人保财险湛江市分公司落地全省首单半潜桁架式深海网箱保险，为海上生蚝养殖产业提供保险保障金额4.4亿元。2023年10月，中国平安财产保险股份有限公司福建分公司在宁德霞浦推出渔排养殖工人专属意外险产品"渔业零工保"，全面覆盖因工作导致的意外伤害、伤残及医疗费用等。

蓝色信贷创新实践。福州作为国家海洋经济创新发展示范区，根据不同海洋产业的金融需求，支持福州金融机构创新海洋特色信贷产品。福州邮储银行福州分行推出"鲍鱼贷"，福州农商行办理"渔保卡"，海峡银行推出"福海贷""蔚蓝贷""渔业生产企业补贴贷""个人渔船抵押贷款"等系列金融产品。海峡银行根据远洋渔业跨境外汇业务结算特点，创新远洋渔业跨境外汇结算业务，支持远洋渔业发展。为切实服务海洋企业发展需求，各机构合理确定贷款期限、利率和偿还方式。如专门针对涉海中小微企业主的"蔚蓝贷"，组合抵押率100%，最高授信额度500万元，授信期限5年，贷款期限1年，贷款利率4.75%/年（贷款利率具体以贷款发放时一年期LPR+90BP执行），支持自助免评估房产估价。

蓝色基金创新实践。2021年6月，总规模200亿元的福建省海洋经济产业投资基金落户宁德，由宁德市国投公司承担海洋基金组建工作。2022年1月，宁德市国投公司发起组建的福建省海洋经济产业投资基金母基金在中国证券投资基金业协会成功备案，标志着海洋基金正式进入投资运作阶段。2024年8月，福建省海洋经济产业投资基金第四支子基金——宁德市汇聚新能股权投资合伙企业（有限合伙）完成中国证券投资基金业协会备案工作，基金规模6亿元。2022年，深圳市绿色航运基金成立，由深圳市交通运输局主管，深圳赤道基金管理有限公司运营，总规模100亿元人民币，旨在发挥资本引领作用，促进深圳航运业转型升级。

---

① 海水网箱养殖有了保险，1400万元台风灾害保障落地广东汕尾．搜狐网（sohu.com）
② 中华联合财险山东分公司海洋牧场巨灾保险为"耕海牧渔"撑起"保护伞"．中国经济网（city.ce.cn）
③ 中国人寿财险护航碳中和目标推进——全国首单海洋碳汇指数保险落地山东威海．新华网（xinhuanet.com）

附录 2　海洋科技创新相关案例与经验

作为国家沿海重要中心城市，青岛市海洋科研资源丰富、科研实力雄厚，集聚了崂山实验室、中国海洋大学、中国科学院海洋研究所、自然资源部第一海洋研究所等一大批涉海科研机构，拥有的涉海院士数量、海洋高端平台数量、海洋领域国际领跑技术数量，均居全国第一①。长期以来，围绕打造具有重要影响力的国际海洋科技创新中心，青岛深入推动海洋科技领域改革创新，积极出台"海创计划""沃土计划""硕果计划"等措施，加快构建产学研协同创新体系，推动海洋科技创新能力持续提升。

（一）打造国际海洋科技创新中心

2021 年 12 月，青岛市科技局印发《实施"海创计划"加快推进涉海科技企业创新发展的若干举措》（以下简称"海创计划"），2022 年 5 月，印发"海创计划"实施细则《青岛市海洋科技创新示范工程管理办法》，推动全市海洋科技创新取得显著成效。2024 年 8 月 1 日，青岛市人民政府办公厅印发《深入实施"海创计划"加快打造国际海洋科技创新中心三年行动方案（2024—2026 年）》（简称"海创计划 2.0"），提出到2026 年，新增 10 家及以上海洋高端创新平台、突破 100 项以上关键技术、引进 200 名以上海洋高端人才，海洋高新技术企业超过 1 000 家，深度参与全球海洋治理，推动青岛成为海洋原始创新策源地、现代海洋产业创新要地、海洋高端人才集聚地、海洋科技国际合作开放高地，初步建成具有重要影响力的国际海洋科技创新中心。围绕上述目标，提出了"6+2"领域布局，即海洋信息、船舶与海工装备、智能航运、海洋药物与生物制品、现代海洋渔业、海水淡化和海洋新能源 6 个优势产业，以及海洋物联网、深海开发 2 个未来产业，8 个领域共涉及 24 个方向、100 余项重点技术。聚焦"6+2"领域 24 个方向，提出实施海洋高端平台建设、海洋产业创新引领、海洋科技成果转化、海洋科技型企业培优、海洋高层次人才引育、海洋国际合作拓展等六大提升工程，共18 项重点工作任务②。

（二）提升企业自主创新能力

2021 年 12 月 3 日，青岛市人民政府印发《青岛市实施"沃土计划"加快培育科技型企业三年行动方案（2022—2024 年）》，提出建立国家高新技术企业（以下简称"高企"）培育库和高企上市培育库，推动创新要素向企业集聚，厚植企业成长沃土，壮大科技型中小企业、高企、科技领军企业队伍，支撑引领全市经济高质量发展。到 2024 年，

---

① 青岛市深入实施"海创计划"加快打造国际海洋科技创新中心. 中国网（http：//zw. china. com. cn/）

② 青岛市人民政府办公厅关于印《发青岛市深入实施"海创计划"加快打造国际海洋科技创新中心行动方案（2024—2026 年）》的通知. 青岛政务网（qingdao. gov. cn）

力争实现"三个翻一番、一个全覆盖",即科技型中小企业数量翻一番,超过 10 000 家;高企数量翻一番,超过 8 000 家;上市高企数量翻一番,超过 60 家;规模以上工业企业实现研发机构全覆盖。

围绕上述目标,提出八项具体支持措施。一是实施高企育苗工程。建立高企培育库,根据企业有效知识产权及研发投入等情况,每年遴选 1 000 家左右科技型中小企业入库培育,引导企业规范研发管理。对有成长性的入库企业,市、区(市)两级给予最高 10 万元奖补。二是支持企业认定高企。对首次通过高企认定的给予 15 万元奖补,并按其认定当年可加计扣除研发费用的 10% 给予最高 30 万元奖补;对再次通过认定的给予 10 万元奖补。全面落实高企税收优惠政策,对通过认定的高企减按 15% 征收企业所得税。三是支持高企上市发展。建立高企上市培育库,根据企业研发领域、科创属性、财务状况等指标,遴选 100 家左右高企入库培育。对入库企业按其可加计扣除研发费用较上年度新增部分的 20% 给予奖补,每家企业年度最高奖补 300 万元。对符合条件的入库企业给予一次性 20 万元科技项目支持,积极推荐申报国家、省科技项目、人才、平台、奖励等政策。四是支持规上工业企业建立研发机构。支持具备"六有"(有研发场地、有研发人员、有研发设备、有研发投入、有研发项目、有研发制度)条件的企业建设线下研发中心,每年遴选不超过 300 家认定为市技术创新中心。根据运营绩效每年遴选不超过 100 家,每家给予最高 30 万元奖补。支持暂不具备"六有"条件的企业建设"云上研发中心"。对注册使用"云上研发中心"并实际开展研发活动的企业,根据运营绩效每年遴选不超过 500 家,每家给予最高 5 万元奖补。五是支持企业加大研发投入。对纳入统计的规上工业及服务业企业,经核定当年企业研发费用较上年度新增 100 万元以上,且增量排序居前 200 位的,按不超过研发经费增加额 20% 的标准,每家给予最高 50 万元奖补。六是强化创新载体建设。推动青岛高新区"一区多园"建设,支持园区企业技术攻关、平台建设等项目,每个项目给予最高 500 万元支持。鼓励区(市)聚焦重点产业引进培育高水平研发平台和企业研发机构,市级给予最高 3 000 万元支持。支持头部企业或知名科创服务机构建设专业化中试平台、熟化基地、创业载体,根据项目投入和绩效情况择优给予最高 2 000 万元支持。引导孵化器高质量发展,打造标杆孵化器,经认定后给予最高 1 000 万元支持。对新认定的国家孵化器给予最高 100 万元奖励。打造专业化孵化器,对绩效突出的给予最高 30 万元奖励。七是引导社会资本支持企业创新。筹建市高新科技投资集团,发挥科创母基金和其他各类基金作用,聚焦重点产业助力科技型企业融资发展。开展科技信贷"白名单"、企业"首贷""增贷"业务试点,对发生信贷损失的试点金融机构给予补助。推广"投(保)贷"等科技金融产品,企业通过投(保)贷联动业务获得贷款额度 500 万元及以下的,按照同期贷款基准利率予以全额贴息;500 万元至 1 000 万元部分,按照同期贷款基准利率 50% 予以贴息。鼓励商业银行设立科技(特色)支行,打造 10 家以上科技(特色)支行。八是强化创新创业服务。支持科技型中小企业利用"创新券"购买科技研发、检验检测等服务,按实际支付费用最高 50% 比例予以兑付,每家企业年兑付不超过 20 万元。支持技术合同服务点深化产学研对接服务，按上年度登记技术合同成交额给予最高 50 万元补助。支持企业参加中国创新创业大赛，对青岛赛区获奖企业给予最高 30 万元奖励，对在青落户的外地获奖企业给予最高 100 万元奖励。支持社会力量举办具有影响力的创新创业大赛等活动，给予最高 200 万元补助①。

（三）促进海洋科技成果转移转化

2022 年 5 月 8 日，青岛市人民政府印发《青岛市实施"硕果计划"加快促进科技成果转移转化的若干政策措施》，提出力争到 2024 年实现"四个倍增"，即全市输出和吸纳技术合同成交额达到 1 200 亿元、专业技术转移人才超过 2 000 名、高校院所本地转化科技成果数量超过 2 000 项、孵化器在孵科技型中小企业数量达到 4 000 家以上。围绕上述目标，提出了一系列支持措施。一是优化科技成果源头供给，包括激发高校服务地方活力、引导研发机构定向服务企业、支持企业建设创新联合体、激励科技人员释放创新创业潜能、建立科技成果价值评估制度等。二是促进科技成果落地转化，包括支持企业实施科技成果产业化、支持科技成果示范应用场景建设、打造科技成果转化示范园区、搭建科技成果中试熟化平台体系等。三是加强科技成果转化市场要素集聚，包括培养壮大技术转移专业队伍、打造高水平专业化创业孵化载体、建立全链条支持科技成果转化基金群、推进大型科学仪器设备开放共享和科技创新券服务、建立科技成果交易平台等。四是强化科技成果转化服务支撑，包括建立科技成果信息服务系统、健全科技成果转化奖励和尽职免责机制等②。

（四）以科技创新引领现代海洋产业体系建设

2024 年 11 月 15 日，青岛市人民政府办公厅印发《青岛市以科技创新引领构建现代海洋产业体系培育打造海洋新质生产力行动方案（2025—2027 年）》，围绕海洋装备产业、海洋药物和生物制品产业、海水淡化与综合利用产业、海洋新能源产业、深海开发产业、海洋电子信息产业、现代渔业、海洋化工业等领域提出打造具有国际竞争力的现代海洋产业体系，加快培育海洋新质生产力的八大任务。围绕八大任务，提出系列保障措施，包括布局一批具有牵引性的重大科技项目和重大工程，深入实施"海创计划"，建立产学研联盟，构建创新协同、供应链互通的产业创新生态；引育高素质海洋科技产业人才，推动校地耦合发展，建立海洋高层次人才库和海内外高端紧缺人才招引清单，加大人才、技术等创新要素交流合作。加强海洋新兴产业、未来产业发展规划研究，编制"海洋产业链生命树"，构建海洋产业装备技术和产业发展路线图；制定海洋领域重点产业招引目标清单，实施海洋项目全生命周期管理，打造海洋特色产业集聚区，建设

---

① 关于印发青岛市实施"沃土计划"加快培育科技型企业三年行动方案（2022—2024 年）的通知. 青岛政务网（qingdao. gov. cn）
② 关于印发青岛市实施"硕果计划"加快促进科技成果转移转化若干政策措施的通知. 青岛政务网（qingdao. gov. cn）

新型深远海养殖综合产业集聚区；优化海洋经济发展法治化环境，加大海洋政策资金保障力度，构建多元化投入体系，支持金融机构开发契合海洋产业特点的金融产品，发挥"蓝色金融"保障作用①。

附录 3 海洋生态保护相关案例与经验

（一）入海排污口分级分类管理

为进一步完善入海排污口监管体系，推进入海排污口规范化管理，2023 年 10 月 17 日，海南省生态环境厅印发《海南省入海排污口分级分类管理规定（试行）》（以下简称《规定》）。《规定》明确了有关定义与适用范围、入海排污口分类、入海排污口设置、入海排污口责任主体等相关内容，并就重点管理入海排污口、一般管理入海排污口、简化管理入海排污口的设置备案要求、规范化建设要求、监测要求等内容作出明确规定。《规定》进一步明确了入海排污口备案主体与部门、备案流程、备案变更、历史排污口备案，以及入海排污口规范化建设、监督检查、台账更新等相关管理规范。②

（二）制定生态保护正面和禁止事项清单

为加强生态环境保护，推动广西绿色发展，2022 年 12 月 19 日，广西壮族自治区生态环境厅、广西壮族自治区发展和改革委员会、广西壮族自治区工业和信息化厅、广西壮族自治区财政厅等 13 个部门印发《广西生态保护正面清单（2022）》和《广西生态保护禁止事项清单（2022）》。其中，《广西生态保护正面清单（2022）》共 30 条，包括鼓励节能降碳先进技术研发和推广应用，倡导绿色消费；鼓励各地构建绿色低碳循环发展经济体系，开展生态环境导向的开发模式试点项目；鼓励发展生态与农业、旅游、养生、文化、体育等跨界融合新业态新模式；鼓励完善生态产品绿色设计和绿色制造标准体系，加快传统产业和产业园区生态化改造；鼓励各地符合国土空间规划、能源发展规划和环境影响评价的清洁煤电、风电、水电、光伏、新型储能、抽水蓄能、核电、天然气发电、氢能、生物质能、地热能、海洋能、煤炭油气储运设施、充电设施等绿色清洁能源开发利用项目实行审批"绿色通道"等。《广西生态保护禁止事项清单（2022）》共 30 条，包括禁止在自然保护区的实验区内建设污染环境、破坏资源或者景观的生产设施；禁止破坏或者随意改变风景名胜区内的景观和自然环境；禁止占用红树林湿地，除国家及自治区重大项目、防灾减灾等需要外；禁止在以水鸟为保护对象的自然保护地及其他重要栖息地从事捕鱼、挖捕底栖生物、捡拾鸟蛋、破坏鸟巢等危及水鸟生存、繁衍

---

① 青岛市人民政府办公厅关于印发《以科技创新引领构建现代海洋产业体系培育打造海洋新质生产力行动方案（2025—2027 年）》的通知．青岛政务网（qingdao.gov.cn）

② 关于印发《海南省入海排污口分级分类管理规定（试行）》的通知．海南省生态环境厅（hainan.gov.cn）

的活动；禁止在无居民海岛弃置或者向其周边海域倾倒固体废物等①。

（三）加强生物多样性保护

2023 年 1 月，广州市生态环境保护委员会办公室印发《广州市生物多样性保护实施方案（2022—2024 年)》(以下简称《方案》)，结合广州生物多样性保护需求和工作实际，提出了完善管理制度、开展调查监测、保护生态系统、加强物种保护、保障生物安全、抓好宣传教育等 6 方面、23 条、36 项具体任务。《方案》提出，要将生物多样性保护纳入地方保护规划。在制定市、区国民经济和社会发展规划时，应提出生物多样性保护目标和任务。将生物多样性保护纳入市、区国土空间、林业、渔业、农业、水务、生态环境保护等有关领域中长期规划。同时严格划定或规划江河源头区、重要水源涵养区、饮用水水源保护区和重要渔业水域、自然保护区、森林公园等重要生态用地，落实上述区域管控要求，保护区域内的自然生态系统，防止城乡建设和改造导致生态环境破坏和生态功能退化。根据《方案》，广州将完善生态环境质量监测网络，加强水、气、土壤等环境质量监测，实现环境质量、污染源和生态状况监测广泛覆盖，全面提高监测自动化、标准化、信息化水平。组织开展全市森林资源、湿地资源调查，并建立档案信息管理系统等；同时开展广州市主要饮用水水源地、主要河道、典型污染水体、入海河口等水体的水生态摸底调查。同时，广州将组织开展物种多样性调查。包括开展野生动物资源调查、监测和评估，建立野生动物资源档案，制定陆生野生动物栖息地保护规划；组织广州市植物资源本底调查，建立重点保护野生植物资源数据库；开展农业种质资源（主要包括作物、畜禽、水产、农业微生物种质资源）全面普查、系统调查与抢救性收集，加快查清农业种质资源家底。逐步开展流溪河、增江等重要水体的水生态监测与河湖健康评估。在海洋生态保护方面，提出促进南部沿海防护林区的生态修复，以海鸥岛、南沙湿地等为重点，积极推进红树林湿地生态修复②。

（四）探索海洋生态植被救治保险

互花米草是中国沿海危害重大的外来入侵物种，具有强大繁殖力，全国面积高达100 万亩。互花米草不仅对近海生物栖息环境和红树林、芦苇等乡土植被造成极大危害，影响滩涂养殖、船只出行，而且易诱发赤潮，威胁滨海湿地生物多样性和生态系统安全。为消除互花米草危害，国务院有关部门会同国家林业和草原局等五部门联合印发《互花米草防治专项行动计划（2022—2025 年)》，力争到 2025 年全国互花米草得到有效治理，各省份清除率达到 90% 以上。2022 年 9 月 27 日，福建省人民政府办公厅印发《福建省互花米草除治攻坚行动方案》，明确到 2023 年 9 月底，基本完成全省已有 136 620 亩及

---

① 广西壮族自治区生态环境厅等部门关于印发《广西生态保护正面清单（2022)》和《广西生态保护禁止事项清单（2022)》的通知 . 广西壮族自治区生态环境厅网站（sthjt. gxzf. gov. cn)

② 广州出台生物多样性保护实施方案 明确 36 项具体任务，开展物种多样性调查 . 中华人民共和国生态环境部（mee. gov. cn)

新增互花米草的除治；到 2024 年底，除治后的滩涂基本得到科学修复，生态功能持续恢复，形成较好的景观效果。2023 年 2 月 28 日，全国首单海洋生态植被救治保险（互花米草防治专用）在福建宁德福鼎市试点落地，将为福鼎市 1 万亩海域生态植被提供 1 000 万元的风险保障。该保险以福鼎市林业局作为投保人，以投保地理区域内的红树林、芦苇等海洋生态植被作为保险标的。保险期间内，当出现因互花米草的入侵、繁殖直接造成海洋生态植被无法正常生长需要保护救治的情况，保险公司对主管部门防治与改善海洋植被生态功能而投入的必要、合理的费用予以赔付，赔款可用于包括刈割、人工深翻、覆膜、淹水、植被补种等费用支出。一旦出险，保险公司将借助无人机监测损失情况，与主管部门联合查勘定损，在灾后第一时间将赔款支付到位，为灾后减损、海洋生态植被修复争取宝贵时间。全国首单海洋生态植被救治保险（互花米草防治专用）的落地，扩大了政府专项资金使用效益，也为保险行业助力互花米草除治攻坚专项行动提供了可复制推广的模式[①]。

（五）推进"零碳岛"建设

2024 年 5 月 26 日，以"风光氢储 零碳未来"为主题的"2024 碳中和"零碳中国峰会暨第七届中国能源投资国际论坛在北京昌平召开，福建莆田市湄洲岛"零碳岛"综合示范项目入选《2024 优秀"零碳"案例及解决方案》。湄洲岛积极探索绿色低碳实践，全面推动化石能源电替代，实现公共交通全电绿色出行、酒店民宿行业全电厨房普及；开展"清风工程"和"阳光工程"，大幅提高了新能源使用比例，基本完成了绿电对传统能源的覆盖；建立了贯穿全岛的"中水回用工程"，循环用水量达到全岛用水量的一半；实行垃圾分类收集，厨余垃圾全收集全利用，日均产出 50 千克有机肥料；研发应用"多端互联低压柔性微电网"，有效缓解了负荷高峰期的电力供应压力，通过直流并网和直流消纳技术应用，降低了能源传输损耗，提升了新能源的使用效率。此外，引入 ESG（环境 environment、社会 social 和治理 governance 三个维度）评估体系，搭建了海岛级碳管理平台，对全岛的能源消费和碳排放进行严格监控和管理。2023 年，湄洲岛通过大量接入绿电及减少化石能源消耗，总减碳量达到 16 730 吨[②]。

附录 4　海洋综合治理相关案例与经验

（一）推进海域使用权立体分层设权

2022 年 4 月 8 日，浙江省自然资源厅发布《关于推进海域使用权立体分层设权的通知》，提出探索实施海域使用权立体分层设权，逐步完善海域资产产权制度，充分发挥海洋资源效益，统筹推进海洋高质量发展和高水平保护。该通知确立了海域使用权立

---

① 全国首单互花米草防治保险落地福建. 福建省林业局（lyj. fujian. gov. cn）
② 湄洲岛"零碳岛"综合示范项目入选"零碳中国"优秀案例. 福建省人民政府门户网站（fujian. gov. cn）

体分层设权的原则，即因地制宜、稳妥推进，功能优先、适度兼容，依法设权、合规运行；同时明确了分层设权空间范围、海域使用论证内容、立体分层设权审批要求、立体分层设权不动产登记、立体分层设权海域监测修复等相关规范①。2022年12月16日，广西壮族自治区海洋局、广西壮族自治区自然资源厅发布《关于开展海域使用权立体分层设权工作的意见》，对未来三年内积极稳妥推进立体分层设权工作作出具体规定。该意见明确海域使用权立体分层设权"如何分层""如何论证""如何审批""如何登记"等关键环节，从立体分层用海类型、国土空间规划引领、海域使用论证、用海审批、产权登记、海域有偿使用六个方面提出了具体要求②。2023年7月25日，辽宁省自然资源厅下发《关于推进海域使用权立体分层设权的通知》，要求沿海六市和大连市科学开展立体分层设权工作。该通知从明确可设立体分层设权的用海类型、强化国土空间规划的约束和引领、加强海域使用论证、规范用海审批出让、做好立体分层设权不动产登记等五个方面做出明确规定和要求，同时提出加强组织领导、完善配套政策、严格监督管理等方面的监督保障措施③。2023年9月18日，广东省自然资源厅下发《关于推进海域使用权立体分层设权的通知》，涵盖明确海域使用权立体分层设权的范围、强化海域使用论证、规范用海报批程序、加强海域使用金征收管理、做好海域使用权不动产登记等五方面内容④。

（二）加强用海要素保障

为加强海洋旅游业用海要素保障和规范服务管理，促进海洋旅游业高质量发展，2023年1月18日，海南省自然资源和规划厅、海南省财政厅、海南省旅游和文化广电体育厅联合印发《关于加强海洋旅游业用海要素保障和服务管理的若干意见》。该意见从用海要素保障和活动规范层面支持海洋旅游业发展，主要包括3部分、共计12条措施。一是强化国土空间规划引领和管控；二是规范旅游用海论证审批，包括科学开展海域使用论证、明确旅游用海审批范围、规范海域使用权审批出让、加强海域使用权续期管理、降低旅游用海成本、做好旅游用海服务保障等；三是加强旅游用海生态保护和监管，包括严格自然岸线保护修复、加强潜水活动生态保护和修复、规范沙滩管理和生态保护、切实加强旅游用海监管等⑤。2023年8月31日，江苏省自然资源厅发布《关于进一步做好用地用海要素保障的通知》，就进一步做好用地用海要素保障，推动全省高质量发展继续走在前列，提出了系列措施。具体包括强化规划支撑引领、精准配置用地计划、提升用地保障效能、优化用海用岛服务等。围绕用海用岛，提出了改进项目海域

---

① 浙江省自然资源厅关于推进海域使用权立体分层设权的通知. 浙江省资源厅（zrzyt. zj. gov. cn）
② 广西壮族自治区海洋局广西壮族自治区自然资源厅关于开展海域使用权立体分层设权工作的意见. 广西壮族自治区海洋局网站（hyj. gxzf. gov. cn）
③ 关于推进海域使用权立体分层设权的通知. 辽宁省自然资源厅（zrzy. ln. gov. cn）
④ 广东省自然资源厅关于推进海域使用权立体分层设权的通知. 广东省人民政府门户网站（gd. gov. cn）
⑤ 海南省财政厅 海南省旅游和文化广电体育厅印发《关于加强海洋旅游业用海要素保障和服务管理的若干意见》的通知. 海南省自然资源和规划厅（lr. hainan. gov. cn）

使用论证要求、简化"未批已填"围填海历史遗留问题区域内用海审查程序、优化项目用海审批程序等措施①。2023年9月7日，天津市规划和自然资源局下发《关于贯彻落实国家要求进一步做好我市用地用海要素保障的通知》，提出要强化国土空间规划引领约束，优化建设项目用地审查报批要求，完善自然资源资产供应制度，优化用海审批程序，严格承诺事项落实情况的监管等五方面内容。在优化用海审批程序方面，提出探索实施已填成陆的历史遗留围填海区域内公园绿地、防护绿地和水域的用海备案审批改革，用海论证及专家评审先行，项目用海与填海项目竣工海域使用验收一并审查；简化集中连片项目海域使用技术报告等具体措施②。

（三）深化重点海域综合治理

为加强海陆协同治理，深化分区精准施策，进一步提升近岸海域水质，改善生物栖息环境，协同打好长江口—杭州湾综合治理标志性战役，2022年8月29日，浙江省生态环境厅、省发展改革委、省自然资源厅等八部门联合制定《浙江省重点海域综合治理攻坚战实施方案（2022—2025年）》，明确到2025年的攻坚目标，即重点海域污染协同治理和生态保护修复取得实效，海水水质优良（一、二类）比例稳中有升，达到国家考核要求，主要海湾富营养化指数"十四五"期间均值较"十三五"期间降低5个百分点。围绕上述目标，方案聚焦陆海污染防治、生态保护修复、美丽海湾建设、海洋风险防范等攻坚重点，提出了入海排污口排查整治行动、入海河流水质改善行动、城市污染治理行动、农业农村污染治理行动、海水养殖环境整治行动、船舶港口污染防治行动、岸滩环境整治行动、海洋生态保护修复行动、重大环境风险防范行动、美丽海湾保护与建设行动、数字化治理体系构建行动等11项重点行动任务③。

（四）规范海洋行政处罚标准

为规范海洋行政处罚自由裁量权的行使，严格规范公正文明执法，进一步更新完善自由裁量规则，2023年2月20日，深圳市规划和自然资源局印发《深圳市海洋行政处罚自由裁量权标准（2023年修订）》。修订后的标准进一步明确了未经批准或者骗取批准非法占用海域、未经批准或者骗取批准进行围填海、使用船舶向海域非法倾倒废弃物、非法采挖砂石、非法采挖珊瑚礁或者毁坏红树林等97类违法行为的细化处罚幅度，有效推动了海洋行政处罚规范化④。

---

① 江苏省自然资源厅关于进一步做好用地用海要素保障的通知．江苏省自然资源厅（zrzy. jiangsu gov. cn）
② 市规划资源局关于贯彻落实国家要求进一步做好我市用地用海要素保障的通知．天津市规划和自然资源局（ghhzrzy. tj. gov. cn）
③ 《浙江省重点海域综合治理攻坚战实施方案（2022—2025年）》政策解读．浙江省生态环境厅（sthjt. zj. gov. cn）
④ 深圳市规划和自然资源局关于印发《深圳市海洋行政处罚自由裁量权标准（2023年修订）》的通知．深圳市人民政府门户网站（sz. gov. cn）

（五）规范海洋生产行为

为规范海钓行为，促进海洋资源可持续利用，保障海钓活动安全、有序发展，2023年2月20日，浙江舟山市人民政府发布《舟山市国家级海洋特别保护区海钓管理办法》。该办法细化了海钓许可证申请与管理、海钓行为管理等相关办法及部门职责，明确了对保护区海钓资源采取禁钓区、禁钓期、禁钓鱼种、渔获物标准、渔获物限额等保护性管理措施及实施相应措施的程序，并对较为常见的违反海钓行为和破坏海洋生态环境行为等进行了规制①。为进一步规范海砂开采海域使用权和采矿权"两权合一"挂牌出让工作，2023年1月12日，广东省自然资源厅印发《海砂开采海域使用权和采矿权挂牌出让工作规范》，明确了海砂项目出让方案应当包含的内容以及审批流程，并对前期准备工作、出让方案编制和审批、出让方案组织实施、不动产登记和采矿许可等作出了明确规范。规定由广东省自然资源厅依据国土空间规划制定全省海砂开采规划（计划），统筹全省海砂开采布局及时序②。

---

① 舟山市国家级海洋特别保护区海钓管理办法. 舟山市人民政府（zhoushan. gov. cn）
② 广东省自然资源厅关于印发《海砂开采海域使用权和采矿权挂牌出让工作规范》的通知. 广东省自然资源厅（nr. gd. gov. cn）